2024年度浙江省哲学社会科学规划后期资助课题

课题编号：24HQZZ060YB

浙江省哲学社会科学规划
后期资助课题成果文库

共建未来

高职院校与"一带一路"企业的合作模式研究

Building the Future Together

Research on the Cooperation Mode between Higher Vocational
Colleges and Belt and Road Enterprises

刘文霞◎著

ZHEJIANG UNIVERSITY PRESS
浙江大学出版社
·杭州·

图书在版编目（CIP）数据

共建未来：高职院校与"一带一路"企业的合作模式研究 / 刘文霞著. — 杭州：浙江大学出版社，2025. 7. — ISBN 978-7-308-26467-9

Ⅰ. G718.5

中国国家版本馆 CIP 数据核字第 2025LB0333 号

共建未来：高职院校与"一带一路"企业的合作模式研究

刘文霞　著

策划编辑	吴伟伟
责任编辑	刘婧雯
责任校对	谢艳琴
封面设计	雷建军
出版发行	浙江大学出版社
	（杭州市天目山路 148 号　邮政编码 310007）
	（网址：http://www.zjupress.com）
排　　版	大千时代（杭州）文化传媒有限公司
印　　刷	杭州高腾印务有限公司
开　　本	710mm×1000mm　1/16
印　　张	17.5
字　　数	235 千
版 印 次	2025 年 7 月第 1 版　2025 年 7 月第 1 次印刷
书　　号	ISBN 978-7-308-26467-9
定　　价	88.00 元

前　言

2013 年，中国提出"一带一路"倡议，至今已进入第二个十年。共建"一带一路"是构建"人类命运共同体"的伟大实践，旨在对内激发增长活力、对外拓展开放空间，促进全人类的共同发展。

高等职业教育是经济社会发展的重要力量。自"一带一路"倡议提出以来，中国的高职院校与企业协同"走出去"已从个别试点走向普遍实践，取得了令人瞩目的成就。然而，高职院校在"一带一路"倡议下开展的校企合作并非境内的传统模式，而是校、企、政、行"四螺旋"相互协同，跨国界、跨文化、跨领域等多种因素套嵌在一起的复杂综合体。随着国际经济产业结构的发展变化，以及中国高等职业教育的变革，高职院校与"一带一路"企业的合作面临着新的变化与挑战。由此，在构建"以国内大循环为主体、国内国际双循环相互促进"的新发展格局中，确定高职院校与"一带一路"企业合作的新目标、新供给与新机制，优化高职院校与"一带一路"企业合作的实践模式，成为建设现代职业教育体系的重要命题。

本书建构了高职院校与"一带一路"企业合作模式的理论框架，调查了高职院校与"一带一路"企业合作的现实水平，解剖了高职院校与"一带一路"企业合作模式的具体样态，提出了高职院校与"一带一路"企业合作模式优化的对策路径。通过研究，得到以下主要发现：第一，"一带一路"企业最看重高职学生"吃苦耐劳、忠于企业、具有社会责任感"等社会能力,这类职业能力与企业对高技能人才的建构需求相契合。第二,高职院校与"一带一路"企业的合作中存在目标、供需和机制的三维失衡。一是人力资本质量供需失衡,供需双方对高技能人才职业能力的要素地位供需错位,"命运共同体"的社会价值尚未体现。二是供需结构错位,"一带一路"企业以制造业为主,其次为批发和零售业,而高职院校的专业设置未能与之相适应。三是运行保障失衡,校、企、政、行"四螺旋"运行机制不顺畅,讨论发现,主要根源在于逻辑认知、市场预测和技术治理的缺位。第三,人员跨境、项目跨境和机构跨境是高职院校与"一带一路"企业合作的主要模式,这三类模式层层递进,由浅入深,相互关联,各具特征。第四,合作目标优化,供需结构优化,伙伴、区域和保障支持的优化是高职院校与"一带一路"企业合作模式升级的未来方向。

根据"一带一路"倡议的新要求、高职教育的新使命和"一带一路"企业的新需求,笔者通过探究高职院校与"一带一路"企业合作模式的应然理想、现实困境、问题根源和具体样态,提出合作模式的优化方案,试图为高质量共建"一带一路"提出一些新的思路,为助力教育强国建设提供一些来自基层实践的价值与参考。然而,受学识水平和时间精力的限制,书中难免有疏漏和不足之处,敬请不吝批评指正。

目　录

第一章 导 论

自中国 2013 年提出"一带一路"倡议以来,职业院校积极响应,成果显著。截至 2023 年 6 月底,中国已与 150 多个国家、30 多个国际组织签署了 200 多份共建"一带一路"合作文件。[①] 据不完全统计,职业院校在境外设立了 400 多个办学项目和机构,其中东盟占半数之多,大多数分布于共建"一带一路"国家。[②] 经审批的各类中外合作办学项目中,高职高专层次的项目和机构约占半壁江山。在"走出去"服务"一带一路"建设的过程中,"伴随企业"正在成为我国高等职业教育的输出模式,职业院校与企业之间合作"走出去"从个别试点走向普遍实践。然而企业在跨国生产经营中,始终面临着技术技能人才供给不足的困境,企业家破解人力资本困境的迫切程度甚至超过了对资金和技术的需求。面对众多赴共建国家投资生产经营的中国企业的需求,作为与经济界联系最为密切的职业教育,亟须提升办学水平,增强职业教育国际影响力,推动共建"一带一路"高质量发展。

---

① 共建"一带一路":构建人类命运共同体的重大实践白皮书[R].国务院新闻办公室,2023.
② 上海市教育科学研究院,麦可思研究院. 2019 中国高等职业教育质量年度报告[M].北京:高等教育出版社,2019.

第一节　问题的提出

中国从全球形势的深刻变化出发,提出"一带一路"倡议。这一倡议为高职教育的国际化发展和高质量建设提供了新的机遇,同时也使其面临诸多新的挑战。这是政策变革、实践探索和理论发展的共同指向,也是对国家提出"完善推进共建'一带一路'高质量发展机制"的有力回应。

一、研究缘起

(一)"一带一路"倡议对高职教育提出新的要求

自"一带一路"倡议提出以来,国家和地方纷纷以政策规章加以落实推进,诸多涉及"一带一路"建设的相关政策,旨在积极发展与共建国家的经济合作伙伴关系,共同打造政治互信、经济融合、文化包容的利益、命运和责任共同体,积极稳妥地把"一带一路"建设好。① 根据政策指引和产业发展的需要,中国企业持续地赴"一带一路"共建国家投资生产,这为"双循环"相互促进的实现打下了坚实基础。② 党的二十大对推动共建"一带一路"高质量发展提出新的要求,从发展新质生产力建设教育强国的视角明确要"努力培养造就更多的高技能人才",劳动者不仅要做好本职工作,还应具备与数字时代相匹配的能力,灵活应对技术变迁,增强解决问题和优化流程的能力,提升工作效率和服务质量,改进产品、服务和管理模式,以维持个人和行业的竞争优势,这在跨国境、跨地域、跨文化的"一带一路"建设中尤为重要。宏观层

---

① 周跃辉.习近平关于"双循环"新发展格局重要论述研究[J].中共党史研究,2021(2):14-22.
② 李锋,孙艳."双循环"背景下我国"一带一路"区域发展绩效评价[J].经济问题,2021(5):31-38.

面的文件制度,从政府视角明确了职业教育在服务"一带一路"大坐标中的政治定位与实现路径,号召高职院校与"走出去"企业合作,积极实践基于命运共同体的职业教育国际化办学新模式。

(二)"一带一路"企业对高职教育提出新的挑战

十多年来,高职院校积极响应"一带一路"倡议,实践成果不断显现。相关数据显示,中国高职院校以机构形式存在的海外办学主要分布于泰国、柬埔寨、马来西亚、老挝、缅甸、巴基斯坦等共建国家。全国高职院校专任教师"走出去"指导时间超过 10 人日的院校达 401 所,占总数的 28%;专任教师在国(境)外担任职务的超过 1400 人;几万门线上课程服务"一带一路"建设。[①] 截至 2021 年底,有 1117 个专业教学标准、6438 个课程标准落地国(境)外。高职院校非全日制国(境)外人员培训量达 241 万人日,在校生服务"走出去"企业国境外实习时间达 62.6 万日。[②] 但是,来自企业微观层面的实践调研显示,高职的整体布局还不够规范有序,也存在"为了出海而出海"的现象。受访企业认为高职院校在跟随"一带一路"企业"走出去"的过程中,并不能提供称职的产品和服务,企业正遭遇人力资本困境:一方面,由于部分国家的职业教育体系整体还比较落后,人才质量、数量和结构都无法满足中国企业跨国生产经营的需求,企业面临本土人才"技术水平低,个人主义相对较高,管理难"[③]的用人困境;另一方面,由于难以适应、能力不足等原因,企业很难留住赴当地国家学习工作的母国技能人才。人的因素成为推进"一带一路"建设中的重要桎梏,阻碍了中国企业国际化发展的步伐与进程。面对"一带一路"企业和共建国家的多样化

① 上海市教育科学研究院,麦可思研究院.2019 中国高等职业教育质量年度报告[M].北京:高等教育出版社,2019.

② 中国教育科学研究院,全国职业高等院校校长联席会议.2022 中国职业教育质量年度报告[M].北京:高等教育出版社,2023.

③ 祝蓓."一带一路"战略背景下高职院校助力企业"走出去"的路径创新研究[J].中国职业技术教育,2016(33):106-110.

需求,高职教育供给侧亟须探索与"走出去"企业相适应的合作模式。

(三)高职院校与"一带一路"企业合作发展亟待突破新的困境

高职院校与"一带一路"企业合作的实质是组织间突破多元边界形成创新共同体,实现价值共创的过程。现实中高职院校面临着比一般意义上校企合作更为复杂的体制机制性障碍。教育体制是教育机构和教育规范的要素结合体。^①实践中,高职院校与"一带一路"企业合作时,需要面对更多的管理机构,除了教育部门、人社部门和行业主管部门之外,还增加了发展和改革委员会、外事、国有资产监督管理委员会、税务等部门,这些管理机构各有主业,存在沟通权责的壁垒。为了协商办理涉及国务院多个部门职责的事项,2018年11月,国务院发文同意建立"国务院职业教育工作部际联席会议制度",由国务院副总理担任召集人,由教育部部长和国务院副秘书长担任副召集人,相关部门副部长任成员。^②虽然此举顺应了职业教育办学复杂性、主体多元性的特点,对于协调和优化配置各方办学资源、破除部门权责壁垒、推进职业教育改革工作具有重要意义,但是实际操作中仍然困难重重。另外,约束高职院校与"一带一路"企业合作的规范制度,以政策性指导要求为主,难以实现指导服务与市场导向的有机结合。据不完全统计,1986年起,国家出台促进校企合作的相关政策文件有20多项,从2014年《教育部关于开展现代学徒制试点工作的意见》到2019年《国家职业教育改革实施方案》,在政策层面上努力将企业被动参与办学转向主动遴选企业参与办学。但是,有着5500多万家体量的民营企业却较少出现在政府认定的产教融合型企业名单中^③,国有资金也面临不能跨境转移的政策刚性,诸多问题制约着"走出去"企业与高

---

① 孙绵涛,康翠萍.教育体制改革与教育机制创新关系探析[J].教育研究,2010(7):69-72.
② 徐国庆.职业教育学基础[M].北京:高等教育出版社,2023.
③ 杨钋.技能形成与区域创新[M].北京:社会科学文献出版社,2020.

职院校合作办学的积极性。多种因素套嵌在一起,使跨境校企合作面临更加严峻的挑战。

二、问题呈现

为破解"一带一路"企业和高职院校遭遇的人力资本供需困境,探索有效合作模式,进而提升高职教育的办学水平,助力实现共建"一带一路"高质量发展,需要研究的问题如下。

一是高职院校与"一带一路"企业合作模式的应然理想是什么?具体而言,高职院校与"一带一路"企业合作的应然理想模式有哪些?合作模式产生的政策逻辑和实践基础是什么?合作模式有怎样的理论依据?

二是高职院校与"一带一路"企业合作模式的现状如何?具体而言,合作模式有哪些要素?核心目标、供需关系和运行机制是高职院校与"一带一路"企业合作模式的构成要素吗?这些要素处于什么样的水平?由此形成的合作水平有什么问题?这些问题是什么原因导致的?

三是高职院校与"一带一路"企业合作模式如何运行?具体而言,高职院校与"一带一路"企业合作模式的整体样态有哪些?这些样态中机构、项目和人员要素的跨境流动如何运行?合作模式之间的关系如何?

四是高职院校与"一带一路"企业有哪些合作模式的经验和反思?具体而言,机构跨境、项目跨境和人员跨境等典型合作模式的运行效果如何?有没有可总结的经验和反思?

五是如何提升高职教育跨境校企合作办学水平,实现高质量服务"一带一路"建设的目标?具体而言,高职院校与"一带一路"企业的合作模式可以如何优化改革?基于高职教育供给侧结构性改革的立场,核心目标如何优化?供需结构如何优化?运行机制又应如何优化?

这是回归实践应用的问题。

三、研究意义

研究高职院校与"一带一路"企业的合作模式,是一个既"老"又"新"的问题。对于校企合作而言,已有不少前辈奠定了扎实的研究基础,但"一带一路"倡议下的跨境校企合作,不同于一般意义上的校企合作,它是更具挑战性的职教出海,也是持续实践而不断深化的课题,对提升职业教育国际化办学水平、构建现代职业教育体系、助力教育强国建设,在理论和实践层面都有着不同寻常的意义。

理论上的尝试助益。职业教育通过与企业合作开展人才培养促进经济社会发展是古今中外职业教育运行的基本规律。[①] 高职教育校企合作已取得长足的进展,成为职业教育的基本办学特征,并呈现多样化格局。但在高职院校能否协同"走出去"企业服务"一带一路"倡议的命题上,存在不同的观点。在不少人看来,高职院校在国内的校企合作中尚未解决许多根本性问题,谈何跨境服务;况且在国家政策上仍未做足准备,目前还不具备教育输出的能力,还是先练好内功再说。"一带一路"企业究竟有没有与高职院校合作"走出去"的实然需求?高职院校究竟有没有与企业合作"走出去"的成功案例?这些模式背后究竟有没有可总结的问题与经验?进一步改革优化的路径究竟该如何走向?从现有研究看,关于上述问题的回答从宏观层面谈得比较多,从高职院校与"一带一路"企业合作的供给侧展开的分析研究还有待深入。故而,本书借助相关研究范式,分析高职教育服务跨国企业的应然与实然问题,试图对高职院校与"一带一路"企业的合作模式提供一定的支持。

实践中的价值呈现。高职院校与"一带一路"企业的合作模式不

---

① 徐国庆.从分等到分类——职业教育改革发展之路[M].上海:华东师范大学出版社,2018.

仅是理论层面需要讨论的问题,更是实践层面需要持续改革推进的问题。对职业教育发展、强国建设和社会进步都具有重要的实践价值。

习近平总书记在 2021 年召开的全国职业教育大会上强调,加快构建现代职业教育体系,培养更多高素质技术技能人才、能工巧匠、大国工匠。[①] 构建现代职业教育体系是建设教育强国的重要内容。2022 年 12 月,中共中央办公厅、国务院办公厅发布《关于深化现代职业教育体系建设改革的意见》,提出了一系列深化新时代职业教育改革的重大举措;2023 年 7 月,教育部发布 11 项现代职教体系建设改革重点任务等。教育系统加快构建现代职业教育体系的系列举措彰显着教育供给侧的改革主旨,要提高职业教育办学质量,提升职业教育服务水平。在此背景下,深入剖析高职院校与"一带一路"企业合作中所需技能人才的能力要素、人才结构以及校企合作内容,从高职教育供给侧结构性改革的视角,提出职业教育服务"一带一路"建设的供给方案,提升高职院校服务"走出去"企业的能力,解决来自企业端的技能人才痛点,对构建现代职业教育体系具有一定的实践价值。

实现中国式现代化需要强有力的新型工业化,这要求职业教育培养数量充足、质量可靠、结构合理的高技能人才。面对中国产业工人队伍里并不乐观的高技能人才队伍现状,分析职业院校与"走出去"企业合作模式的现状与问题,提出优化策略服务政府决策、提升教育治理水平,从政策层面打通教育链、产业链、人才链和创新链,对教育主管部门而言具有一定的政策价值。

中国贸促会研究院发布的《中国企业对外投资现状及意向调查报告(2019 年版)》显示,在"一带一路"共建国家的众多外国政府的高级官员和商会代表中,有 99% 的受访者欢迎中资企业前往投资,希望中资企业加大教育、能源、环保、港口、信息服务等行业投资和东道国人

---

① 习近平对职业教育工作作出重要指示强调 加快构建现代职业教育体系 培养更多高素质技术技能人才能工巧匠大国工匠[N].人民日报,2021-04-14(1).

才培训等。[1] 通过分析中国企业赴共建国家投资的特征与结构,提出合作模式的普遍性优化路径,是一项助力共建国家经济社会发展,共建人类命运共同体的行动研究,契合合作伙伴的切实期待。

第二节　核心概念

概念是研究和解决问题的逻辑起点。[2] 澄清框定核心概念、对象与范围是深入研究高职院校与"一带一路"企业合作模式的前提和基础。高职院校和"一带一路"企业是研究对象,"合作模式"是研究的问题与焦点,由此须厘清"'一带一路'企业""校企合作""合作模式"三个核心概念。

一、"一带一路"企业

学界对"'一带一路'企业"并没有明确统一的界定。现有文献主要指向在"一带一路"共建国家设立实体机构的中国企业。国家统计局将"对外直接投资"释义为境内投资者以控制国(境)外企业的经营管理权为核心的经济活动,体现在一经济体通过投资于另一经济体而实现其持久利益的目标。"控制国(境)外企业的经营管理权"指"境内投资者直接拥有或控制 10% 或以上股权、投票权或其他等价利益"。境外企业按设立方式主要分为子公司、联营公司和分支机构。子公司指境内投资者拥有该境外企业 50% 以上的股东或成员表决权,并具有该境外企业行政、管理或监督机构主要成员的任命权或罢免权;联营公司指境内投资者拥有该境外企业 10%~50% 的股东或成员表决权;

[1]　中国贸促会研究院.中国企业对外投资现状及意向调查报告(2019 年版)[R].北京:中国国际贸易促进委员会研究院,2019.

[2]　韦伯.社会科学方法论[M].杨富斌,译.北京:华夏出版社,1999.

分支机构指境内投资者在国（境）外的非公司型企业。

考虑中国是"一带一路"倡议的发起国，并以政策文件形式对中国企业赴共建国家开展直接投资提出了具体要求，本书结合国家统计局的释义，将"'一带一路'企业"界定为：到"一带一路"共建国家进行直接投资，以子公司、联营公司或分支机构方式设立境外企业的中国企业。中国是母国，"一带一路"共建国家是东道国。出于调研资料的可得性，本书以 64 个"一带一路"共建国家为主要研究范围。联合国贸易和发展会议（UNCTAD）《2024 年世界投资报告》显示，2023 年中国对外直接投资流量以 1772.9 亿美元位列全球第三。自 2003 年中国发布年度对外直接投资统计数据以来，我国已连续 12 年位列全球对外直接投资流量前三。至 2023 年底，中国境内投资者在国（境）外设立对外直接投资企业 4.8 万家，分布在全球 189 个国家（地区），其中，"一带一路"企业数量达 1 万多家。① 新加坡、印度尼西亚、越南、马来西亚、泰国、老挝、阿拉伯联合酋长国、柬埔寨等是中国企业境外直接投资的主要东道国，位居中国设立的境外企业数量的前列。

梳理"一带一路"倡议的系列文件发现，国家从战略高度引导中国企业赴"一带一路"共建国家进行投资生产，其中蕴含着中国现代化工业体系的国际化构建蓝图。构建这样一个涵盖产品、技术和人才的全球化协作体系，对"一带一路"企业提出了特定的规范和要求，即通过跨国生产经营，不仅要实现产业空间的转移，还需在应对跨国界、跨领域的风险中提升国际化治理能力，在处理东道国业务中提升跨文化沟通能力，进而促进企业与相关各类主体的共同发展，履行构建利益、责任和命运共同体的使命。

---

① 中华人民共和国商务部，国家统计局，国家外汇管理局.2023 年度中国对外直接投资统计公报[M].北京：中国商务出版社，2024.

二、校企合作

学界关于"校企合作"的内涵界定,主要可归纳为三类观点。第一类观点认为校企合作是"教育方法与策略"。例如,加拿大合作教育协会将其释义为:一种教育策略,将校内学习与校外工作经历结合在一起;一种教育方法,将课堂学习与学生的校外工作分阶段结合起来;一种教育计划,是课程设置中必不可少的一部分。[①] 第二类观点认为校企合作是"合作关系"。例如,杨金土将其界定为"学校与社会上相关企业、事业单位及其他各种工作部门之间的合作关系"[②]。还有学者认为其是高校与企业双方建立起来的一种密切联系、相互促进、共同发展相对稳定的合作关系,基本属性是市场交易关系而非公益性合作关系。[③] 第三类观点认为校企合作是"需要突破组织边界的命运共同体"。例如,院校和企业是不同的组织,在开展职业教育过程中存在冲突,要使职业教育得到发展,需要重视并跨越彼此的边界[④],职业院校属于教育系统,是各种类型、各类层次技术型技能人才的供应方和培养机构;企业属于产业系统,是技能型人才需求主体;职业院校和行业、企业既是一种供求关系,更是一种伙伴制"命运共同体"[⑤]。可见,随着经济社会的发展,学界对"校企合作"的理解不断深入,认知从学校组织内部的"方法策略"到供需双方的"合作关系",再到多元主体的"命运共同体",视野不断拓展,逻辑不断清晰。在校企合作中,以合作主体平等互惠为前提,学校是供给方,企业是需求方,供需双方始终以人才培养为合作的核心目标,通过有效的供需运行机制实现共同

① 陈解放.合作教育的理论及其在中国的实践[M].上海:上海交通大学出版社,2006.
② 杨金土.加强校企合作 办出高职特色[J].职教通讯,2002(1):23-24.
③ 黄志平,向红梅.高职校企合作机制建立的关键问题与障碍分析:来自经济学视角的观察[C]//Advances in Artificial Intelligence(Volume 5)-Proceedings of 2011 International Conference on Management Scieace and Engineering(MSE 2011),2011:581-584.
④ 崔永华,张旭翔.论职业教育的"跨界"属性[J].教育发展研究,2010(17):43-46.
⑤ 马庆发.职业教育发展的若干深层次问题[J].江苏教育(职业教育版),2014(1):25-30.

发展。

　　本书中的"校企合作"主要指涉及学校、企业、政府、行业组织等多元主体,利用学校与企业不同的教育资源和环境,合作培养技术技能人才的办学模式。① "校"指国内高职院校,即承担高等职业教育的学校,包括公办高职院校和民办高职院校,是区别于普通高校的一种独立的类型教育。高职院校所实施的是具有更高人才培养目标且高于中等职业技术学校的一种教育,学制为三年制或五年一贯制,也包含本科及以上教育层次。"企"指到"一带一路"共建国家进行直接投资的中国企业。目前,高职院校与"一带一路"企业一起到共建国家设立海外分校的跨境校企合作模式虽不多,双方的合作实践却不少。为了更清晰地分析合作模式的样态,结合杨钋的研究成果,可将校企合作按合作的深度分为产品合作、组织合作和产权合作。② 产品合作包括接收毕业生、开设企业实习、院校教师到企业兼职、企业接受院校技术服务、企业接受校内教师培训、企业派驻员工担任教师、企业培训教师、企业设置冠名班。组织合作包括企业订单式培养学生、开设顶岗实习项目、合作开发课程、合作开发教材、争取政府联合资助、企业向院校捐赠设备、企业向院校捐款、举办企业相关领域技能竞赛。产权合作包括校企共同出资共建学院、共建校企合作平台等。

　　校企合作不同于产学研合作。前者以人才培养为核心目标,学校和企业在专业、课程、师资、技术开发等方面开展合作。后者以技术研发为核心目标,企业和科研院所、高等学校分别为技术的需求方和供给方,通过合作促进创新生产要素的有效组合。虽然两者的目标有所差异,但产学研合作可以服务校企合作,将技术创新转化为教学创新,反哺人才培养。从这个意义上说,校企合作的外延和内涵要广于产学研合作。③

---

① 石伟平,等.职业教育办学模式改革研究[M].北京:经济科学出版社,2021.
② 杨钋.技能形成与区域创新[M].北京:社会科学文献出版社,2020.
③ 兰小云.行业高职院校校企合作机制研究[D].上海:华东师范大学,2013.

三、合作模式

学界关于模式的内涵界定主要有三种观点。第一种观点认为模式是一种方法。例如,《辞海》将其释为"解决某一类问题的方法论,能够把解决某类问题的方法总结归纳到理论高度"。第二种观点认为模式是对现实的抽象概括,也是理论的简化形式,是最简洁明了的表达,再现现实的一种理论型的简化的形式①,如哈罗德·孔茨等所说的,"模式是现象的抽象。它包括一些被认为是重要的变量,同时也舍弃了那些对于解释现象无关紧要的因素"②。第三种观点认为模式是一种标准或范本。例如,《现代汉语大辞典》将其定义为"某种事物的标准形式或使人可以照着做的标准样式"。模式用于相关领域时,会衍生出不同的名词,如商业模式、管理模式和教育模式等。一个领域内部还会有各种细化的具体模式,尤其是当该领域逐渐发展成熟时,会随之出现众多模式。良好的模式可以缩短设计问题解决方案的时间,找到解决问题的最佳方法,进而取得事半功倍的效果。③ 可见,模式在具体样态上,既可以是一个实际的、看得见的表现形式,也可以是一张表或者一幅流程图;在内涵要素上,应该包含三个要素,即事物的规范或标准、事物现象的抽象概括及人们可以学以致用的内容。因此,模式是指人们对某种事物的存在运行形式进行抽象分析后做出的理论概括,即人们为了某种特定的目的,对认识对象,包括其运行、表现或相互联系的形式、发展机制运作的方向等方面所做出的一种简化了的理论描述或摹写。④ 将模式的含义扩展为合作模式,则指向组织之间的关系定位,即将组织与组织之间相互独立的业务环节进行连接融

① 金盛.涨落中的协同:中高职衔接一体化教育模式研究[D].重庆:西南大学,2013.
② 孔茨,奥唐奈,韦里克.管理学[M].黄砥石,陶文达,译.北京:中国社会科学出版社,1987.
③ 高宏梅.基于双赢文化视角的校企合作模式研究[D].石家庄:河北师范大学,2011.
④ 石伟平,等.职业教育办学模式改革研究[M].北京:经济科学出版社,2021.

合,使之相互渗透,并以一体化的运作方式来协调和整合彼此利益。[①]
所以,合作的过程中有双方深度合作的目标取向、有业务环节连接并
融合的供需关系,以及协调整合的运行机制。此概念应用到职业教育
领域中,形成校企合作模式,即职业院校和企业通过共建专业、课程、
平台、师资以及共同维护双方利益的行动框架,形成的校企命运共同
体。[②] 这是职业教育区别于一般学术型高等教育的核心特点。通过校
企合作模式,能够提高技术技能人才培养质量,促进社会经济发展。[③]
具体到本书中,高职院校与"一带一路"企业的"合作模式",是指我国
高职院校在国际化进程中,与直接投资于"一带一路"共建国家的中国
企业进行合作,共同培养技术技能人才,合作过程中有明确的合作目
标、稳定的供需关系,以及协调整合的运行机制,由此构成的标准样
式。具体样态上,它是一种实际的、看得见的表现形式。

在高等教育国际化的相关研究中,加拿大著名学者奈特(Jane
Knight)将人员、教育项目、教育提供者、政策、知识、观点以及服务等
要素的跨越国境自由流动定义为跨境教育。[④] 将该理论应用到实践
中,高职院校与"一带一路"企业展开合作时,因合作伙伴、内容和区域
的跨国性使人员、项目、机构以及服务等要素跨越国境而流动。具体
实践中形成了机构跨境、项目跨境和人员跨境三类较为典型的合作模
式。第一类,机构跨境校企合作模式,指高职院校与"一带一路"企业
合作在教育输入国设立实体机构,主要从事教育教学、培养培训、社会
服务等活动,合作内容包括共同出资共建学院、企业设置冠名学院、共
建校企合作平台等,如设立海外分校、丝路学院等教育机构,校企双方
以产权合作为主。第二类,项目跨境校企合作模式,指高职院校与"一

---

① Hammer M. Flie Superefficient Company[J]. Harvard Business Review,2001(8):82-91,160.

② 马廷奇.命运共同体:职业教育校企合作模式的新视界[J].清华大学教育研究,2020(5):118-126.

③ 黄亚妮.高职教育校企合作模式初探[J].教育发展研究,2006(5B):68-73.

④ Knight J. Cross-border Tertiary Education:An Introduction[M]//Cross-Border Tertiary Education:A Way Towards Capacity Development. Paris:OECD, World Bank,2007.

带一路"企业合作,在教育输入国设置实体固定的但非独立拥有的教学场所,主要采用结对、特许专营等形式实现以教育项目为主体的跨境流动,在项目中开展教育、培训、招生及技术服务等活动。合作内容包括订单式培养学生、接收顶岗实习学生、合作开发课程教材、企业捐赠、共同举办竞赛等,如设立教学平台海外教学点、海外培训中心、海外科研中心等,校企双方以组织合作为主。第三类,人员跨境校企合作模式,指高职院校与"一带一路"企业在教育输入国开展非实体教学平台的合作,以人员为跨境流动主体,主要开展人员的跨境服务,包括学生参与跨境实践实习,教师或企业员工开展跨境进修实践、培训指导和技术服务等,校企双方以产品合作为主。从要素对外流动的一致性考虑,本书中人员跨境暂不包括"一带一路"共建国家来华留学人员。

第三节　文献综述

默顿(Robert King Merton)主张在人文社会科学研究中须保持"博学"与"独创"之间必要的平衡,既要在既有研究中阅读与我们研究问题相关的资料,又要明白既有研究与笔者的关系才能得出自己的创见。[①] 据此,笔者在文献资料的搜集、整理和筛选过程中,以既有研究中与本书研究内容相关的文献为文献综述的行文依据,引用人力资本理论、供需理论和四螺旋理论来研究高职院校与"一带一路"企业的合作模式,确定研究目标为分析"一带一路"倡议下校企合作的目标、供需关系和运行机制,并以此为基础,构建高职教育供给侧结构性改革的整体优化方案。相关文献主要聚焦四个主题,即高职院校与"一带

---

① 程天君."接班人"的诞生——学校中的政治仪式考察[M].南京:南京师范大学出版社,2008.

一路"企业合作的缘起与发展研究,校企合作现状与模式研究,合作的目标、关系和机制研究,以及问题与对策研究。

一、关于高职院校与"一带一路"企业合作的缘起研究

国内高职院校与"一带一路"企业合作缘起的相关研究并不丰富,因此笔者从校企合作的研究历史中寻找其脉络。黄炎培先生曾指出,办职业学校的,须同时和一切教育界、企业界努力地沟通和联络;提倡职业教育的目的,同时须分一部分精神,参加全社会的运动。[①] 校企合作最早可以追溯到近代洋务运动时期。

新中国成立以后,该理念得以延续发展,衍生出教育与生产相结合、半工半读、两种劳动制度与两种教育制度等模式。校企合作模式大大提高了学生的实践动手能力,受到了人们的普遍欢迎。20世纪90年代中期开始,学界开始越来越多地关注职业教育校企合作研究。2013年11月,《中共中央关于全面深化改革若干重大问题的决定》提出,要加快现代职业教育体系建设,深化产教融合、校企合作,培养高素质劳动者和技能型人才。职业教育校企合作由此成为一个政策话语。此后,相关研究呈现明显递增趋势。如今,校企合作已成为世界高等教育发展的共同道路。我国2022年新颁布的《中华人民共和国职业教育法》明确提出"国家发挥企业的重要办学主体作用,推动企业深度参与职业教育,鼓励企业举办高质量职业教育"。国内关于"一带一路"背景下的教育合作研究发端于2013年倡议的提出,主要集中于合作基础研究、合作内容研究以及合作挑战与困难等方面。

国外的相关研究主要集中于教育国际化方面。关于教育国际化与"一带一路"倡议的研究并不丰富。例如,马来西亚交通部部长廖中

---

① 郝天聪,石伟平.从松散联结到实体嵌入:职业教育产教融合的困境及其突破[J].教育研究,2019(7):102-110.

莱认为人才因素是"一带一路"建设成功的关键。① 也有一些观点指出,"一带一路"倡议更为重要的价值是为全球一体化以及中国发挥地区和全球领导作用提供新机遇新可能。② 国外关于跨境教育的相关研究始于20世纪90年代,侧重于国家地区层面的政策描述,如跨境教育在发达国家和新兴发展中国家之间趋于兴盛等。③

由上,可达成以下共识:第一,无论是国外的跨境教育还是国内的校企合作与"一带一路"倡议下教育国际交流,都具有显著的现实性,"一带一路"倡议的推进与实施为中外研究者提供了现实背景和实践参考。第二,完全意义上的校企合作十分困难,应探索认知、组织层面的融合问题,有效协调各主体间的复杂关系。同时,也发现现有研究的一些可提升之处:一是研究角度大多从教育立场出发,较少深入分析合作主体的企业需求。二是研究内容多为政策语境下的"翻译",较少关注从实践领域到理论层面的归纳提升。三是研究方式多为从宏观和中观层面着手研究,较少关注某一类企业与高职院校的合作研究。

二、关于高职院校与"一带一路"企业合作模式的现状研究

一是合作模式的类型现状研究。校企合作模式的类型研究呈多样性,现有研究主要从生产要素、合作内容、合作实现、主体数量、合作程度等维度分类,主要有学校本位模式和企业本位模式两大类型。④

---

① BFA Research, Training Institute. One Belt and One Road: Strategy, Vision and Action Plan[EB/OL]. (2015-06-11)[2024-01-26]. http://english. boaoforum. org/u/cms/www2/201506/12105150wofz. pdf.

② SCMP Editorial. Road to Promote China's World Role[N]. South China Morning Post. 2015-04-02.

③ McBurnie G, Ziguras C. Institutions, Not Students, Get the Travel Bug[EB/OL]. (2007-09-01)[2024-01-30]. http://wenr. wes. org/2007/09/wenr-septemher-2007-practical-information.

④ 叶小明,朱雪梅.中国高职教育校企合作:模式特征与实践策略[J].现代教育管理,2011(4):91-94.

学校本位模式的特点是以学校为具体组织实施的主体,以培养学生为基本逻辑,学校和企业以共建生产实践培训场所等形式开展合作。企业本位模式的特点是以企业为主体,企业组织内部的培训教学比重高于学校,如德国的双元模式、英国的工读交替模式。该模式的相关代表有"一带一路"倡议下的高职校企合作模式、无锡商职院与红豆集团的柬埔寨办学模式等;还有因产权组合方式不尽相同而划分的共享使用权模式、共享管理权模式、共享使用权所有权管理权模式以及命运共同体模式等。①

现有研究对于我国职业院校与"一带一路"企业合作模式的相关归纳,有按主导者分类的,如企业主导的员工培训模式,政府主导的援外培训模式,高职院校主导的留学教育模式、配合企业"走出去"办学模式和跨境合作办学模式,或是政府统筹主导的鲁班工坊模式、行业企业主导的技能培训模式、高职院校主导的跨境教育模式等②;也有基于网络组织的高职校企合作发展模式③。

二是合作模式的影响因素研究。希勒(Robert J. Shiller)认为选择合作伙伴应该遵循的原则是:不与只为获得核心技术的企业联盟,不要只为了弥补自己的不足而联盟;不要尝试利用企业联盟来掩盖自己的弱点。④ 罗斯(Alvin E. Roth)提出选择合作模式应符合"3C"原则,即兼容性(compatibility)、承诺(commitment)和能力(competence)。⑤ 赫克曼(James J. Heckman)认为企业和学校的声誉

① 王岚,杨延.服务外包:"一带一路"倡议下高职校企合作新模式[J].中国职业技术教育,2020(22):80-86;王为民.合作产权保护与重组:职业教育校企合作机制创新[J].教育研究,2020(8):112-120;马廷奇.命运共同体:职业教育校企合作模式的新视界[J].清华大学教育研究,2020(5):118-126.

② 樊明成.论我国职业教育服务"一带一路"建设的主要模式[J].高等职业教育探索,2018(2):7-12.

③ Hu X B, Tan A, Gao Y. The Construction of the Development Mode of School-Enterprise Cooperation in Higher Vocational Education with the Aid of Sensitive Neural Network[J]. Wireless Communications and Mobile Computing,2022(2):1-14.

④ 希勒.金融与好的社会[M].束宇,译.北京:中信出版社,2012.

⑤ 罗斯.共享经济:市场设计及其应用[M].傅帅雄,译.北京:机械工业出版社,2023.

是企业选取合作模式时应优先考虑的因素。^① 福克纳（David Faulkner）提出了文化和战略的二维模式。^② 帕克（Arvind Parkhe）认为政府相关政策、社会文化和企业管理方式及战略定位的差异性对组织合作有一定影响。^③

　　相关研究也指出，机制与保障体系是影响合作模式的重要因素。有学者提出应从价值论、方法论和本体论三个层面明确分析框架^④，要有相应的机制保障^⑤，要打造基于行业组织的信息交流平台、利益共享机制以及法律法规等^⑥。也有学者提出高职教育应建立校企合作机制，如利益驱动机制和制度保障机制等。通过对校企合作文献的梳理发现，高职教育与"一带一路"企业的相关研究并不多，主要集中在个案实践和比较研究等领域。其中，个案实践研究占多数，主要有两个维度，一是基于行业的个案研究，如中国有色矿业集团联合高职院校在赞比亚建立分校等^⑦；二是结合区域的个案研究，此类研究以境内母国区域为主，以东道国区域为研究对象的较少，如天津渤海职业技术学院、襄阳职业技术学院等校企协同"走出去"的教学改革建设实践与探索。部分学者还探讨了校企协同走进东道国的重要性与具体做法^⑧。

　　综上，可以达成以下共识：一是目前我国以学校为本位的高职院校与企业合作模式的类型越来越丰富，为推进现代职业教育体系建设

---

　　① 邓晓辉.企业研究新视角：企业声誉理论[J].外国经济与管理，2004(6)：14-19.

　　② Faulkner D. International Strategic Alliance：Co-operation to Compete［M］. London：McGraw-Hill，1995.

　　③ Parkhe A. Interterm Diversity，Organizational Leaning，and Longevity in Global Strategic Alliances[J]. Journal of International Business Studies，1991(4)：583-598.

　　④ 马成荣.校企合作模式研究[J].教育与职业，2007(23)：8-10.

　　⑤ 沈燕.人才培养机制的构建——基于"5321"模式的探索[J].教育发展研究，2015(7)：49-55.

　　⑥ 孙健.行业协会引导下的高职院校校企合作模式[J].江苏高教，2020(5)：114-118.

　　⑦ 赵鹏飞，曾仙乐，黄河，等."一带一路"背景下职业教育校企协同海外办学模式探索[J].中国职业技术教育，2017(18)：33-36，41.

　　⑧ 赵鹏飞，曾仙乐，宋凯，等."一带一路"职业教育校企协同走进非洲[J].中国职业技术教育，2017(29)：71-74.

打下了扎实的基础;二是当前职业教育校企合作模式的探讨以高职院校与国内企业的合作为主,较少涉及"一带一路"背景下的跨境校企合作模式。

三、关于高职院校与"一带一路"企业合作模式的构成要素研究

校企合作的核心目标、供需关系及运行机制是高职院校与"一带一路"企业合作模式的构成要素,与此相关的研究主要集中在以下三个方面。

第一,关于校企合作需求目标的相关研究。经济社会的发展需求是教育改革的动因。高职教育服务于共建国家的中国跨国企业,首先应立足需求对象开展相关研究,即了解"一带一路"企业在跨境投资的过程中对高职教育的需求,包括概况的合作目标和分类别的合作目标。概况的合作目标研究主要包括人力资本[①]和技术服务需求[②]:企业需要大量具有熟练技能,既懂中国技术和装备标准,又懂汉语、中国企业管理文化的当地雇员队伍。需求目标聚焦于高端复合型人才。教育输出是一种平等互惠的双向合作关系,以双方能力建设和共同繁荣为目标[③],肩负着重要的政治使命、经济使命和文化使命[④]。

分类别的合作目标研究主要以人力资本为核心目标,相关研究从三个维度展开。一是行业企业维度,如商务、外经贸、物流、交通工程、金融、园林等领域,针对各行业发展实际提出人才需求,侧重于宏观需求的紧迫性和必要性研究。二是地域维度,立足所在区域服务"一带

---

① 张原."一带一路"背景下的跨境劳务合作与中国职业技术教育发展——基于大数据视角的分析[J].中国职业技术教育,2017(30):7-16.
② 王琪,刘亚西,张菊霞,等.高职教育多主体协同"走出去":实践类型与优化治理[J].教育发展研究,2019(5):14-19.
③ 牛长松.我国与非洲教育合作的新范式[J].比较教育研究,2010(4):22-27.
④ 徐华,黄华."一带一路"战略背景下高职教育国际化路径研究[J].江苏高教,2016(4):143-145.

一路"倡议的实际需求提出人才培养建议,相关研究主要以云南、吉林、海南、江苏、湖南、江西、福建、宁波、天津等省市为目标区域展开。三是专业维度,主要集中在语言类专业,如英语、俄语、越南语等,以及电商类专业人才培养在"一带一路"倡议下的改革需求。①

综上,可以得出以下结论:一是"一带一路"企业正在遭遇人力资本困境,迫切需要合适、够用的高等职业技术技能人才。二是"一带一路"企业的需求清单虽然以人力资本需求为主,也存在技术服务的需求,并承载着使命意义。

第二,政府语境下的校企合作供需关系与运行机制的相关研究,以制度研究为主,包括正式制度、实施和监督评估制度等。其中,法律法规的相关研究主要集中于现状梳理和问题归集,以及未充分考虑跨界合作的特征导致的跨领域法规的缺位问题。② 关于职业教育校企合作制度实施机制中存在的问题,集中指向两个方面:一是校企合作管理体制框架不完善;二是校企合作监督和评估机制缺失。关于监督与评估的相关研究,作为实施机制中的关键环节,已有研究指出职业教育校企合作监督和评估机制不健全,已严重影响校企合作人才培养质量。③ 政府认为,职业教育校企合作可以使职业院校和企业紧密联系在一起,实现资源共享,有利于供需双方增强核心竞争力,是推动职业教育向纵深发展的战略引擎和必由之路。

第三,学界语境下校企合作供需关系与运行机制的相关研究已成为职业教育界的研究热点,研究成果不断产生,主要集中在宏观和微观两个层面。宏观层面的研究主要集中于法律法规、监管机制、财政保障的机制性建设等方面,如提出应从国家层面构建管理、实施和协作三个子系统组成的职业教育校企合作组织结构框架,形成"政府主

---

① 杨大刚."一带一路"国家战略下航运金融人才培养思考[J].上海金融,2015(6):109-110.
② 米靖,田蕾.职业教育校企合作立法研究综述[J].职教通讯,2011(5):23-29.
③ 吴宁,李懋.公共政策分析视角下高职校企合作政策及其绩效评估研究[J].教育与职业,2015(9):9-12.

导—校企一体化"的运行格局。① 微观层面的研究多从结合某一高职院校的校企合作探索实践展开,如从协同论视角出发对战略、文化、资源、管理、技术创新和院校联盟六个方面进行机制探索②或从"动力机制、制约机制、保障机制"等方面构建合作机制③。具体对高职院校与"一带一路"企业的合作供需与运行机制的研究认为,利益相关主体力量分散,跨境教育仍处于初级阶段。④

以上研究成果推动了我国高职教育校企合作模式的不断完善,但仍存在一些不足之处。主要表现为:一是"校企合作模式"的概念仍然模糊。现有的文献中普遍存在将校企合作模式、合作内容、方式途径与校企合作机制混淆的现象。二是有关校企合作模式的理论分析不够深入。现有研究主要从教育学、心理学、管理学等角度加以论述,合作模式的构建多基于实践中企业合作积极性不够等现实问题,对校企合作模式的理解存在一定的浅显性,这与研究者角色大多为高职院校实践者有关,研究成果多为基于实践经验的总结和思考。

四、关于高职院校与"一带一路"企业合作的问题与对策研究

合作模式的问题研究。相关问题研究主要集中于:一是在教学质量方面,中国职业教育输出尚未形成国际化标准。二是在教师能力方面,高职院校教师普遍存在国际化认知不够清晰、国际化教学能力不足、国际化专业能力短缺及国际化沟通与交流能力有限等问题,不能

---

① 耿洁.职业教育校企合作体制机制研究[D].天津:天津大学,2011;芦丹丹.高职教育与区域经济协调发展实证研究——基于浙江省的分析[J].中国经贸导刊,2020(4):53-56.

② 季细绮.企业集团与集团高职院校协同发展机制研究[D].天津:天津大学,2010.

③ 施雨.高职院校企合作机制的研究[D].南京:南京师范大学,2011.

④ 陈沛酉,闫广芬."一带一路"倡议下高职院校国际化:功能、问题与改进[J].中国职业技术教育,2018(15):67-71.

回应"一带一路"背景下人才培养的必然诉求。① 澳大利亚学者戴波斯基于 2003 年发现参与跨境教育的教师减少产出会直接影响其所在学院获取研究资助的能力②,输出国高校教师需要更多的帮助③。三是在合作机制方面,存在环境复杂、认识误区、标准缺失、能力质量下降以及机制缺位等问题。④ 四是在保障支持方面,政府实施的保障政策执行不力,相关法律法规缺位,导致校企结合的成功率和积极性下降等。⑤ 与发达国家相比,中国国家职业教育基本制度的不完善是导致校企合作模式中单向依附性的主因。

合作模式的对策建议研究。相关研究主要集中于内涵与举措方面。习近平总书记强调,"在适度扩大总需求的同时,着力加强供给侧结构性改革"⑥。针对供给侧结构性改革内容,学界主要认为应增加制度供给,改革供给结构⑦,政府应简政放权,主动提供有效供给,适当增加必要的财政支出和政府投资⑧。其中,关于职业教育供给侧结构性改革的研究,主要集中在作用与路径方面。要优化高等教育结构,提升高等教育质量,发挥高等教育功能,应以供给高水平人才为重要策略。对劳动力要素进行质量、结构改革并要建立保障支持体系⑨,需要

① 朱赛荣,匡瑛."一带一路"背景下职业院校教师国际化发展策略[J].当代职业教育,2018(1):74-78.

② Dehowski S. Lost in Internationalised Space:The Challenge of Sustaining Academics Teaching Offshore [EB/OL]. (2014-12-04) [2024-01-11]. http://www. academia. edu/23241113/Lost in internationalised-space-The-challenge-of-sustaining-academics-teaching-offshore.

③ Seah W,Edwards J. Flying in, Flying out:Offshore Teaching in Higher Education[J]. Australian Journal of Education,2006(3):297-311.

④ 莫玉婉.高职院校参与"一带一路"倡议的风险及调控策略[J].高等职业教育探索,2018(1):21-27.

⑤ He Z Z,Sun X H. Index Construction and Application of School-Enterprise Collaborative Education Platform Based on AHP Fuzzy Method in Double Creation Education Practice[J].Journal of Sensors,2022(4):1-15.

⑥ 习近平主持召开中央财经领导小组第十一次会议强调 全面贯彻党的十八届五中全会精神 落实发展理念推进经济结构性改革[N].人民日报,2015-11-11(1).

⑦ 贾康.供给侧改革与中国经济发展[J].求是学刊,2016(6):41-52.

⑧ 高连奎.新供给主义经济学的创新与价值[J].现代国企研究,2017(11):71-73.

⑨ 苏剑.新供给经济学——宏观经济学的一个发展方向[J].中国高校社会科学,2016(3):88-95,157.

更多民办教育机构的参与,加强"互联网＋教育"研究。高职校企合作应重视政府主体责任,灵活发挥市场调节作用,畅通合作共赢渠道,拓展跨界育人平台,强化使命担当意识。① 应加强制度建设,关注"生涯发展",确立"双主体"育人机制,实现创新型技术技能人才的"精准供给"。②在校企合作质量评价与保证体系建设方面,应以计算机互联网平台的开发与实践为基础,将决策树算法应用于高职校企合作的绩效评价中,构建基于 AHP 模糊方法的校企协同教育平台指标,和基于 B/S 架构的校企合作管理信息平台等。③

高职教育服务"一带一路"建设的供给侧研究。一是在区域路径方面,相关研究认为中亚、东南亚等周边地区的地缘优势明显,可作为优先发展的重点方向④。二是在合作方式方面,高校要重视"一带一路"共建国家高层人才的交流培养,增强共建国家精英对"一带一路"倡议的认同感⑤。三是在保障支持方面,应拓宽渠道增加教育经费供给,借鉴英国课程认证标准,制定符合我国国情的课程认证体系⑥。四是在教师培养方面,以"交互促进"方式建立跨境教学的教师网络,开展同伴间教学互评与教学策略分享⑦,甚至以"跨境教学团队"的形式提高教师教学质量,可从顶层设计、参与机制与多元治理的逻辑等入手⑧。五是在质量保证方面,应建立以科学合理评估指标体系为核心

———————————

① 蔡运荃.供给侧改革背景下高职校企合作的困境与出路[J].教育与职业,2017(6):24-28.

② 徐晔.供给侧改革视角下高等职业教育深化校企合作的路径探析[J].中国职业技术教育,2017(27):73-76.

③ Yan Y. Decision Tree Algorithm in the Performance Evaluation of School-Enterprise Cooperation for Higher Vocational Education[J]. Mathematical Problems in Engineering,2022(7):1-9.

④ 徐华,黄华."一带一路"战略背景下高职教育国际化路径研究[J].江苏高教,2016(4):143-145.

⑤ 周谷平,阚阅."一带一路"战略的人才支撑与教育路径[J].教育研究,2015(10):4-9,22.

⑥ 刘芳武.英国 MNTB 课程认证标准对我国高职航海课程建设的启示[J].航海教育研究,2016(4):47-50.

⑦ International Education Association of Australia. Good Practice in Offshore Delivery:A Guide for Australian Providers[M]. Hawthorn:IEAA,2008.

⑧ 张彩娟,张棉好."一带一路"战略下职业院校协同企业走出去路径探究[J].职业教育研究,2018(1):11-16.

的高职院校跨境教育评估制度①。

综上,关于高职教育供给侧结构性改革相关研究,可以达成的共识有:以微观举措为主,缺乏面向未来高职教育跨境校企合作的顶层设计;实践经验居多,普遍性规律总结较少,缺乏供给侧结构性改革的相关理论研究成果;研究者立场多基于学校,基于企业立场的研究较少。

五、研究文献的总体评价

国内外的相关成果为后续研究奠定了良好的基础,提供了多层面的研究视角,为职业教育校企合作的实践发展提供了一定的理论支撑;类型研究向体制机制研究转变,多学科研究范式正在得到运用;大量职业教育校企合作的理论性研究正在增强,较好地呼应了中国特色现代职业教育体系建设的时代命题。但是,从整体来看,仍存在以下有待突破之处。

第一,高职院校与"一带一路"企业合作模式的理论基础有待进一步完善。已有的校企合作研究,多数以协同论、利益相关者理论、需求跟随理论等为理论基础,从校企合作的对象、要素和组织运行等维度展开适用性研究。但是,随着知识生产模式的发展、教育国际化的深入、产业结构的演进,以及教育、经济与社会形势的变化,上述理论也需在创新中发展。

第二,高职院校与"一带一路"企业合作模式的研究视角有待进一步拓宽。现有研究多立足于教育输出国视角,提出宏观倡议和整体方案,鲜有基于"走出去"企业的立场,深入合作内部的细节研究。应进一步深化和细化人力资本的目标取向、质量结构和运行机制等研究内容,增强研究对职业院校校企合作实践的指导力。

第三,高职院校与"一带一路"企业合作模式的研究方法有待进一

① 陈沛西,闫广芬."一带一路"倡议下高职院校国际化:功能、问题与改进[J].中国职业技术教育,2018(15):67-71.

步拓展。目前,职业教育校企合作模式的多角度研究多以思辨性研究为主。由于"一带一路"企业资料的获取难度较大,缺乏"一带一路"企业与高职院校合作中基于需求与供给的实证研究。

第四节 研究设计与结构

一、研究设计

科学的研究设计是复杂性探索的基础。需从研究问题出发,明确研究目标,在系统收集资料的基础上,通过概括、归纳、分析等认识问题本质,提出核心主张。

（一）研究目标

为破解"一带一路"企业面临的人才需求困境和高职院校遭遇的人力资本供给困境,本书以探索高职院校与"一带一路"企业有效的合作模式及行动路径为研究的核心目标,并将其分解为五个分目标:一是探究高职院校与"一带一路"企业合作模式的应然猜想。这是"应该怎样"的问题,探究高职院校与"一带一路"企业合作模式的生成缘由,是进行其他相关研究的理论基石。二是呈现高职院校与"一带一路"企业合作模式的现状水平。这是"实际如何"的问题,呈现高职院校与"一带一路"企业合作模式的实然状态,厘清高职院校与"一带一路"企业合作模式的构成要素的发展水平、存在的问题及产生根源,为未来改进优化提供决策依据。三是洞察高职院校与"一带一路"企业合作模式的整体运行样态。这是"怎样运行"的问题,是对合作模式组成要素解构之后的整体化呈现。目的在于为改进提供更广泛的支撑。四是探究高职院校与"一带一路"企业合作模式的运行效果。这是"运行效果如何"的问题,是为提升高职教育办学质量提供经验与反思。五是提出高职院校与"一带一路"企业合作模式的对策建议。这是"怎么办"的问题,基于现实与问题的分析,提出改进对策,最终目标是提出提升高职院校办学水平、高质量服务"一带一路"建设的可行方案。

(二)研究内容

研究内容是研究问题被探索、证明和解释之后自然而然的成果表达,但不是简单"相加",在不同的研究内容之间贯穿着研究问题的分析和解决的思维逻辑。分析问题与研究内容是紧密关联的两个系统。在研究逻辑上有两条主线:一是以问题为导向,按照"提出问题—分析问题—解决问题"的思路,依次回答了高职院校与"一带一路"企业合作模式"应该怎样""现状怎么样""整体怎样运行""运行效果如何""怎样改进"等问题。二是以校企跨境合作模式为主线,依次从合作模式的应然猜想、现状表征、根源困境、具体样态、运行效果和优化方案入手,探究共建"一带一路"背景下高职教育校企跨境合作办学质量的提升路径。这些研究问题可整合为三大块研究内容:一是基础理论研究,通过人力资本理论、供需理论和四螺旋理论分析合作模式中的核心目标、供需关系和运行机制,并提出应然判断。二是实证调查研究,通过分析实然状况和失衡表征,讨论问题根源。三是提出优化策略,基于高职教育供给侧立场,构建系统的办学质量优化方案。

(三)研究方法

问卷调查法。主要是解析校企合作模式的供需条件。一是"一带一路"企业对以人力资源为核心目标的校企合作需求。二是高职院校的相应供给现状。问卷编制在参考相关校企合作和"一带一路"研究的问卷以及前期调研的基础上,形成自编问卷、企业调研问卷和共建"一带一路"背景下高职院校调研问卷。通过问卷数据处理,从定量的角度分析高职院校供给与企业需求之间的关系。

访谈研究法。根据文献分析和前期调查制定访谈提纲,以两类群体为访谈对象,一类是赴"一带一路"共建国家投资经营的中国企业里负责与高校合作的人力资源经理或国际化事务总监;另一类是高职院校的专业教师(包括专业主任)和部分国际合作相关事务负责人。笔者通过与访谈对象面对面的非正式访谈,了解校企跨境合作的真实现状,尽可能呈现当前的校企跨境合作实况。

案例研究法。主要选取某个特定案例对其进行深入的分析和探究,通过观察这些典型案例的发展变化过程,结合大量与研究对象有关的资料和数据,在此基础上展开分析,揭示规律,并提出有价值的改进措施。以浙江和江苏地区机构跨境合作、项目跨境合作和人员跨境合作三类校企跨境合作模式为典型案例,通过对每个案例中每一对合作伙伴的实地访谈调查,找出规律与特征、经验与不足。

(四)创新点

尝试建构了"核心目标—供需关系—运行机制"的校企合作分析框架,拓展了职业教育校企跨境合作的理论视野。通过建构合作中"核心目标—供需关系—运行机制"的理论分析框架,阐释了共建"一带一路"背景下校企跨境合作模式。通过研究,有可能实现的创新点是引入多个不同领域的分析视角,在更广泛的研究领域中,尝试揭示高职院校与"一带一路"企业的合作模式。

探索了"校—企—政—行"的"四螺旋"合作机制在跨境合作中的应用分析,丰富了职业教育校企合作的研究工具。研究视角从向内过于关注高职教育校企之间的三元合作,拓展为向外更关注高质量服务"一带一路"建设中共建国家民众、行业组织参与的四元合作,兼顾高职教育国际化发展的内驱动力和"一带一路"企业的多重使命,这是研究视角上的创新。

提炼了人员、项目和机构跨境的校企合作模式,完善了高职院校与"一带一路"企业的合作模式与优化方案。研究兼顾国家战略的新要求、高职教育发展的新使命和"一带一路"企业的新困境,提出高职教育服务"一带一路"建设与职业教育国际化实践的新思路,这是高职教育提升办学质量对策建议上的创新。

二、结构

本书内容可分为三大模块(见图 1-1)。模块一为基础理论研究部分,为第一章和第二章,研究内容为高职院校与"一带一路"企业合作的应然的基本猜想。通过理论诠释高职院校与"一带一路"企业合作模式中的核心目标、供需关系和运行机制,通过政策演进和实践探索,结合理论分析框架提出应然猜想。模块二为实证调查研究部分,为第三章、第四章,研究内容为高职院校与"一带一路"企业合作模式的实然水平。不但梳理合作模式中核心目标、供需关系和运行机制这些构成要素的实然状况,分析失衡表征与问题,而且对合作模式整体样态的运行特征、相互关系以及运行效果进行总结与借鉴。模块三为优化策略研究部分,为第五章和第六章,研究内容为高职院校与"一带一路"企业合作模式的改进方案,形成高职教育办学水平优化的系统路径。

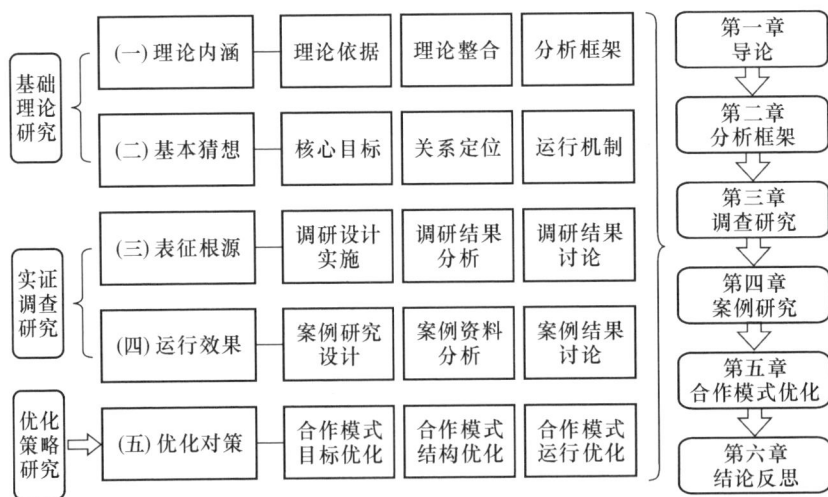

图 1-1　本书内容结构

第二章　高职院校与"一带一路"
企业合作模式的分析框架

高职院校与"一带一路"企业合作的背后是教育与社会关系的基本命题。鲁洁教授从人类实践的超越性和面向未来社会的角度指出，教育具有超越的特征，而非仅仅培养适应既定需要的人。[①] 既强调了高等教育在面对市场化带来的挑战时应具备的自我调适能力，又立足于在国际化背景下社会变革加剧和创造性增强的发展趋势。在市场化和国际化背景下，高职院校走出国门，中国企业"走出去"到共建国家跨境投资，共处更为复杂的"双循环"新发展格局中。高职教育应如何回应"一带一路"企业对以人力资本为核心的多重需求面向？本章以新人力资本理论、供求理论和四螺旋理论来诠释合作模式中的核心目标、供需关系和运行机制。

第一节　高职院校与"一带一路"
企业合作的政策过程与实践演变

国家的政策变迁和高职院校的实践探索，是高职院校与"一带一

---

① 鲁洁.论教育之适应与超越[J].教育研究,1996(2):3-6.

路"企业合作模式可依据的政策逻辑和实践逻辑。在共建"一带一路"背景下，国家政策引导高职院校广泛探索实践跨境校企合作，此过程中，人员、项目和机构等要素纷纷跨国（境）流动，其中所呈现的一系列问题，成为构建理论框架的基础。

一、政策的缘起与变革

在"一带一路"倡议下，为鼓励高职院校服务"一带一路"企业，国家层面和地方层面持续出台相关政策，对培养技术技能人才提出新的需求。

2013 年秋，习近平主席访问哈萨克斯坦、印度尼西亚期间，分别提出共同建设"丝绸之路经济带"和"21 世纪海上丝绸之路"两大倡议。这是国家根据全球形势的深刻变化，统筹国际国内两个市场做出的重大决策，旨在"借用古代丝绸之路的历史符号，共同打造利益、命运和责任共同体"[①]。倡议中提出的"五通"目标环环相扣、相辅相成，其中，经济目标是贸易畅通和资金融通，政策沟通是发展保障，设施联通是助推器，民心相通是社会根基，既有"硬联通"也有"软联通"，都离不开贯通理论与实践的"人联通"[②]，"人的因素无疑是一个重要因素"[③]。"一带一路"建设所涉及的诸多领域无一不需要职业教育提供人才支撑。但是，不少"一带一路"共建国家的人力资源受教育程度以及生产力方面的制约，无法为推进本国的工业化进程提供急需的人力资本。

《国务院关于加快发展现代职业教育的决定》《高等职业教育创新发展行动计划（2015—2018 年）》要求职业教育能够建立与中国企业

---

① 徐华，黄华."一带一路"战略背景下高职教育国际化路径研究［J］. 江苏高教，2016（4）：143-145.

② 朱以财，刘志民."一带一路"背景下高等教育人才联通：要义、角色与路径［J］. 高校教育管理，2018（5）：8-14，46.

③ 周谷平，阚阅."一带一路"战略的人才支撑与教育路径［J］. 教育研究，2015（10）：4-9，22.

和产品"走出去"相配套的职业教育发展模式。《现代职业教育体系建设规划（2014—2020年）》要求加快培养适应我国企业"走出去"要求的技术技能人才，探索和规范职业院校到国（境）外办学的路径。这些政策从国家层面为高等职业教育"走出去"指明了方向，即通过"借船出海"为跨国企业提供人力资本支持。"一带一路"倡议提出三年后，教育部在《推进共建"一带一路"教育行动》中明确要求，高职院校应配合企业"走出去"合作办学，在为企业解决人才支撑问题的同时，提升高职教育的国际化办学水平，尤其是优质的高水平高职院校，应深化校企合作，承担起共建"一带一路"的国家使命。

2017年，国务院办公厅印发《关于深化产教融合的若干意见》，从产业端进一步鼓励职业教育、高等教育参与配合"一带一路"建设和国际产能合作。从宏观层面明确了职业教育服务"一带一路"建设的教育目标、服务企业国际化发展的经济目标，以及助力共建国家培养技术技能人才、促进民心互通的使命。

2019年，国务院印发《国家职业教育改革实施方案》，要求职业教育办学模式向企业社会参与、专业特色鲜明的类型教育转变。高职教育作为构建人类命运共同体的重要力量，跟随企业"走出去"服务"一带一路"建设，需要实现全球维度下命运共同体观念的内化，承担起时代所赋予的使命。这就意味着高职院校培养的新型人力资本，也被赋予了新的内涵。

2019年3月，教育部、财政部发布《关于实施中国特色高水平高职学校和专业建设计划的意见》（简称"双高计划"），要求高职院校与行业领先企业在人才培养、技术创新、社会服务、就业创业和文化传承等方面深度合作，形成"校企命运共同体"，"积极参与'一带一路'建设和国际产能合作，培养国际化技术技能人才"。2021年，中共中央办公厅、国务院办公厅印发《关于推动现代职业教育高质量发展的意见》，把大力发展职业教育摆在了更加突出的位置。《职业教育提质培优行动计划（2020—2023年）》则更加清楚地指出"加强职业学院与境外中资企业合作"，实质上从建设主体维度对高职院校提出了应成为高水平国际化典型的要求，从建设内容维度提出了高职教育的专业、课程和教学资源等应具有国际影响力的要求。党的二十届三中全会再次指明"完善推进高质量共建'一带一路'机制"，这对职业教育培养高技能人才，在标准规则对接机制、互联互通的合作机制、绿色数字的创新发展机制和民心相通机制等方面提出了要求。可见，不管职业教育是主动布局，还是被动回应，都需要形成命运共同体观念，找到新的历史方位，实现技能人才内涵外延的转型升级。

与之相呼应，地方层面也出台了一系列服务"一带一路"建设的制度，主要有两类：一类是与省域层面的专项计划相结合，将职业院校服务"一带一路"建设纳入政府治理和发展建设的应有内容。以浙江省为例，其在 2016 年提出建设"丝路学院"（浙江省高职院校设立的一类境外办学机构，不拘泥于办学内容和形式，涵盖人才培养、技能培训、国别研究、政策咨询、文化交流等方面），并接连出台《关于全面实施高等教育强省战略的意见》《关于深化教育体制机制改革的若干意见》《浙江省教育事业发展"十四五"规划》等文件，明确提出要稳妥有序开展境外办学。另一类是将共建"一带一路"国家的职业教育与当地经济领域、建设领域的"一带一路"教育行动计划相融合，既提高了对职业教育的重视程度，也倒逼职业院校增强人才培养的专业优势，从而有能力跟随行业企业高质量地服务"一带一路"建设。例如，天津市颁布《天津市参与丝绸之路经济带和 21 世纪海上丝绸之路建设实施方案》《关于推进我市职业院校在海外设立"鲁班工坊"试点方案》，北京市印发《"一带一路"国家人才培养基地项目管理办法（试行）》，鼓励职业院校发挥专业优势，配合行业企业"走出去"，为共建国家培养急需的人才。

综上，"一带一路"倡议提出以来，国家层面出台的系列政策和地方省域的细化规章，鼓励高职教育与"一带一路"企业合作，不但取得了难得的成就，也彰显着从使命明确到路径清晰的教育变革，以人力资本为核心目标的需求,供需双方的合作运行以及参与主体的职责使命,正在命运共同体的框架下迭代升级。

二、实践的探索与发展

与政策层面相呼应,随着"一带一路"建设向更深层次更高水平的推进,实践层面逐步形成了从点对点的参与到全方位合作的新格局,以人力资本为核心目标的取向也正在转型。

与中国企业"走出去"相关的研究发端于20世纪90年代初,自"一带一路"倡议提出以来,国内企业赴海外拓展的步伐持续加快,2023年,中国企业对共建"一带一路"国家直接投资407.1亿美元,占当年对外直接投资流量的23%,对共建"一带一路"国家实施的并购项目金额占并购总额的一半以上。至2023年末,中国在共建"一带一路"国家设立境外企业1.7万家,直接投资存量为3348.4亿美元,占中国对外直接投资存量的11.3%。[①] 与此同时,由于各国国情各异,中国企业"走出去"过程中面临的困难和风险也不尽相同,其中的人才困境不但制约着中国企业"走出去"的生产经营水平,也约束着东道国工业化进程的推进。高职院校与"一带一路"企业的合作模式经历着从双元到多元的探索与实践。

(一)从"被动跟随"到"主动嵌入":人力资本为核心目标的升级

实际上,中国企业在20世纪八九十年代就已在共建国家开展直接投资等跨国经营活动。随着"一带一路"倡议的提出,行业企业参与校企合作的积极性激增,这些行业企业多以项目跨境形式与高职院校合作建立海外职业技术培训基地。观察该阶段的合作模式,可发现主要以行业企业为主导,高职院校跟随,合作形式以短期的项目跨境为

---

① 中华人民共和国商务部,国家统计局,国家外汇管理局.2023年度中国对外直接投资统计公报[M].北京:中国商务出版社,2024.

主,通过培训提高人才的专业技能,以满足生产经营需要为主要合作目的,培养对象以匹配企业海外发展所需的当地员工为主,合作目标以完成高职院校的教育目的和满足企业发展的经济目的为主。其中,以央企、国企为主导的合作成功案例比较多。

随着倡议的深化推进,国家相关政策的宣传力度加大、制度逐步落地且考核激励机制不断强化。据不完全统计,至 2020 年末,全国共有 89 所高职院校举办 145 个海外办学项目①。如广东农工商职业学院与广东农垦公司合作成立的"广东农垦海外企业学习中心",为当地的中国企业提供人力资本支持。在该阶段的合作模式中,高职院校无论是基于政策需要还是自身理念的深化,开始由被动跟随转向主动作为,合作内容不仅有技能培训、语言培训,还有职业素质培训等,合作形式既有短期也有长期。观察发现,企业对人力资本的需求由"技能+语言"开始转向技能、语言和素养并重,以满足企业的持续发展为合作目标,培养对象为中国高职院校赴境外实习工作的学生,并开始出现由合作企业为主要经费投入方的机构跨境合作模式。可见,随着职业院校与"走出去"企业合作模式的升级,校企之间以人力资本为核心目标的合作取向,正从教育、经济维度延伸至人类命运共同体的使命维度。

(二)从单维到多元:人员、项目跨境合作到机构跨境合作的转型升级

人员、项目跨境是职业院校和"一带一路"企业合作中,相对容易形成的合作模式。早期,大多数高职院校积极响应国家政策和企业需求,以合作相对简单的人员或项目跨境为主,主要借助院校的重点骨干专业的优势,开展技术技能培训,在院校内部或境外结合项目、工程及园区建设,输出国内职业教育理念和技术,有针对性地开发职业资

---

① 梁秀文,付宁花."一带一路"背景下农业高职院校海外办学现状、问题及对策研究[J].北京农业职业学院学报,2022(1):77-83.

格和课程标准,培养培训紧缺的技术技能人才。近年来,随着"一带一路"企业集聚化、园区化发展,生产方式转型升级,越来越多的职业院校与境外经贸园区合作,通过扩招留学生和加强技能培训等途径,解决园区内技能短缺的难题。在此过程中,合作进一步满足了为企业提供技术服务和科技研发的需求,同时也在一定程度上促进了与当地企业、民众的民心相通,提升了治理水平。

通过观察国内已有的近40所机构跨境的高职院校,发现主要分布在东南亚国家。高职院校依托行业和企业在东道国的良好政商基础,得到东道国政府的支持并获得办学资质和生源保障,确保海外办学的可持续运转。这些机构跨境在校企合作模式上的转型变化主要体现在三个方面:一是合作主体要素由双元或三元走向多元。从学校和企业的双元主体或是学校、企业和政府的三元主体,转向校、企、政、行的多元主体,其中政府部门不仅包括母国政府,还包括东道国政府。二是合作内容由单维走向多维。随着合作层级的加深,高职院校从以人才培养和培训为主,逐渐拓展到承担技术提供和科技服务的职能,能持续向企业输送高质量的专业标准、课程标准与教学资源等标准体系,甚至能合作共建校企文化,与东道国进行人文交流。三是主体要素间的协调支持机制不断丰富,包括管理监管机制、沟通推进机制、激励保障机制等。需要注意的是,随着数字化的发展,高职院校与"一带一路"企业的合作,对高职院校的在线教育水平及相应的资源供给提出了更高的要求。

综上,在高职院校与"一带一路"企业的合作实践中,目标取向、合作主体以及合作内容等方面的转型升级与变化,对高质量共建"一带一路"所需的技能人才提出新的需求定位:不仅要满足境外工作岗位需求,具备应对更复杂更综合工作任务所需的足够知识与更强技能,还要具备与之相适的高素养,承载起与企业共命运的社会价值。除此之外,也要正视与此相伴的障碍与问题。

(三)实践探索发展中存在的主要问题

面对新时代新需求,高职院校与"一带一路"企业合作不同于国内的校企合作,面临更复杂的办学和工作环境,对校、企、政、行的协同提出更高的要求。目前,在制约职业院校服务"一带一路"建设高质量发展的众多因素中,供给能力不足最为突出。一方面,高职院校供给能力明显不足。"一带一路"倡议赋予高职院校独特的教育使命,即为工程建设、经济贸易以及人文教育与合作等提供人才支撑。面对企业对新型人力资本的需求变化,高职学生的职业能力尚未达到新的要求,缺乏共建"一带一路"命运共同体的责任感和使命感。同时,"一带一路"建设需要大量的智力支持,如高职教育的课程标准、数字教材、技术指导、行业规范等职业教育资源,而高职教师的国际化服务能力尚未达到新的要求。另一方面,高职院校与"一带一路"企业合作运行的保障体系明显不足。多元合作主体之间的利益协同机制尚未形成,跨境跨领域的政策、资金供给不足等问题突出,存在多重障碍和政策刚性约束。

三、亟待解决的关键难题

通过对"一带一路"企业与高职院校合作的政策梳理与实践调研,发现不同于以往的教育国际化,我国高职教育正在形成一种"伴随企业输出"的独特模式,高职教育通过与产业同步、与企业合作来完成高素质技术技能人才的培养和服务"一带一路"建设的使命。但是,高职院校面对中国企业跨国界、跨文化、跨领域的新挑战,政策制度的新要求,实践探索的新变化,能否做出积极回应,以明晰有效的改革路径服务国家战略,成为亟待解决的重大难题。主要表现在以下三个方面。

第一,如何确保校企合作中目标的高度一致,特别是院校人才供给与企业需要的人力资本高度一致?无论是人员跨境、项目跨境还是机构跨境,合作形态是被动跟随还是主动融入,对人力资本的要求是双方合作中始终不变的核心目标。一方面,国家政策要求高职教育提供的人力资本不但能满足"一带一路"企业生产经营的需要,还要适应东道国经济建设的发展。这实际上是从国家层面提出了要培养"具有国际视野和命运共同体情怀的技术技能人才"等新型人力资本的要求。另一方面,作为供给侧的高职院校,面临着人才供给困境。比如,在浙江、江苏、广东和山东等教育强省中,"在校生服务'走出去'企业国(境)外实习时间(人日)"的指标占全日制在校生人数的比例不到两成,"高职学生在国(境)外技能大赛中获奖"的数量则更少,与上述先进职业教育的输出要求和人才培养需求之间存在较大差距。这在"一带一路"民营企业的调查报告中也可以得到印证。该报告显示,"人才结构存在风险"是不同国家受访中资企业目前面临的前三项风险之一,其中在越南、柬埔寨和泰国的中资企业尤甚。可见,如何在新型人力资本的培养中,完成教育、经济和政治的三重使命成为重大难题。

第二,如何调适合作中高职院校与"一带一路"企业之间的双向供需关系,实现"动态平衡"? 随着我国与共建国家的经贸合作、工程建设以及人文交流等领域的合作向纵深发展,行业结构的需求愈发呈现多样性。一方面,共建国家的资源禀赋不同,对中国企业到本国投资有不同的产业需求,进而形成不同的专业人才需求。另一方面,不同国情下的同类行业,也会产生不同的行业侧重点,由此产生的人才需求结构也会有所差异,如相关数据显示,同为基础建设,以越南为代表的国家更侧重于国际建筑市场,而南亚地区则更侧重于能源行业。①同时,"一带一路"企业和共建国家的需求内容正从以人力资本为核心的科技服务、技术培训扩展到文化共建等维度,需求形式正从人员、项目的跨境合作转向人员、项目和机构的跨境合作。而当下,我国的高职教育在供给规模、供给结构等方面都呈现出"供需失调"的不匹配现

---

① 2018"一带一路"国家基础设施发展指数报告出炉[EB/OL]. (2018-06-07)[2018-12-22]. http://www.chinanews.com.cn/m/gn/2018/06-07/8532720.shtml.

象,高职院校面临如何调适高质量高适应的供给机制,以匹配企业的多样化需求的巨大挑战。

　　第三,如何形成高职院校与"一带一路"企业合作的稳定运行机制与保障措施?来自企业的调研报告显示,随着共建国家工业现代化进程的推进,高职院校与"一带一路"企业的合作运行日益困难,加之不同国家的文化特征迥异,使问题更加复杂。例如,中华全国工商业联合会对530家民营企业的调研显示,近一半的受访企业存在"中外员工之间因文化习俗差异造成相处与沟通方面障碍";不少共建国家的受访企业认为,东道国的行业标准与中国有较大差异,加之行业组织的力量并不强大、国家顶层设计缺位等因素,使合作网络中主体职责的发挥成为薄弱环节。在当下,跨境校企合作中,机构跨境的实践难度最大,难以跟上服务"一带一路"建设的发展速度。多元协同、螺旋上升态势的合作主体,能否有效应对运行保障严重不足的现实挑战,也成为亟待解决的重大问题。

第二节　高职院校与"一带一路"企业合作的理论基础

　　高职院校与"一带一路"企业的合作中亟待解决的关键难题,为理论框架的构建指明了方向:以新人力资本理论来诠释"一带一路"企业及共建国家对新型人力资本的合作目标取向,以供需理论来明晰各类型跨境合作中供需双方的内涵与失衡调适,以四螺旋理论来解释多元主体参与以及合作运行的模式。

一、新人力资本理论：高职院校与"一带一路"企业合作的核心目标

（一）理论缘起

关于人力资本的思想最早可以追溯到柏拉图（Plato）、亚里士多德（Aristotle）等古希腊先贤，近代的配第（William Petty）、斯密（Adam Smith）等也提出了相关的思想。现代意义上的人力资本理论的萌芽开始于 19 世纪 50 年代末，于 19 世纪 60 年代的特定历史条件下形成并不断发展完善。舒尔茨（Theodore W. Schultz）、赫克曼（James J. Heckman）、贝克尔（Cary S. Becher）、明瑟尔（Jacob Mincer）、罗默（Paul M. Romer）等人被认为是人力资本革命的先驱。[①]

斯密作为早期关注人力资本问题的经济学家，他指出人们学到的一切有用才能都构成固定资本，分工和教育是形成这些才能的主要途径，教育投资对经济增长具有显著的促进作用。[②] 到 20 世纪后半叶，受经济增长现象的困扰，以及对贫困现象和收入分配问题的持续关注，以舒尔茨为代表的经济学家从发展经济学的立场出发，于 1960 年 12 月 28 日在美国经济学会上进行了《人力资本投资》的主题演讲，该演讲内容发表在 1961 年第 1 期的《美国经济评论》（The American Economic Review）上。演讲指出，人力资本是经济增长的关键，经济发展的主要动力来源于人力资本投资，而且相对于其他生产要素，人力资本要素对经济增长的促进作用最明显，一切资源的核心基础是人力资源。[③] 除此之外，舒尔茨阐述了人力资本的内涵与形成途径，用"量"与"质"对人力资本进行了区分："量"是指一个社会中从事有用工作的人数及百分比、劳动时间，在一定程度上代表该社会的人力资本

① 贝克尔.人力资本理论：关于教育的理论和实证分析[M].郭虹，译.北京：中信出版社，2007.
② 张凤林.人力资本理论及其应用研究[M].北京：商务印书馆，2006.
③ 贝克尔.人力资本[M].梁小民，译.北京：北京大学出版社，1987.

的数量;而"质"则是指人的技能、知识、熟练程度及其他类似可以影响人从事生产性工作能力的东西。[①] 舒尔茨更强调人力资本的"质",并提出正规教育、在职培训、健康设施与服务、个体与家庭的迁移等均可形成人力资本,是提高劳动者生产能力的主要活动。[②] 舒尔茨首次从宏观视角解释了当时困扰经济学家们的美国经济增长之惑,被称为"人力资本之父",是公认的人力资本理论提出者。[③]

贝克尔是另一位对人力资本理论做出里程碑式贡献的经济学家。1962 年,他在《政治经济学杂志》(*The Journal of Political Economy*)上发表了《人力资本投资:一个理论的分析》("Investment in Human Capital:A Theoretical Analysis")一文,用成本收益法进行了微观人力资本研究,并提出"企业专用性人力资本"(firm-specific human capital)概念,初步区分了"专用性人力资本"和"通适性人力资本"。[④] 前者指仅对特定的组织或岗位有价值的人力资本,一旦发生流动,其价值可能会显著贬值,可进一步区分为企业专用性人力资本、职业专用性人力资本、行业专用性人力资本和地域专用性人力资本。而后者指个体对任何组织均具有相同价值的知识或技能,在从一个组织转换到另一组织时不会发生严重的价值损失。可见,通用性人力资本的适用范围和流动转换领域要大于专用性人力资本。[⑤] 贝克尔强调正规教育和职业培训投资的重要性,并解释了高技能与高学历人群的年龄收入之所以陡峭,是因为人力资本随着年龄的增长会大幅度提高收入水平,这也意味着拥有高技能高学历的人更可能得到长足的发展。贝克尔不仅首次建立了人力资本理论微观决策的研究分析框架,丰富了人

---

① 陈武元.影响大学经费筹措的主要理论综述[J].中国高等教育评论,2012(12):189-207.
② 江涛.舒尔茨人力资本理论的核心思想及其启示[J].扬州大学学报(人文社会科学版),2008(6):84-87.
③ 杜育红.人力资本理论:演变过程与未来发展[J].北京大学教育评论,2020(1):90-100.
④ Becker G S. Human Capital:A Theoretical and Empirical Analysis,with Special Reference to Education[M]. Chicago:University of Chicago Press,1993.
⑤ 孟大虎.专用性人力资本研究:理论及中国的经验[M].北京:北京师范大学出版社,2009.

力资本理论,还带动了大量的后续研究,包括卢卡斯(Robert E. Lucas)、罗默提出的内生经济增长理论,都揭示了人力资本作用与经济增长的机制,得出了人力资本是人类社会经济长期可持续增长的决定要素这一重要结论。20世纪80年代和90年代,人力资本理论向以建构技术内生化模型为中心的方向发展。这一阶段的理论通常被称为第二代人力资本理论或是传统的人力资本理论。上述研究在关注收入时,多将教育水平作为潜在能力的代理变量,即将获得不同报酬水平的个体在能力水平上的差异主要可归结于教育水平的差异,但这较难解释现实世界中为何同等教育水平的个体间仍存在较大收入报酬差距的现象。

　　进入21世纪以来,学者们为了更深入地揭示人力资本的异质性,提出应构建以"能力"为核心的研究框架,相关研究随之进入新人力资本理论时代。诺贝尔经济学奖得主赫克曼等学者将人力资本理论进一步发展,建立了从人的生命周期动态分析人力资本投资的理论框架,指出人力资本的分析只关注认知能力存在局限性,非认知特征对个人成功也至关重要。该理论指出人力资本不仅包括传统的认知能力,如智力问题解决能力及理解、记忆、推理、思维等能力,也包括非认知能力,如人格特质、坚持和合作能力、开放度、责任感、亲切性和人际沟通等,虽难以测量,却与未来的劳动生产率有着密切联系;并指出非认知能力的重要性及其在生命周期中的强延展性,以及对个人收入分配和成就的影响。两者互动提高人力资本。[①] 赫克曼提出了一个全生命周期的学习与技能形成的动态分析框架,并指出人力资本积累是一个动态的过程,在生命周期的一个阶段获得的技能会形成下一阶段学习的初始条件与基础。他对人力资本理论的扩展还表现在对人力资本政策的系统分析。至此,一个以能力为核心的新人力资本理论框架

---

① 黄国英,谢宇.认知能力与非认知能力对青年劳动收入回报的影响[J].中国青年研究,2017(2):56-64,97.

由此形成,受到持续重视并蓬勃发展。

(二)新人力资本理论的主要观点

回顾新人力资本理论的发展脉络可以发现,相关研究在发展中不断丰富。主要观点可概括为以下几个方面。

一是关于人力资本的内涵。人力资本是附在个体身上、能提高劳动生产率和具有经济价值的知识和技能,包括质量和数量两个方面。其中质量方面指个体所拥有的知识、技能、劳动熟练程度等能力表现,包括认知能力和非认知能力。微观人力资本理论进一步区分了该内涵,提出专用性人力资本的不同适用范围,即从工作岗位出发,有企业专用性人力资本和职业专用性人力资本,对应所属的行业发展,还有行业专用性人力资本。值得注意的是,微观人力资本理论针对不同的地域及经济社会文化的发展程度,提出了地域专用性人力资本。

二是关于人力资本的内涵组成要素有不同程度的作用区分。赫克曼指出非认知能力的重要性不断凸显,其在收入分配中发挥着越来越大的作用。贝克尔提出,专用性人力资本在从业者流动时会发生显著贬值,而通用性人力资本在从业者从一个组织转换到另一组织时不会发生严重的价值损失。

三是人力资本的能力表现具有社会价值属性。人是联结学习世界与工作世界的核心枢纽。人力资本的结构和质量发挥效能的前提是其与所处经济体的产业结构相匹配。[1] 个体完成工作任务的能力是其能被社会认可的价值体现,劳动者所拥有的知识、技能与素养等是其社会价值所在。[2]

四是人力资本的能力形成路径可以不断拓展其内涵和外延,且具有累积性。除了先天的基因外,后期的环境及质量、早期干预行为等

---

① 丁小浩,黄依梵.人力资本对经济增长的贡献:理论与方法[J].北京大学教育评论,2020(1):27-41,189.

② 李晓曼,曾湘泉.新人力资本理论——基于能力的人力资本理论研究动态[J].经济学动态,2012(11):120-126.

因素都会对个体能力的要素分布产生影响,也就是说通过上述因素可以改变由能力、技能及健康等组成的个体能力,前一个阶段获得的技能是下一个阶段技能学习的基础。[①] 赫克曼的研究发现,非认知能力对个体职业的选择具有显著的影响。新人力资本理论让我们有新的角度,重新审视高等职业教育的规划与提升策略,反思整个高职教育体制机制的改革路径。

(三)新人力资本理论在高职院校与"一带一路"企业合作中的解释力

新人力资本理论在解释经济增长、收入分配、社会流动等问题上发挥了重要作用,对经济社会、教育改革以及人的发展产生了重要影响。当今世界,新一轮技术革命对人力资本的质量和数量提出全新的要求与挑战,中国面向 2035 年新型工业化的实现需要更多更高质量的技能人才支撑,如何在国内国际双循环发展的新格局中找准服务共建"一带一路"高质量发展的技能人才需求定位与培养路径,需要新人力资本理论的支持。

教育学者和经济学者的共识是,包括高职院校在内的大学教育具有人才培养、科学研究、社会服务和文化传承的职能。高职院校是教育体系中的一种类型。国务院在 2019 年 1 月 24 日印发的《国家职业教育改革实施方案》中明确"职业教育与普通教育是两种不同教育类型,具有同等重要地位",这一点在 2022 年修订的《中华人民共和国职业教育法》中以立法形式得到了确立。从国家对高职院校的定位来看,在高职院校与"一带一路"企业的合作模式中,人才培养无疑成为最主要的核心取向。高职院校是正规教育、继续教育和高等教育的综合体,"一带一路"企业是经济的微观主体,两者以高职学生为纽带体现出学习世界与工作世界之间的自然联系。所以,工作世界对高职学生这个人力资本必然有着微观的结构要求和宏观的数量要求。微观

---

① 闵维方.人力资本理论的形成、发展及其现实意义[J].北京大学教育评论,2020(1):9-26,188.

的结构要求可以用新人力资本理论中的人力资本内涵所包含的"质"来加以诠释。

中国 2013 年提出的"一带一路"倡议,至今已进入了第二个十年。随着政策变革与实践探索的推进,以职业院校学生为主体的人力资本在内涵构成上也在发生变化与转向,需要深入"一带一路"企业的内部考察人力资本的实然状况,既要结合"一带一路"企业提供的工作岗位来分析,也要结合"一带一路"企业所处共建国家的地域特征、行业分布来解剖,找出新型人力资本的需求定位与要素构成,才能为高职院校提供有效的行动策略。遵循新人力资本理论,构成人力资本的认知能力和非认知能力之间相互作用、共同发展,对高职学生后续的教育与就业具有关键作用。同时可以判断,高职院校与"一带一路"企业之间的合作模式面临跨国境、跨文化和跨地域的更多、更严峻的挑战,如赫克曼所指出的,人力资本的不同要素具有不同的作用与地位,非认知能力的作用会更加凸显,才能应对更加综合更加复杂的岗位要求。

尤其应引起重视的是,人力资本的结构和质量效能的发挥需与所处经济体的产业结构相匹配。个体和群体在不同的产业结构中体现着一定的社会价值。近十多年来,高职院校与"一带一路"企业合作"走出去",对企业而言,除了追寻经济利益之外,随着国家政策的持续明确与深入推进,正在积极响应"利益共同体、责任共同体和命运共同体"的建设目标,这使得企业的跨国经营更能在母国和东道国之间得到认可。对高职院校而言,在积极投身现代职业教育体系的构建助力 2035 年教育强国的建设中,职教出海已然成为中国教育在世界教育中的一个亮点,不但要服务于中国产业"走出去"的需要,更要服务于中国新型大国外交。职业教育承担着共建国家国之交、民相亲、经济先行的重要任务。所以,在高职院校与"一带一路"企业的合作中,人力资本也自然遵循着国家战略的政策逻辑、共建国家的社会逻辑,参与人员、项目和机构跨境中的人力资本都须担当起共建"一带一路"的历史使命,体现其社会价值,并接受社会价值的检验。

当然,通过深入企业和高校内部观察形成的关于人力资本实然与应然之间的结论,是教育供给侧的努力方向。新人力资本理论指出,人力资本的结构和质量具有可改变性,正规教育、在职培训、健康设施等后期因素会改变人力资本的结构和质量,而前期的积累是后续能力增长的基础与起点。在高职院校与"一带一路"企业合作中,共建国家之间联系的不断增多,工业化进程的加速推进,使工作岗位与环境不断发生变化,工作要求愈益提高,完成工作所需的知识和能力愈加综合化和国际化。[①] 高职院校可以通过内生结构性改革,优化职业教育资源供给的方式方法,完善人才培养机制等,更有效地提升人力资本的质量。[②] 政府可以结合我国高职教育的类型特点,出台各类激励制度来施加影响,当然,企业本身的积极参与和行业的共同作为亦是不可或缺的部分,二者协同作用于人力资本质量与结构的优化,最终服务共建"一带一路"高质量发展。

二、需求供给理论:高职院校与"一带一路"企业的合作供需关系

(一)供需理论的缘起

供给与需求是经济学中最基本的问题。古典经济学时期,以斯密为代表的经济学家们,对供求问题进行了探索,并形成了系统化的理论体系。斯密指出,个人、企业(厂商)和政府(国家)是最基本的供求活动主体。在市场供求交易关系中,完全自主、地位平等的单位和个人即主体,其中"单位"主要是指企业[③];"个人"包括自然人和法人;国家也是主体,是经济运行中起主要或主导作用的调控者。该供求理论

---

①　宋齐明.校园与工作场所:关于本科生可就业能力的研究[D].上海:华东师范大学,2018.

②　郭福春,王玉龙.规模、结构、质量、政策:高等职业教育供给侧结构性改革的四重维度分析[J].黑龙江高教研究,2019(3):39-43.

③　马永霞.高等教育供求主体利益冲突与整合[D].武汉:华中师范大学,2005.

的提出适应了当时经济发展的实际情况,反映了学者的政治立场,但缺少对供求结构的分析。

在此基础上,马克思以批判的眼光形成了科学的供求理论,系统地说明了供求与商品价值的关系、供求的关系与地位,以及资本主义制度下供求失衡的根源。马克思主义经济学和西方经济学均指出供给与需求是经济学中的两个重要基础性概念。需求是消费者在一定时期内,在各种可能的价格水平下愿意且能够购买该商品或劳务的数量;供给是指生产者在一定时期内在各种可能的价格下愿意且能够提供出售的该种商品或劳务的数量。商品或劳务的供求关系形成的条件是一种商品或劳务的需求和供给发生关联,供求关系动态决定商品或劳务的价格。杨葆焜、范先佐认为:"在经济发展的各个阶段,都存在着教育供求问题。在市场经济条件下,教育供求关系的地位更重要,没有供求就没有市场,供求机制是市场经济体制的保证机制。"[①]20世纪90年代末,国内许多学者开始了高等教育供求理论研究,在高等教育市场中的供求主体间的内在联系、高等教育资源配置效率和供求矛盾等方面,提出了适应中国特色经济社会发展需要的高等教育供求观点。

(二)供需理论的主要观点

首先,需求决定供给。高职教育供需有高职教育产品的供需和高职教育机会的供需两种类型。对于以就业为导向的高职院校来讲,教育产品供需无疑比教育机会的供需更直接地影响经济社会的发展。具体到高职院校与"一带一路"企业的合作中,用人单位是高职教育的需求主体,客观反映"一带一路"企业以及共建国家的实际需求。政府、高校和市场是供给主体。在中国市场经济体制建立以前,国家举办的高等院校是高等教育唯一的办学模式,政府是高等教育唯一的举

---

① 杨葆焜,范先佐.教育经济学新论[M].南京:江苏教育出版社,1995.

办者。但是随着我国经济成分的多元化,多元主体供给态势形成。当前,市场化机制运行下的高职教育形式日益多样化,如私人出资或与政府合作办高校等。这些企业愿意出资办学校的内驱动力,是希望通过经济杠杆实现技能人才的菜单式供给。因此,高职院校的多元供给主体,主要由组织者(政府)和生产者(高等职业技术学院)组成,其中,高职院校既包括政府举办的公办高职院校,也包括企业举办的民办高职院校。

其次,供需内容不是一成不变的,会受主要因素的影响而产生变化。一方面,供需内容在扩延。在高职院校与"一带一路"企业的合作中,人员和项目的跨境合作模式的供需目标以人力资本为核心取向,而到机构跨境合作模式时,随着共建国家经济社会需求的增加,便在以人力资本为供需核心目标的基础上衍生出了技术研究、社会服务以及文化传承等供需内容。另一方面,供需内容受经济发展阶段的影响,经济发展阶段不同则教育需求不同。经济学家刘易斯(W. A. Lewis)通过研究,在《经济增长理论》一书中,从宏观视角论述了高等教育供给与经济增长之间的变换关系,提出了著名的二元经济结构理论,即在不同的经济发展阶段,社会生产对劳动力受教育水平的要求不同。在二元经济的工业化阶段,高等教育供给少,其原因是整个生产力低下,技术含量低,因此社会生产对劳动力的受教育水平的要求也低;在经济转型的临界阶段,社会对从事生产的劳动力受教育程度的要求越来越高,这主要是由经济发展和经济结构的改变,以大机器为主的工业生产使生产中的科技含量不断增加导致;而到了经济稳定的成熟阶段,生产结构趋于成熟,社会生产力发展水平提高,导致现代生产对劳动力受教育的水平提出更高的要求,高等教育供给处于平稳增加状态。

再次,供求矛盾是客观存在的。尽管经济领域的供需均衡与教育领域的供需均衡是两个不完全对等的概念,但两者在本质上是相同的,都是供给和需求。高职教育供需均衡也是相对的、动态的。当高职院校与"一带一路"企业的供需双方在数量、质量、结构和运行上呈现供需不对等时,会出现高职教育的供需矛盾,也称供需失衡。主要表现为,当供给不足、过多或不匹配时,人力资源市场上会呈现"企业找不到合适的大学生"或"大学生找不到合适的工作",也就是呈现为有效供给不足。[①]

最后,当不均衡超过了一定的限度时,有必要进行供需矛盾的调节。实践中,计划调节和市场调节是两种典型的调节方式。[②] 计划调节主要指高等教育供给由国家以行政命令的手段推进,统一地强制地实施。市场调节则强调国家宏观调控下市场的基础性作用,市场在调节高等教育供需关系矛盾中发挥作用。无论是计划调节还是市场调节,都有其正向作用和一定的缺陷。学者们引入供给侧结构性改革的视角,对高职教育供需矛盾进行供给侧调节,将基于新供给理论的供给侧结构性改革适用到高职教育校企合作中,通过教育制度的改革实现人力资本的跨越,通过营造激励创新生态来试图驱动跨领域的综合改革。[③] 供给侧结构性改革的主体指向教育供给者——高职院校与政府,将改革的要义聚焦于以人力资本为供需核心的供给规模、供给质量和供给结构。

(三)供需理论在高职院校与"一带一路"企业合作中的解释力

其一,需求决定供给,意味着高职教育的供给应按照人力资本的需求来组织生产。"一带一路"企业作为需求侧主体,对人力资本这个核心合作目标,在数量、质量和结构等方面存在着不同于国内未开展跨境投资企业的需求。高职院校和政府作为主要的供给侧主体,可从人力资本的数量、质量和结构维度出发,探寻宏观和微观层面的人力

---

① 叶忠.略论教育的有效供给[J].教育评论,2000(3):17-20.
② 孟明义.高等教育经济学[M].北京:教育科学出版社,2010.
③ 冯志峰.供给侧结构性改革的理论逻辑与实践路径[J].经济问题,2016(2):12-17.

资本供给现状。在分析人员、项目和机构跨境合作模式的供需现状时,要充分考虑调研对象在高职院校、政府、行业、合作企业尤其是"走出去"到共建国家的企业中的分布,其中对政府的观测,除了母国政府还应考虑东道国政府的情况,以明确需求的具体项目或困难。

　　其二,供需内容会受主要因素的影响而产生变化。在高职院校与"一带一路"企业的合作中,供需内容主要受合作模式以及合作运行的社会基础的影响。不同的跨境合作模式呈现出不同的供需内容,如前所述,在人员和项目的跨境合作模式中,供需内容以人力资本为核心取向;而在机构跨境合作模式中,会衍生技术研究、社会服务以及文化传承等内容。值得注意的是,不同的经济发展模式或同一发展模式的不同阶段对职业教育的需求也不同。共建"一带一路"国家中有着不同的经济发展模式,同类发展模式下也有不少国家处在不同的发展阶段。随着工业化进程的推进,这些国家对职业教育的需求正在发生变化,包括需求内容、需求结构以及需求水平等。这就要求在高职院校与"一带一路"企业合作模式的研究中,须立足合作运行的社会环境,多维度地考察供需内容。

　　其三,供求矛盾的客观存在需要相应的供需调节策略。校企跨境合作从人员、项目跨境到机构跨境,比一般的校企合作更加复杂和困难,更何况其承载着命运共同体的使命担当。由此,供需理论对校企合作模式从合作内容、合作区域与合作程度等不同维度提出适应性更强的双向需求。在讨论高职教育的供给侧结构性改革的优化方案时,应从高职教育人才培养的系统工程角度出发,着重提升人力资本质量,优化专业结构设置,为供求失衡问题提供解决思路,包括教育理念、课程体系、师资培养、专业设置等方面的有机结合与系统推进,努力构建以"需求导向,自我保证"为基本逻辑的高职院校内部质量保证体系。

三、四螺旋理论:高职院校与"一带一路"企业的合作运行机制

(一)四螺旋理论的缘起

四螺旋理论是基于三螺旋理论发展而来。20 世纪 50 年代,美国遗传学家列万廷(Richard Lewontin)将物理研究中的三螺旋理论引入生物学来解释基因、组织和环境之间的关系,提出基因、生物体和环境就像三条螺旋缠绕在一起,互为因果,相互促进。将这种物理、生物创新模型引入国家与社会创新系统的是美国创新学专家埃茨科威兹(Henry Etzkowitz)和荷兰学者雷德斯多夫(Loet Leydesdorff)。他们在 1995 年开创了大学—产业—政府三方协同创新的三螺旋理论[①],提出"知识经济时代的组织,不再具有牢固的边界,政府、大学与产业各有其优势,需要相互协调和加强合作"[②]。该理论被广泛应用于分析政府、产业和大学在创新过程中的互动作用。产业是生产场所,也是科技转化基地;大学是人才培养的摇篮,政府是契约合作关系的主导者,通过产业政策,起到计划与协调作用,并在人才培养与科技创新中通过直接的创新政策与间接的产业政策来加以推动。[③]该理论认为上述三类主体既是创新要素的提供者,又是直接的创新主体,通过协同效应提升协同创新的深度和广度,同时承认在三螺旋不同发展阶段的功能作用不完全相同。三螺旋理论一经提出,即受到学界的广泛关注,并在 2004 年被写入联合国千年计划,成为一种导向性意见,极大地推动了全球范围内三螺旋理论的研究进展。

---

① 埃茨科威兹.三螺旋:大学·产业·政府三元一体的创新战略[M].周春彦,译.北京:东方出版社,2005.

② 蒋平.地方普通本科院校转型发展:三重螺旋模式下的政策指向[J].教育发展研究,2016(5):1-10.

③ 黄国英,谢宇.认知能力与非认知能力对青年劳动收入回报的影响[J].中国青年研究,2017(2):56-64,97.

2000 年,薛澜在《中外科技信息》刊物上引入三螺旋理论。2005 年以后,我国学者开始关注并研究三螺旋理论。21 世纪初,国际竞争加剧,资源问题凸显,随着经济社会转型升级为创新驱动模式,知识生产模式Ⅰ和Ⅱ已不能适应社会的发展。

在知识生产模式Ⅰ中,高等教育部门在科学兴趣的牵引下,以单一的学科研究为主,通过双螺旋交互递进促进点状线性的知识生产。知识生产模式Ⅱ开始侧重于应用研究,以满足社会生产和创新需求为目标,通过高校、产业和政府三螺旋协同交互,形成非线性的跨学科知识体系。[①] 知识生产模式Ⅲ 在 2003 年由卡拉雅尼斯(Elias G. Carayannis)首次提出。这是一个多模式、多层次、多节点、多边的体系,在该体系中,创新网络以人力和智力资本为主要内核,与知识集群相互补充加强,以社会资本为主导,以金融资本为支撑。由此,卡拉雅尼斯建议在三螺旋的基础上增加基于媒体和文化的社会公众的第四个螺旋体。[②] 也有学者比较认同把"国际合作"作为四螺旋理论模型中的第四个螺旋体。[③] 四螺旋并没有否定三螺旋的知识经济化目标,而是更关注平衡问题,即在实现目标的过程中更关注民主和可持续发展问题,以此应对由社会经济发展和保护生态环境产生的矛盾等问题所带来的挑战。至此,四螺旋理论和知识生产模式Ⅲ应运而生。

(二)四螺旋理论的主要观点

第一,在多元主体构成的运行模式中,四个螺旋体使知识生产由知识经济化向知识社会公益化转变,知识的弥散由国际化向全球化转

---

　　① 许礼刚,周怡婷,徐美娟.多元主体协同驱动下创新教育四螺旋模式研究[J].中国科技论坛,2021(12):134-141.

　　② Carayannis E G, Campbell D F J. "Mode 3"and"Quadruple Helix":Toward a 21st Century Fraccal Innovation Ecosystem[J]. International Journal of Technology Management,2009(3-4):201-234;黄瑶,王铭."三螺旋"到"四螺旋":知识生产模式的动力机制演变[J].教育发展研究,2018(1):69-75.

　　③ 许礼刚,周怡婷,徐美娟.多元主体协同驱动下创新教育四螺旋模式研究[J].中国科技论坛,2021(12):134-141.

变。该理论在上述三螺旋的基础上,加入"社会公众",选择高校、产业、政府和社会公众作为四元主体,使参与者依然不受边界限制的同时,强调经济的持续化共识,构建出有利于人才培养与教育可持续发展的模式。

第二,由四元主体交集构成的四螺旋模型,目标一致,利益重组。各主体的边界更为开放,以促成高校、产业、国家和社会公众的利益平衡,进而达成共同体目标的一致。具体表现为:政府围绕高校的人才培养主目标,在"推动知识经济的发展"的驱使下,出台各种创新人才培养政策,旨在为各方面的创新工程提供知识和人才保障;政府因为社会经济发展与产业科技创新发展息息相关,所以与追求效益最大化的产业动力一致;高校在培养创新型人才的同时,既达到与企业和政府经济社会目标的高度契合,也与社会公共利益一致。[①] 社会公众成为知识创新决策和技术决策的影响源。该模式打破了高校、政府、企业、社会公众等角色边界,使其互相融合,当经济利益凸显时,公众角色会启动调节至平衡的作用,有利于制定科学的决策,促进民主治理、经济增长和全球化发展。

多元主体实现目标协同的重要基础在于主体的边界突破。加入社会公众的考虑,在自上而下的合作基础上,增加了自下而上的合作模式,能更加广泛地跨越自身组织边界,打破文化、职业、区域等限制与束缚,如学科边界、行业边界、地域边界和观念边界等,并在边界上建立起新的研究、管理、教育和市场运作机制,协调不同主体带来的价值冲突,推动社会公共利益与其他主体目标的融合,体现出更广泛的视角和更强的包容性,使目标协同形成知识领域、行政领域、生产领域和社会领域的多力合一。

多元主体的动力协同来源于多元主体的资源势差。也就是说由

---

① 王成军,方军.知识管理——基于四重螺旋的创新创业研究[M].北京:社会科学文献出版社,2020.

于多元主体掌握的优势资源不同而存在主体间的资源势差。[①] 在四螺旋理论中,政府的政策链、高校的人才链和企业的技术链达成一体化状态,但仍难以避免目标冲突难题。可以发现,实践资源缺乏是高校的瓶颈,而企业缺乏专业化的教育资源,政府需要依赖企业和高校等主体来实施政策主张,公众缺乏以信息资源为主的专业资源。所以,资源势差产生主体间互为补短的驱动力,由此产生合作互补互融,协同提升该模式运转的有效性。

第三,在螺旋体构建的运行系统中,各主体各有职能目标和动力,进而呈现相互作用螺旋上升的运行过程。运行过程呈现两大特征:一是整体性。由于各要素是有机融合而不是简单相加,因此规范各要素及其运行的系列制度与规则决定了目标实现中利益的整体性;所关注的多元主体在功能上的优势互补、资源重组,以达到整合后功能的整体性;所采用的各参与主体间以战略联盟等形式,实现其合作方式的整体性。二是动态性。知识在各主体内部开展交流,不仅有层次地运行,还呈现出主体之间相互影响的动态性运行和各方主体叠加的协调性运行。[②] 其实质上是以人力资本为核心的各类资源在合作过程中不断流动交互,关系不断发展与演变,经过沟通—协调—合作,直至协同,最终以各主体间的整合互动来达成合作目标和质量的螺旋式上升。

(三)四螺旋理论在高职院校与"一带一路"企业合作中的解释力

目前,四螺旋理论较多用于解释创业型大学的成长发展。其实,就知识生产模式而言,高职院校也存在与研究型大学的相同之处,都是创新资源的生产主体。不同之处在于,高等职业技术教育更关注技

---

　① 臧欣昱.区域创新系统多元主体协同创新机制研究[D].哈尔滨:哈尔滨工程大学,2018.

　② 李小玺,权琨.论三螺旋理论视域下高等教育运行机制的建构[J].中国成人教育,2017(20):47-49.

术技能的生成和应用。因此,四螺旋理论在诠释高职院校与"一带一路"企业的合作运行机制中有着重要的启示。

启示一,合作主体包括高职院校、"一带一路"企业、政府和行业组织。三螺旋理论中,企业、高校与政府这三股力量在与社会的互动中螺旋式发展。四螺旋理论由三螺旋理论发展而来,在延续确定上述三类主体的基础上,还需明确第四个螺旋主体。引用四螺旋理论的观点,这是一个在实现发展目标的过程中更关注平衡、民主和可持续发展问题的第四个螺旋主体。而在高职院校与"一带一路"企业的合作过程中,考虑到共建"一带一路"高质量发展的跨国性和复杂性,行业组织在以人力资源为核心的东道国政府、沿线企业与高职院校之间发挥着重要作用,基于"市场需求"这一关键因素,将行业组织列为第四个螺旋体。需要说明的是,没有采用"公众"作为第四个螺旋,除了考虑到公众的范围过大并包含了较多心理学和社会学方面的研究内容,还考虑到行业组织在"一带一路"共建国家的建设中发挥着不可替代的作用。

其一,行业性特征使行业组织能更快速地感知企业组织在规模、收益、需求等要素方面的变化,并通过民间性特征灵活地反馈给其他主体,尤其是高校和政府。同时,行业组织具有的互益性和经济性特征,使其能更方便地深入高职院校、企业、东道国和母国政府等多元主体内部,发挥融合多元主体形成共同体的作用。这与中国贸促会研究院对 1013 家"一带一路"企业的调研结论基本吻合,即贸易投资促进机构、商会协会组织的"作用很大"。①

其二,需考虑绝大部分东道国职业教育治理模式中的非强制性特点。有学者指出,职业教育治理存在不同治理模式,其中"东盟方式"强调以非强制性为主要特征提升当地的职业教育发展水平,在此模式

---

① 中国贸促会研究院.中国企业对外投资现状及意向调查报告(2019 年版)〔R〕.北京:中国国际贸易促进委员会研究院,2019.

下行业组织的作用尤为重要,它是联系企业、高职院校以及政府的重要桥梁。行业组织通过技术标准、信息对接等方式参与职业教育,贯通教育、人才和产业创新链。[①] 10 多年来,以中国企业赴"一带一路"共建国家投资生产经营为主要内容的共建"一带一路"已成为国内国际双循环的连接点和高水平对外开放的关键点。其中,东南亚是最主要的进出口贸易和投资区域,工业园区是主要的投资业态。数据显示,2013 年至 2023 年 10 月,我国与共建国家进出口总额累计超过 21 万亿美元,对共建国家直接投资总额累计超过 2700 亿美元。中国对共建国家建设的境外经贸合作区已累计投资 3979 亿元。将行业组织列为第四个螺旋体,便于其突破壁垒,成为高职院校与"一带一路"企业合作模式中合适的边界跨越者。

其三,需考虑母国的政策鼓励与倾向。《国家中长期教育改革和发展规划纲要(2010—2020 年)》等政策明确要求探索高等学校与行业、企业密切合作共建的模式,推进资源共享,形成协调合作的有效机制,积极发挥行业组织、专业学会、基金会等各类社会组织在教育公共治理中的作用。[②] 可见,选择"行业组织"作为第四个螺旋体,构建"校、政、行、企"四螺旋模型,可使四类主体在人员、项目和机构的跨境合作中发挥重要作用,尤其在机构跨境合作中,行业组织的作用更为凸显。

启示二,主体之间各具职能,既相对独立又兼具互融。其一,明确各自的职责功能。如图 2-1 所示,高职院校是新知识新技术的来源,其主要职责是人才培养、科学研究和社会服务等,实现人才和成果的输出。在"一带一路"建设中,高职院校对"一带一路"企业所需的人才培养职能更加重视。作为生产经营者的企业,具有通过提供产品或服务获取利益的经济职能,在"一带一路"建设中,需提供人才培养的合

---

①　王文雯,辛越优.职业教育治理的"东盟方式":特征、成效及挑战[J].比较教育研究,2022(1):105-112.

②　吴卓平,孟秀丽,任燕.四螺旋视域下工程博士培养模式探析[J].机械职业教育 2019(10):1-3.

作需求与实践场所,为东道国提供就业岗位等。而政府则发挥依法管理并稳定各组织的基本职能,出台政策、搭建平台、宏观调整,推动经济和人才质量提升。在"一带一路"建设中,政府组织包括东道国政府和母国政府,负责契约的具体实施。行业组织作为教育界与产业界的连接纽带,具有传递信息、协调监督、开发标准、搭建对话平台和引导落地开展非制度性安排的职能。在"一带一路"建设中,行业组织的地位尤其突出,其履行了提高人才培养质量、有效地服务企业和高职院校的职责。同时,各个主体相互交叉互动,不同机构在履行传统职能的同时,与其他机构在部分职能上重叠,形成四重重叠共生组织。

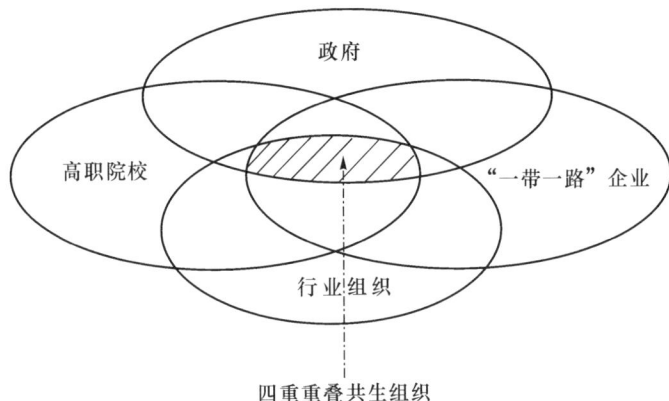

图 2-1 重叠共生组织

其二,四螺旋体产生新的多边联系,在各自独立的传统功能的基础上,能突破边界,兼具其他螺旋体的功能(见图 2-2)。高职院校以人才培养为主责,提供人力资本、知识和技术成果支持,同时也提高了母国和东道国社会公众的整体素养,为政府提供技术技能人才,进而实现知识的传播。企业作为重要主体之一,一方面,加强与高校的合作,提供就业岗位,反馈岗位能力需求,转化高校科研成果等;另一方面,向政府和高校寻求政策倾斜,谋求经济目标与政府经济发展目标的一致,并根据公众需要,不断调整产品或服务的方向。政府发挥指导、支撑和协调的作用,以颁布政策的形式指导高校和企业,以资金支持驱

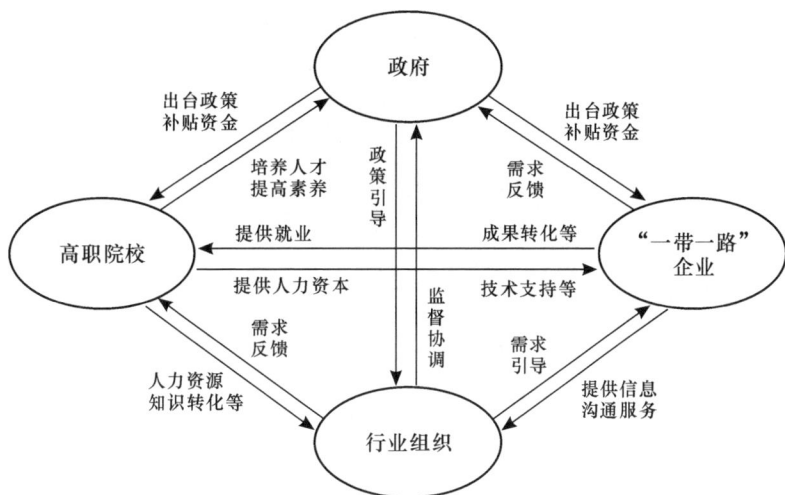

图 2-2　四螺旋理论下多元主体的职能交互协同驱动

动其开展创新活动,并对行业组织进行适当的政策引导,使其能够更好地融入教育体系当中。行业组织是协调高校、政府和企业的重要载体,通过监督等一定方式引导创新,促进利益相关者参与知识生产的共享过程。四螺旋理论下,高职院校和"一带一路"企业以提高人才培养质量和社会服务水平为目标,以高职院校和企业为双主体,以政府为支撑,以行业组织为纽带,在协同创新中心、产教联盟、产业学院等重叠共生组织中充分交流协作,促进资源配置,释放要素活力,提升内聚力,在四重螺旋体中形成稳定共同体。

　　启示三,高职院校与"一带一路"企业的合作运行在调节供需失衡中螺旋上升。四螺旋模型中,更多元的主体、更强的功能互补与交集互促(见图 2-3),使组织边界重叠形式更为多样。具体到高职院校与"一带一路"企业合作中,以新型人力资本为核心目标取向的合作模式的运行机理为:当需求侧的"一带一路"企业与供给侧的高职院校、政府之间出现供需失衡时,校、企、政、行各主体基于共同的利益追求和各自的职责定位,在资源势差的动力驱动下,以整合政策资源、教育资源、实践资源和资本资源以及社会资源的方式,激励各螺旋体之间相互作用并渗透。[①] 首先,作为解决供需失衡的有效环节,多元主体间展开沟通,这是协调、合作与协同的基础。其次,经过沟通调研形成初步的研判,明确供需失衡的根源后,就由前序的研判,依据系列制度与规则进入实质性的实施阶段,即协调。再次,对通过协调达成的一致意见,包括成本、关系和利益等具体问题的各方想法,同时考虑政府的激励与奖惩等,进入实质性的合作运行阶段,主要针对合作成本的分担、合作关系的维护、合作利益的分配等具体问题做出决策。最后,知识等各类资源在各主体内部开展合作交流与互动、关系不断发展演变,供需趋向均衡。

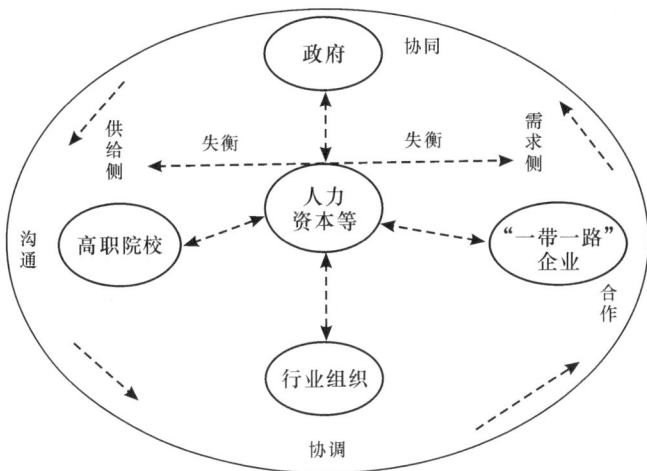

图 2-3 四螺旋模型在高职院校与"一带一路"企业合作中的运行机制

在由沟通、协调、合作和协同构成的运行机制中,螺旋体循环递进不断上升,需要系统性的资源支持,包括源于东道国和母国的政策与制度支持、跨境合作中的信息支持和资金支持,以及对风险的防范等。当然,供需理论已指出,供需均衡是理想化的状态,供需失衡才是客观存在的常态。

---

① 王金辉.高职院校政、校、企合作办学的"三螺旋模型"分析[J].职业技术教育,2013(35):59-62.

　　所以,整个高职院校与"一带一路"企业的合作是四螺旋理论下,政府、高职院校、企业和行业组织之间非零和博弈的过程。高职院校与"一带一路"企业合作的三类跨境合作模式,可进一步呈现其运行机理的复杂性。在人员跨境合作模式中,以人力资本的培训或实习就业为核心合作目标,合作主体以高职院校和"一带一路"企业为主,合作运行中各主体间职责明确,但交互的联结程度相对疏松,对东道国政府的政策支持和制度约束是必不可少的,可能供给的支持保障要求相对较低。项目跨境合作模式中,以项目约定的境外任务为主要合作目标,主要涉及人力资本、技术服务与标准输出等,合作主体以高职院校、"一带一路"企业和母国政府为主,合作运行中各主体间职责明确,主体间交互的联结程度比人员跨境合作模式要来得紧密。机构跨境合作模式是三类模式中的最高层级,合作目标涵盖以人力资本为核心的多重取向,包括人力资本、技术服务与标准输出等,合作主体涵盖校、企、政、行,各类主体职责明确,地位重要,主体间交互的联结程度十分紧密。当供需失衡时,上述三类跨境合作模式中均会有不同程度的运行体现和效果呈现,需求侧反馈失衡信息到供给侧,各方主体进行沟通、协调、合作,最终实现协同。

第三节　高职院校与"一带一路"企业合作的分析框架

　　人力资本理论、供需理论和四螺旋理论为高职院校与"一带一路"企业的合作模式研究提供了一个相对完整的理论分析框架:人力资本理论明确了高职院校与"一带一路"企业之间核心的合作目标取向,供需理论明晰了供需双方对跨境合作目标的基础条件、供需维度与失衡根源,四螺旋理论描述了合作主体之间的运行机制。高职教育可从供给侧结构性改革的视角提出高职院校服务"一带一路"企业的优化方案。

一、理论整合

人力资本理论作为研究的基础理论，提供核心目标取向。高职院校与"一带一路"企业的合作，在"一带一路"倡议下，承载着命运共同体的使命，供需双方的核心目标指向人力资本，不仅有质量维度的学习能力、方法能力和社会能力组成要素的构成、作用和现状，更有数量和结构维度的供需呈现。而且，供需双方对人力资本的解读随着倡议的深入和共建国家工业化进程的推进，形成了新的内涵和外延。无论是人员跨境、项目跨境还是机构跨境的合作模式，合作目标都以新型的人力资本为核心枢纽向外延伸，既有技术服务、科技研发和文化共建的校企合作内容的延伸，也有教育目标、经济目标向政治目标的扩展。由此，人力资本理论为剖析高职院校供需两侧的人力资本质量、结构与运行提供了分析维度，明确了供需双方的合作内容、边界与问题指向。

供需理论明确了研究中的关系定位，提供了分析人力资本产生等多重合作内容与供需对象的观察视角。来自经济学的供需理论为"双循环"背景下分析"一带一路"企业对高职院校的产品供需与合作供需确定了分析角色，提供了经济学视角下剖析职业教育的基础视角。校企合作中，需求侧的企业诉求与供给侧高职院校人才培养及社会服务现状，构成了供需关系模型。因此，该理论为校企合作模式中供需主体的确定和跨界运行模式勾画了对应位置及客观关系结构，形成了分析校企合作模式的基础条件。供需理论不但明确了校企合作中由需求产生供给的基本逻辑，为实然分析指明了研究和数据收集的起点，并对照高职院校供给侧的实然情况，以供需适配性为追求目标，提出供需理论中跨境校企合作供需失衡的条件，为优化高职教育供给侧结构性改革方案指明根源与路径。

四螺旋理论作为研究的机制理论，为供需多元主体以人力资本为核心目标的运行提供了依据。四螺旋理论界定了高职院校与"一带一路"企业合作模式中的主体范畴、职责与运行机理。通过高校、企业、政府和行业组织等主体在不同向界中的动态活动、协同合作、螺旋上升的规则与机理,为社会外部环境与高职院校内部各要素的跨界协同提供了运行路径与问题反馈机制,可以从案例呈现的视角说明高职院校服务"一带一路"企业中的产品差距和服务能力差距。样本企业和高职院校的数据调研分析侧重从"面"的维度分析螺旋体的运行轨迹,而典型案例则从"点"的维度反映高职院校与"一带一路"企业合作的三种具体的实践样态,即机构跨境校企合作模式、项目跨境校企合作模式和人员跨境校企合作模式,提炼运行经验与反思。

二、分析框架

严格意义的分析框架由"问题＋范畴"组成①,问题是一切分析框架的出发点,范畴则是由理论视角以及理论的结果猜想组成。从研究目标出发,整合研究问题和理论视角,建构形成高职院校与"'一带一路'企业合作模式"的理论分析框架。人力资本理论、供需理论和四螺旋理论分别从目标视角、关系视角和运行视角,共同支撑如何构建高职院校与"一带一路"企业有效合作模式的研究总目标和分目标。研究聚焦于"一带一路"企业及共建国家对人力资本的新需求,梳理供需质量、结构与运行的失衡错位问题与根源,提出由高职院校、"一带一路"企业、政府和行业组织组成的校企跨境合作四螺旋运行模式,以供给侧结构性改革为出发点,为以人力资本为核心取向的高职教育校企跨境合作构建了包括合作目标、内容、区域路径的优化方案,以及内部质量保证体系,以更高质量的高职教育办学水平适应新要求、实现新目标,解决本书中提出的系列研究问题。当然,研究的具体问题、研究

---

① 邓友超.教育解释学[M].北京:教育科学出版社,2009.

内容与理论视角之间并非机械式的一一对应,而是权变式的对应关系。

三、基本猜想

基于上述分析框架,在"问题＋理论视角"的融合与碰撞之后,形成高职院校与"一带一路"企业的合作模式中关于合作目标、供需关系和运行机制的基本猜想和观点。

(一)以新型人力资本为合作的核心目标

"一带一路"倡议催生了相关产业的整合与发展,刺激了新兴专业(群)需求的产生:一方面,从"一带一路"企业的投资行业看,以制造业和批发零售业为主,相比技术密集和资本密集型行业,对相应岗位的从业者应具备的职业能力提出了更趋多样性、复杂性的要求,如对肯吃苦、有责任心和对企业忠诚度的要求更高。另一方面,企业为更好地应对"一带一路"共建国家的投资风险(包括政治风险、经济风险、项目风险、法律风险、环境和社会风险等),园区化生产逐渐成为"一带一路"企业一致认可的生产经营方式,这对人力资本的专业复合性提出了更高的要求,打破了相关高职人才的供需平衡,有效供给明显不足。

当前,我国高职教育的人才培养,虽已开始重视工匠精神的培养,包括课程思政在内的举措不断得到加强,但仍以学校内部运行的专业知识和专业技术的应用为主,在专业设置上缺乏与市场需求之间的敏感对接,在课程设置上缺乏与实践性资源的嵌入式互学。随着中国进入创新要素驱动的生产结构模式,高职院校国际竞争力亟待提升,高职教育的供给侧结构性改革刻不容缓。

"一带一路"倡议得到共建国家的积极响应和支持,不仅为我国经济发展与国际地位提升带来机遇,也为我国培养具有国际竞争力的高职人才指明新的方向。为应对新的挑战,在高职院校与"一带一路"企业的跨境合作中,我国应构建以职业素质为引领的高职人才培养体系,以校、企、政、行协同共演的合作模式为框架,搭建与外界互通的开放式高职人才培养平台。以此为依托,培养具有扎实专业技术技能、跨文化交流人文素养、家国情怀与使命意识的高素质复合型的新型高职人才,助力"一带一路"建设。一方面,以"一带一路"建设目标为愿景,使新型人力资本具有明确的政治愿景。"一带一路"倡议要求建立"利益、使命和责任"的命运共同体,新型人力资本需要强化责任与担当,以面对新问题、应对新挑战、把握新机遇。对应到服务"一带一路"建设的高职人才的规格培养,需要的是具有"兼济天下"济世精神和"以造福人类与可持续发展为理念"的现代中国工匠。另一方面,以专业能力为依托,使新型人力资本成为具有卓越"表达"能力和国际视野的复合型人才。第四次工业革命的来临,使工业产品和现代服务业从关注实现基本功能和呈现基础性信息化水平,转向智能化、人性化的发展方向。这要求从事工业生产和现代服务业的人力资本提高专业能力复合程度——不仅包括扎实的专业技术和过硬的专业精神,还能在服务中发挥技术示范作用,使"一带一路"共建国家的经济社会发展呈现更多的沟通、理解、包容与共生,而不是冲突。这要求人力资本以卓越技术为基础,从微观个体的岗位能力分析中呈现更高阶的职业能力。

(二)以高质量的供需新适应为合作的关系定位

自"一带一路"倡议提出以来,大批大型的基础设施与工程建设相继展开,由此催生了对以交通能源、电力建材等为代表的相关领域技术技能人才,以及与之对应的生产性服务业人才的迫切需求,如跨境电商、国际贸易、物流营销等现代服务业。一方面,商务部、国资委等部门对"一带一路"企业及利益相关方的调研显示,企业在技术溢出和产业转移过程中面临的最大挑战之一是专业技术人才的数量不足以及与行业标准体系的对接困难。另一方面,数量与技术需求正在扩大,"一带一路"共建国家的快速发展产生的巨大市场需求和发展潜力,对中国"走出去"的技术技能人才提出了更大规模、更专技能、更宽视野的客观要求。[①] 由此引发的高素质复合型技术技能人才短板效应,或将持续影响"一带一路"企业"走出去"的质量,进而限制我国国际影响力的发挥。可见,面对"一带一路"倡议的新形势与新要求,校企合作的方式、内容、路径与支持保障也应双向适应,具体体现在三个方面。

其一,高职院校和政府应从"一带一路"企业的行业分布出发进行专业结构的设置调整和整体布局。供给侧的高职院校,应从"一带一路"企业的行业定位和对外直接投资经营园区化的业态特征出发,不但要使专业大类的设置满足"一带一路"企业投资行业与区域产业结构的需要,还要加强专业布局与投资东道国区域产业布局的空间适应性。当然,出于对跨越国境工作岗位更具复杂性的考虑,企业也会存在对高职学生学历层级上的更高期待。所以,高职院校和政府首先应达成以就业为目的,基于教育逻辑的适应性需求。

其二,高职院校和"一带一路"企业应从区域特征出发,选择"走出去"区域。区域选择是跨境校企合作的重要问题,直接关系到合作的成败。选择的依据主要依托于合作企业投资区域的结构特征,包括东道国投资区域结构特征和母国的区域结构特征。中国企业对外直接投资的实践显示,"一带一路"企业的东道国投资区域呈现以东南亚为主要投资地的显著特征,这为高职院校提供了分区域分国别甄选"走出去"地域的考察依据。同时,高职院校也应将"一带一路"企业在母国的区域分布特征纳入考察因素之中,因为这关系到合作路径的源发地以及高职院校本身的资源禀赋。综观国内高职教育的区域分布情况,其不均衡的现实表现制约着合作主体之间的供需内容——是选择以人力资本为核心内容,还是从教育立场、企业目标向社会立场扩展

---

① 王璐瑶,陈劲,曲冠楠.构建面向"一带一路"的新工科人才培养生态系统[J].高校教育管理,2019(3):61-69.

合作路径。

其三,高职院校与"一带一路"企业的跨境合作中,既有人员跨境的合作形式,也有项目和机构的跨境合作形式,这是一种比一般校企合作更为复杂的系统性供需关系,对高职院校、母国政府和东道国政府提出了更高的适应性要求,主要表现在政策供给、信息供给和资金供给等方面的系统性保障与支持。

(三)以多元螺旋共建命运共同体的新使命为合作的运行机制

首先,运行目标从单一走向多元。"一带一路"倡议以"共同打造政治互信、经济融合、文化包容的利益共同体、责任共同体和命运共同体"为目标,为走出去的中国企业提供技术技能人才支持、助力共建国家技能人才培养的高职院校与"一带一路"企业进行以人力资本为核心取向的全方位校企合作,合作运行的目标自然从相对单一的教育目标升格为教育、经济和政策共存的多元目标。

其次,运行主体由三螺旋走向四螺旋。尽管一般意义上校企合作的运行主体也呈现多元化,但核心主体仍是学校和企业,中国政府和地方层面也会积极参与其中。而在"一带一路"共建国家中,投资东道国国情不一,地方保护性较强,有更多的合作主体参与进来:一是东道国政府。中国企业到东道国投资,该国的投资引进政策和职业教育政策至关重要,直接关系着中国企业在东道国的可持续经营。来自零点有数调研报告的数据显示,蒙古国、哈萨克斯坦、印度、柬埔寨和老挝的中国企业所面临的政府压力不小,分别有 13.6%、9.1% 和 8.3% 的在蒙古国、在哈萨克斯坦和在印度的企业受访者表示当地政府对企业态度"不太好"。[①] 共建国家政府对中国企业准入的不同政策直接影响着跨境校企合作的成效。二是行业组织。投资企业十分看重第三方

---

① 北京零点有数."一带一路"沿线中国民营企业现状调查研究报告[R].北京:中华全国工商业联合会,2019.

中介力量的参与,行业组织既是中国企业的代表也是与东道国政府或公众进行沟通的有效代表。面对人力资本供给合作主体提出多元化的需求,政府和行业组织需要发挥更重要的协调作用。

最后,运行模式从产品合作走向产权合作。由于"一带一路"企业独特的禀赋特征,以及面临着更大的跨境经营风险和更复杂的跨境经营环境,其对校企合作内容、组织形式和协调保障支持存在更为迫切的需求。其中,"一带一路"企业对制度、信息和中介等协调保障支持的需求尤为强烈,这与"一带一路"企业以境外经贸合作园区为主要投资区域的集群经营特征有关,相应地要求校企合作组织网络形式更加多元化。但是,高职院校、政府和行业组织的供给支持明显不足,导致高职院校与"一带一路"企业合作运行不畅,尚未形成"共同体"理念支撑下的有效实践。所以,笔者认为校企跨境合作模式将从人员、项目跨境合作的产品合作向组织合作发展,最终走向机构跨境合作中的产权合作。

第三章 高职院校与"一带一路"
企业合作模式的调查研究

调查研究是理论与实践有机融合的前提,为真实可行的供给侧优化方案提供坚实的基础。① 笔者以问卷调查和访谈调查相结合的研究方法,梳理"一带一路"企业需求侧和高职院校供给侧对合作模式中核心目标、供需规模、供需结构和运行机制的实然现状,厘清存在的问题并讨论根源。

第一节 调查设计与实施

为准确掌握高职院校与"一带一路"企业合作的供需现状,笔者在浙江省范围内选取 48 所高职院校实施院校调研,选取宁波市近 500家"走出去"到"一带一路"共建国家开展直接投资的企业实施调研。为进一步考察供给侧与需求侧存在的实然问题,在问卷基础上分别形成了面向院校和企业的访谈提纲。

---

① 杨岭.超越技能:中学体育教学的文化品格研究[D].重庆:西南大学,2015.

一、调查目的

调查研究的主要目的在于通过问卷调查和深度访谈,了解高职院校与"一带一路"企业的合作现状,包括企业的需求现状和高职院校的供给现状,为实施高职教育供给侧结构性改革行动提供有说服力的调查数据。

二、调查过程

(一)调查阶段

调查主要分为四个阶段。第一阶段的主要内容为制定研究方案、确定研究工具。第二阶段主要为预调查,并据此修订相应的调查工具。第三阶段是正式的调查阶段。第四阶段的主要任务是撰写调查报告,形成调查分析结果。

(二)调查方法

问卷调查和访谈调查是收集证据资料的主要方法。问卷调查的运用,主要是考虑到问卷调查效率高、取样便捷,有助于进行广泛的了解和获得较大量的信息,便于量化分析,形成对现状的统计性描述、评价、解释和预测,旨在获取"一带一路"企业对高职教育产品的需求全貌和高职院校的供给现状。访谈法的使用,旨在获取更深层次的校企合作供需原因及建议,包括"一带一路"企业作为用人单位的需求描述,在该类企业中实习工作的学生的评价,以及行业组织的供需协调状况。同时,考虑到高职院校与"一带一路"企业合作需求与供给内容的广泛性和深刻性,研究中也结合运用了学术文献数据库检索、纸质和网络公开出版物搜集等文献调研方法,以尽可能完整地获取研究数据。

第一类,问卷调查。

　　首先,编制问卷。这一步旨在明确调查的问题与维度。[①] 研究中,为明确企业需求侧的现状和高校供给侧的现状,从两大维度来设计问卷。一是"一带一路"企业对高职院校的需求现状,二是高职院校对"一带一路"企业的供给现状。因此,"一带一路"企业需求侧的问卷编制,以目标需求、关系需求和运行机制需求为基本线索。高职院校供给侧的问卷编制,以高职院校的目标供给、关系供给和运行机制供给为基本线索。之后进行问卷的项目收集与编制。测量工具的项目来自文献研究和实践经验两个方面。[②] 在文献分析的基础上,通过深入"一带一路"企业和高职院校开展访谈,收集高职院校与"一带一路"企业合作中的供给项目和企业的需求项目,并结合职业教育专家和已开展校企合作并到"一带一路"共建国家开展生产经营的企业经理的访谈进行筛选,最终形成"一带一路"倡议下高职院校调研问卷和"一带一路"企业调研问卷。

　　其次,确定问卷结构。调查问卷的结构设计主要包括两部分。一是校企双方的基本信息、校企合作的基本状态,以及高职院校与"一带一路"企业的合作供需情况。在高职院校的问卷结构中,基本信息包括所在学校性质与地位、受访人岗位,以及校企合作基本情况。在"一带一路"企业问卷结构中,基本信息包括企业性质、所属行业、企业规模及企业雇用高职学生的员工规模、校企合作基本情况,以及企业"走出去"的形式、规模、动因与障碍。二是高职院校与"走出去"企业合作的目标供需、关系供需和运行机制供需情况。高职院校的问卷结构包括目标供给、关系供给和运行机制供给三个一级维度,其中目标供给维度指人力资本的供给质量,关系供给维度包括人力资本的结构供给和教师的服务能力供给,运行机制供给维度包括运行主体及职责、合作内容、合作运行的保障支持。"一带一路"企业问卷结构包括目标需

　　① 杨鸿.教师教学知识的统整研究[D].重庆:西南大学,2010.

　　② 李鹏,米德全.学校变革型领导行为效能的多维测度研究[J].教育科学,2015(1):26-32.

求、关系需求和运行机制需求三个一级维度,其中目标需求维度包括人力资本的质量需求,关系需求维度包括人力资本结构和对教师服务能力的需求,运行机制需求维度包括合作主体及主体职责、合作形式及运行保障支持。

最后,检测问卷。"一带一路"倡议下职业院校调研问卷和"一带一路"企业调研问卷开发完毕之后,笔者就近在高职院校和企业中进行了试测,高职院校的有效回收率达 93.33%,企业有效回收率达 90%。

根据初始数据实施项目分析。项目分析的意义主要在于检验题项的适切程度[1],即项目的难度和区分度。选取极端值比较和同质性检验对量表进行因子鉴别力分析。对两个分问卷高低分组进行独立样本 T 检验,求出断决值。一般来说,因为独立样本 T 检验的 CR 临界比越高,项目鉴别力越强。所以,对 CR 值未达到显著水平的题项,一般考虑删除。[2] 项目分析显示,量表高低分组分析结果都在 95% 的置信区间内,两份问卷项目的 P 值无一超过 0.05。完成上述比较后,再对"一带一路"倡议下职业院校调研问卷和"一带一路"企业调研问卷进行题项与总水平的相关分析。根据测量学观点,题项与总水平越相关,各个题项鉴别力越高,反之鉴别力越低。[3] 分析显示,两份问卷的鉴别力符合要求,题项与总水平相关度高。

信度是指量表的可信度,即所测量结果的一致性、稳定性和可靠性。克隆巴赫系数(Cronbach's alpha,简称 α 系数)是检验信度的重要指标,介于 0—1。一般认为,α 系数应至少不小于 0.5,如果 α 系数大于 0.7 则被认为理想。[4] 对"一带一路"倡议下职业院校调研问卷、"一带一路"企业调查问卷及其各维度进行信度分析,得到结果显示两份

---

① 吴明隆.问卷统计分析实务——SPSS 操作与应用[M].重庆:重庆大学出版社,2010.
② 邱皓政.量化研究与统计分析[M].重庆:重庆大学出版社,2009.
③ 王重鸣.心理学研究方法[M].北京:人民教育出版社,2001.
④ 张厚璨.心理测量学[M].杭州:浙江教育出版社,2012.

问卷及其各维度的信度良好,均大于 0.7。

问卷的效度是指正确测量所研究问题的有效程度,即问卷中的研究量表在测量相关问题时是否有效。[1]"一带一路"倡议下职业院校调研问卷和"一带一路"企业调研问卷的项目来源于既有文献和访谈整理后的结果。笔者还邀请"一带一路"企业人力资源负责人和高职院校的职教专家对问卷的项目进行了评定,评定结果为问卷能够代表需要测量的问题,量表内容效度良好。

第二类,访谈调查。

社会研究主要采用四种类型的访谈:结构式访谈、半结构式访谈、非结构式访谈以及群体访谈。[2] 访谈法中,研究者把访谈作为一种"言语事件",主动对其进行分析、归纳和研究,解释和建构其意义,从而揭示出深层次含义。根据研究对象和内容的需要,本书采用半结构式访谈。

调查经常以"深描"来说明半结构式访谈[3],深入内部,强调深度挖掘。为此,在访谈"一带一路"企业高管时,笔者会采用追问的方式和企业实践的现场体验步步递进,不仅要了解企业对高职学生的需求以及与校企合作的情况,还要挖掘造成这种现象背后的原因。考虑到访谈对象的实际情况不同,整个访谈使用了录音笔或手机进行录音,之后再将录音原原本本地整理成文字。访谈形式主要采用面对面的正式访谈,同时也会辅以电话、微信等非直面访谈。

根据研究需要,在需求侧问卷调研的基础上,笔者还开发了针对企业人力资源负责人的"一带一路"企业访谈提纲和针对高职院校国际交流与合作部门负责人的高职院校访谈提纲。其中,企业的访谈提纲主要包括企业需求侧对高职院校高职学生这个核心目标群体的评价、排序、需求定位,合作运行评价,以及改革优化的建议。高校的访

①　邱皓政.量化研究与统计分析[M].重庆:重庆大学出版社,2009.

②　梅.社会研究:问题、方法与过程[M].李祖德,译.北京:北京大学出版社,2009.

③　格尔茨.文化的解释[M].韩莉,译.南京:译林出版社,1999.

谈提纲则着重观测供给侧对核心目标的评价及原因,供给现状、关系及原因,合作运行评价及改革优化的意见等。

访谈资料的效度和信度分析。在调研资料和观察笔记的基础上,笔者结合文献资料和档案资料,利用 Nvivo 软件进行编码和主题分析,并与相关研究人员进行交流探讨,验证了相关分析结论的可信性。与量化研究一样,访谈资料的处理也需要注意信度和效度问题。① 为了提高效信度,笔者在正式访谈之前加入了预访谈,采用三角检验来验证资料的真实性和一致性。一方面,笔者根据行业类别对服务业、制造业和农业领域的几位企业管理人员进行了预访谈,初步了解中国企业在赴"一带一路"共建国家投资生产的过程中对高职技术技能型人才的需求与使用情况、企业参与校企合作的动因等。每完成一名企业管理人员的预访谈后,及时补漏、修正访谈提纲,提高访谈技巧。另一方面,通过对在"一带一路"企业实习或工作的受访学生进行访谈和观察开展三角检验。考虑到受访者校企合作的熟识程度,受访学生均为在"一带一路"企业实习或工作的高职学生或毕业生。通过学生视角的回答,可以在某种意义上检验受访企业所答内容的真实度。比如,访谈中,有位企业受访者陈述企业对学生的关心程度很高,有境外工作补贴,但这种说法在受访学生的反馈中并未得到印证。

三、调查实施

(一)问卷调查实施

科学合理的抽样方法是保证样本代表性的重要前提。② 本书的问卷调查对象,主要以到"一带一路"共建国家投资的宁波企业为需求侧研究对象,以浙江省内高职院校为供给侧调研对象。对调研对象的确

① 纽曼.社会研究方法:定性和定量的取向[M].郝大海,译.北京:中国人民大学出版社,2007.
② 陈瑛,杨光明.技能短缺与技能提升:"一带一路"沿线国家中国企业海外雇工问题研究[M].北京:社会科学文献出版社,2018.

定,主要考虑以下两个方面的因素。

因素一,位于需求侧的宁波企业,在"一带一路"共建国家的跨境投资中表现突出且分布相对全面。由商务部、国家统计局和国家外汇管理局联合发布的《2022年度中国对外直接投资统计公报》(以下简称《公报》)显示,浙江省对外投资规模位居全国前列并呈不断上升态势。如表3-1、表3-2所示,浙江省在2014年至2022年的地方对外直接投资流量和存量都位居全国前列,2022年以15.28亿美元的对外直接投资流量业绩位列全国地方省市第一位[①],其中,宁波的贡献不可忽视,宁波企业的投资规模为调查研究提供了扎实的基础条件。一方面,宁波企业赴"一带一路"共建国家的投资数量具有典型性。《公报》显示,截至2021年底,中国企业在"一带一路"共建国家设立境外企业超万家,占全国境外投资企业数的四分之一左右。其中,来自浙江省的对外直接投资企业4000多家,位居全国第三。宁波作为副省级城市,对外投资业绩显著,约有650家企业分布在"一带一路"共建国家,设立境外企业数约占同期全国总比的6%。宁波企业赴共建国家投资的历年累计核准中方投资额在全国副省级城市中名列前茅。另一方面,宁波企业赴"一带一路"共建国家的投资区域特征具有相当的代表性,能较全面地呈现需求侧的真实现状。统计整理发现,宁波企业赴"一带一路"共建国家的投资区域覆盖了东盟、南亚、独联体、中东欧和中亚等地区,截至2021年底,宁波企业在东南亚的中方投资备案金额和企业数分别占中国对共建国家投资总额和企业总数的73%和57%。[②]

①　中华人民共和国商务部,国家统计局,国家外汇管理局.2022年度中国对外直接投资统计公报[M].北京:中国商务出版社,2023.

②　宁波商务局.2021宁波市商务发展报告[R].宁波:宁波市商务研究中心,2021.

表 3-1   2014—2022 年浙江省和宁波市对外非金融类直接投资流量分布

年份	浙江省/ 万美元	地方合计/ 万美元	全国位次	宁波市/ 万美元	宁波市在浙江省的 占比/%
2014	386170	5472587	5	103663	26.84
2015	710816	9360410	5	251456	35.37
2016	1231398	15051198	4	569627	46.25
2017	1066004	8623101	3	146771	13.76
2018	1228122	9826320	3	348909	28.41
2019	895157	8974446	4	157056	17.54
2020	1074389	8485185	3	274514	25.55
2021	1337483	8772952	2	260693	19.49
2022	1528419	8605168	1	362187	23.69

数据来源:根据《2022 年度中国对外直接投资统计公报》整理。

表 3-2   2014—2022 年浙江省和宁波市对外非金融类直接投资存量分布

年份	浙江省/ 万美元	地方合计/ 万美元	全国位次	宁波市/ 万美元	宁波市在浙江省的 占比/%
2014	1537359	23543706	4	451785	29.38
2015	2236478	34447768	5	674225	30.14
2016	3268220	52405103	5	1177975	36.04
2017	9839463	72746142	3	1216413	12.36
2018	5736359	74875473	3	1532361	26.71
2019	6590062	78554827	3	1738486	26.38
2020	7475529	87973256	3	1865905	24.96
2021	8230527	85044812	3	1915782	23.27
2022	10281337	93288020	3	2945697	28.65

数据来源:根据《2022 年度中国对外直接投资统计公报》整理。

因素二,位于供给侧的浙江高职院校,服务"一带一路"建设的成绩突出。十多年来,以"双高计划"建设院校为主体的浙江高职院校携手企业"走出去",取得了在 18 个国家建立 19 所"一带一路"丝路学院,被教育部列为国际化品牌项目的突出成绩。① 从中国高职高专网上历年公布的《高职院校年度质量报告》也可以看到,浙江省高等职业教育的业绩位于全国前列,其中校企合作与国际化影响力得到了社会的公认。当然,选择浙江省内高职院校作为供给侧调研对象也是出于调查工作的便利性考虑。

样本选择。面向企业的调研问卷,以浙江省宁波市商务局公布的赴"一带一路"共建国家投资的企业数量为依据,向宁波各区(县、市)中赴"一带一路"国家投资的企业人力资源部门发放,覆盖余姚市、鄞州区、慈溪市、北仑区、宁海县等区域。剔除无效问卷后,实际回收率为93%。面向高职院校的调研问卷,按浙江省48所高职院校进行发放,包括宁波市6所、温州市5所、杭州市19所、金华市4所、台州市3所、舟山市2所、绍兴市4所、衢州市1所、嘉兴市2所、丽水市1所、湖州市1所,其中公办40所、民办8所,剔除无效问卷后,实际回收率为70%。为使调研问卷更加客观与真实,本次调研在提前沟通的基础上,说明调研的意义,填写者均为匿名,但为了统计方便,对调研的学校进行了实名设置,最后在问卷星上提交。

有效问卷筛选。回收问卷后,对每一份问卷都仔细审查并剔除无效问卷。无效问卷剔除的标准如下:一是对缺失变量超过两个及以上的样本予以删除;二是对数据选择出现明显不合理的样本予以删除,比如在企业问卷中"投资东道国"选择非"一带一路"共建国家的问卷。

调研样本基本信息收集。企业调研样本的结果显示,信息涵盖行业分布、企业性质、企业规模、投资动因和境外投资东道国所在区域等。一是对外投资的行业结构方面,制造业、批发零售业、建筑业三种行业占比分别为28%、26%、14%;其次为信息技术业,占比13%;然后是交通运输行业,占比10%;其他行业占比9%,其中占比较少的行

---

① 蒋亦丰.跑出高职教育高质量发展的"加速度"——浙江全面推进"双高计划"建设纪实[N].中国教育报,2024-07-16(5).

业是农林牧渔采矿业,占比为 1%。宁波企业对外直接投资的领域主要集中在制造业和服务业。二是企业性质以民营企业为主,占比 67%,国有企业占比 8%,其他性质企业占比 25%。三是企业对外直接投资的形式,境外建厂的占比为 36%,设立企业分部的占比为 45%,并购的占比为 4%,承包工程和劳务输出的占 10%,其他形式占 5%。为确保研究的科学性和代表性,受访企业均有高职学生在从事相关业务的工作,开展境外业务的东道国共覆盖 44 个共建国家。高职院校调研样本显示,问卷填写人员以专任教师为主,占比 70%,中层干部占比 30%;办学性质以公办为主,占比 80%,民办为辅,占比 20%;行业办学院校占比 51%,非行业办学的院校占比 49%;院校地位的相关指标中,为国家高水平学校或国家(省)示范、骨干、优质校等的高职院校占比 42%。全部高职院校均在开展校企合作。

(二)访谈调研的实施

选取访谈样本。为深入准确地了解"一带一路"企业对高职学生以及校企合作的需求,在企业问卷调研的基础上开展实地访谈,可以为研究结果提供佐证与补充。

经过前期接触与反复筛选,笔者确定了四类访谈组织:一是浙江省宁波市的部分"一带一路"企业,为访谈研究的重要对象,主要分布在浙江省宁波市海曙区、鄞州区、江北区、镇海区、奉化区、北仑区、高新区、余姚市、慈溪市、宁海县和大榭开发区。由于研究中的企业访谈更多关注企业的人力资源和与学校的合作需求,笔者在企业访谈对象的选择中,以人力资源经理为主,同时考虑到绝大多数母公司的对外直接投资业务由财务总监负责运营,所以企业受访对象中也有部分该类岗位人员。通过以上访谈对象旨在获取用人单位对高职学生及以此为核心的一系列合作需求。二是相关政府业务部门,包括商务管理部门和教育主管部门,通过这类访谈对象旨在获取政府部门对校企跨境合作的供给现状。三是投资东道国的相关行业组织,以行业商会会长为主要访谈对象,通过该类访谈对象旨在获取行业组织的供需信息及其发挥的作用。四是高职院校负责中外合作的老师,通过该类访谈对象旨在获取高职院校对高职学生及以此为核心的合作供给情况。另有几名在"一带一路"企业实习或工作的高职学生。

抽取访谈对象。确定访谈的对象后,为了更深入地说明来自企业需求侧的科学性和代表性,采用多阶段随机抽样企业访谈对象的方法。首先,确定"一带一路"企业在母国的样本区域。根据宁波各县区市中在"一带一路"沿线投资数量的多少,结合境外投资企业生存实况与校企合作现状,按序确定了位列前五的鄞州区、慈溪市、宁海县、江北区、北仑区为访谈企业的母国样本区域。其次,确定母国样本区域的访谈企业。从五个区商务局获取可抽样的企业信息,确定抽样访谈的企业须满足以下三个条件:条件一,受访企业投资的东道国为"一带一路"共建国家,目前的生产运营状况正常;条件二,受访企业是该区域"一带一路"企业中的典型企业,能代表该区域对外投资的不同行业;条件三,受访企业曾经或正在与高职院校开展校企合作,企业中有高职院校毕业的企业员工。最后,在每个区获取的抽样企业框中随机抽取 10% 样本,不到 10% 的按 1 家计。五个区共抽取产生 17 家访谈企业样本,具体包括:鄞州区 7 家,对外投资行业分布在制造业、交通运输仓储和邮政业、批发零售业(商贸)和金融业,东道国家为柬埔寨、土耳其、印度、越南;慈溪市 3 家,对外投资行业分布在光伏制造业、灯具制造业、农林牧渔业,东道国家为越南、俄罗斯、柬埔寨;宁海县 3 家,对外投资行业分布在文具制造业、光伏制造业,东道国家为越南、柬埔寨、哈萨克斯坦;江北区 2 家,对外投资行业分布在装备制造业、铜制造业、贸易领域,东道国家为尼日利亚、越南;北仑区 2 家,分别赴柬埔寨、新加坡从事服装业和能源制造业、租赁和商务服务业。

收集访谈资料。每次访谈前 2—3 天跟受访人确认访谈地点和访谈提纲,访谈地点一般在企业母公司驻地。正式访谈开始前,向受访者简要介绍访谈目的,并告知其自愿参与的原则,如觉得不妥可以退出访谈,并询问受访者是否可以录音。访谈以研究者介绍本次访谈的背景情况、请受访者介绍企业到"一带一路"共建国家投资的基本情况开始。访谈过程中做到回应、引导和追问访谈对象。访谈以"请问您对该话题是否还有补充"为结束问题,尽可能自然。访谈方式以一对一访谈为主,每次访谈时间在 30 分钟左右,最多不超过 1 小时。

　　访谈样本的基本情况。对每一份资料进行编码,编码由字母与数字序号组成,"P"代表企业管理者,"S"代表高职学生,"G"代表政府官员,"T"代表高校教师,数字按照访谈顺序顺延,比如"P1"代表企业的第一个访谈对象(见表 3-3)。

表 3-3　访谈样本基本信息

序号	性别	职务/岗位	行业分布	投资形式	东道国
P1	男	总经理	制造业/缝纫机	境外建厂	越南、土耳其、柬埔寨
P2	女	人力资源经理	制造业/文具	境外建厂	越南
P3	女	人力资源副经理	制造业/能源	境外建厂	越南、柬埔寨、哈萨克斯坦、马来西亚
P4	男	国际合作部经理	制造业/铜	境外建厂	越南
P5	女	总经理	服务业/环保袋	境外建厂	越南
P6	女	办公室主任	制造业/电动机	境外建厂	尼日利亚
P7	女	人力资源经理	服务业/贸易	设分部	新加坡
P8	男	总经理	服务业/物流	设分部	缅甸
P9	女	总经理	服务业/金融	设分部	新加坡
P10	女	人力资源经理	制造业/化工类	境外建厂	新加坡
P11	男	总经办主任	制造业/数控	境外建厂	越南
P12	女	财务总监	制造业/电子器件	境外建厂	柬埔寨
P13	男	财务总监	农业/农牧	境外建厂	俄罗斯
P14	男	财务总监	制造业/纺织	境外建厂	越南
P15	男	人力资源经理	制造业/纺织	境外建厂	越南
P16	男	董事长	服务业/物流	境外建厂	柬埔寨

续表

序号	性别	职务/岗位	行业分布	投资形式	东道国
P17	男	商会会长	服务业	境外建厂	柬埔寨
S1	男	海外分公司经理	制造业		越南、柬埔寨、土耳其
S2	女	部门经理	服务业		刚果共和国
S3	男	东南亚市场负责人	服务业		沙特阿拉伯、印尼、菲律宾、马来西亚
S4	男	越南公司财务总监	制造业		越南
G1	男	商务部门工作人员			
G2	男	教育部门工作人员			
T1	男	高职院校二级学院负责人			
T2	女	高职院校外事部门负责人			

注:受访学生的"东道国"一栏为现工作区域。

每次访谈结束后,根据录音整理形成文字,再进行编码。主要步骤为:首先,进行开放编码。编码是搜集数据和解释数据生成理论的关键环节,在这一环节中,运用短语、词组或短句概括表达每句、每行数据的意思,建立编码和归档系统,将码号清晰地标记出来,以方便研究过程中资料的运用。其次,在对所有的编码进行登录后,按照一定的标准对资料进行归类和类属分析。类属是数据分析中的一个意义单位,代表的是数据所呈现的观点或主题,它是比编码大一些的意义单位。归类之后进行深入分析,将数据浓缩,找到数据内容的主题,在它们之间建立联系。

以上编码分析过程基本借鉴了卡麦兹(Kathy Charmaz)扎根理论,编码至少包括初始阶段、聚焦和选择阶段。前者是为资料中的每个词、句子或者片段命名;后者是使用最重要或出现最频繁的初始代码或重要概念对数据进行分类、综合、整合和组织。也有学者将扎根理论的编码分为三个级别:一级编码(开放式登录)、二级编码(关联式登录/轴心式登录)和三级编码(核心式登录)。严格来讲,笔者运用了质性内容分析法,借鉴了卡麦兹扎根理论编码过程,并在过程中不断比较和修正自己的类属体系。

第二节　调查结果分析

前述人力资本理论、供需理论和四螺旋理论构建了分析框架,在此基础上,再根据实证调查的数据分析,着力探索高职院校与"一带一路"企业合作模式中的行动策略。笔者提出的基本猜想为:高职院校与"一带一路"企业的有效合作模式以新型人力资本为核心目标,以高质量的供需新的适应为合作模式的关系定位,以多元螺旋共建命运共同体的新使命为合作运行机制。那么,实然的现状究竟如何? 从问卷调研和访谈调查的结果可以发现当前合作模式的供需现状。

一、核心目标的现状分析

人力资本是高职院校和"一带一路"企业合作的核心目标,其内涵主要表现为人力资本的质量、数量和结构维度。通过大量问卷调查与实地访谈,笔者发现,高职院校面对"一带一路"企业对人力资本的迫切需求,并不能提供"称职"的高素质技术技能人才。

(一)人力资本的质量供需

新人力资本理论指出,质量是劳动者所拥有的知识、技能、劳动熟练程度等能力表现,包括认知能力和非认知能力,即高职学生的职业能力。这些能力在"一带一路"企业中表现为完成岗位工作的能力,与人格发展相关,需通过正规教育、在职培训等途径获得。从能力内容的角度,职业能力可划分为专业能力、方法能力和社会能力。这是德国学者在 1999 年德国文化部长会议上正式提出的。① 专业能力是指在专业知识和技能的基础上,有目的的、符合专业要求的、按照一定方法独立完成任务、解决问题和评价结果的热情和能力,如计算能力、编程能力、实际的技能和知识。专业能力与职业直接相关,具有职业特殊性,通过专业教育获得。方法能力是"个人对在家庭、职业和公共生活中的发展机遇、要求和限制做出解释、思考和评判并开发自己的智力、设计发展道路的能力和愿望。它特别指独立学习、获取新知识的能力"②,如决策能力、自学能力等。社会能力是处理社会关系、理解奉献与矛盾、与他人负责任地友好相处和相互理解的能力,包括人际交流、公共关系处理、劳动组织能力、群体意识和社会责任心等。方法能力和社会能力具有职业普遍性,并非某种职业所特有的能力,能在不同职业之间广泛迁移,因此德国学者也把它们称为"人格"或"人性"能力。通过对人力资本质量的供需考察,如前述理论所指出的那样,应关注职业能力的构成要素及其作用地位,以及在一定社会经济条件下,人力资本所承载的社会价值。

1. 人力资本质量的需求现状

关于人力资本质量中构成要素的需求。问卷调查显示,企业认为"走出去"过程中,高职学生应具备的职业能力包括:专业操作技能与实践能力、外语能力、跨文化沟通能力、解决问题的能力、抗压与情绪管理能力、适应与变通能力、时间管理能力、忠诚度、责任心、团队合作能力、组织能力、书写能力、信息检索与处理能力、自主学习能力、创新能力、理解与宽容、吃苦奉献精神和人文素养等。为了更清晰地考察上述各项职业能力,本书将这些职业能力按能力内容的维度分为专业能力、方法能力和社会能力。③ 专业能力为职业业务范围内的能力,是在专业知识和技能的基础上,在特定方法的引导下,按照专业要求有

① 徐国庆.职业教育原理[M].上海:上海教育出版社,2007.
② 赵志群.职业教育与培训学习新概念[M].北京:科学出版社,2003.
③ 赵志群.职业能力研究的新进展[J].职业技术教育,2013(10):5-11.

目的独立解决问题并对结果加以评判的意愿和本领,如专业操作技能与实践能力、外语能力、跨文化沟通能力等要素。方法能力为针对工作任务,独立制定解决问题的方案并实施的意愿和本领,也是其他能力的组成部分,表现在职业工作、个人和社会生活中,如上述问卷中显示的自主学习能力、创新能力、组织能力、书写能力、信息检索与处理能力等要素。社会能力是经历和构建社会关系、感受和理解他人的奉献和冲突、懂得互相理解,负责地与他人相处的意愿和本领,包括社会责任感和团结意识等,如忠诚度、责任心、团队合作能力、理解与宽容、吃苦奉献精神等要素。

为印证上述问卷的结果,笔者对企业人力资源部门经理或国际事务部负责人进行了深度访谈。对于"您认为高职学生应具备哪些职业能力",受访企业认为高职学生应具有三种能力:一是具有从事跨国生产经营业务所需的岗位专业能力,以及对所从事工作进行理解与反思的能力,如"一带一路"共建国家的客户维护能力、机械产品维修技能等;二是具有在相关岗位上独立解决问题的意愿与能力,包括与人沟通的能力、跨文化沟通的能力、适应调节能力等;三是具有在共建国家工作所需的素质,包括吃苦耐劳、忠于企业、社会责任感、团队合作等。访谈发现的结果与问卷调查的结果一致。

关于人力资本质量中构成要素的地位。问卷以"贵单位在'走出去'的过程中,认为高职学生最重要的职业能力"题项来考察"一带一路"企业对高职学生职业能力构成要素的地位排序。结果显示,排序前三的职业能力要素是责任心、忠诚度、团队协作和肯吃苦,其中,"忠诚度"和"团结协作"并列第二,后续依次为:沟通与表达能力、心理调适能力、专业技能、跨文化适应能力和外语能力(见图3-1)。

考虑到以胜任实用为导向的职业能力可能会受到受访者类型的影响,为此,笔者分别进行了院校差异和行业差异的比较分析:院校差异主要区分了国企、民企以及中外合资企业的企业性质,并按企业性质分别对高职学生职业能力进行排序;行业差异主要区分了制造业和

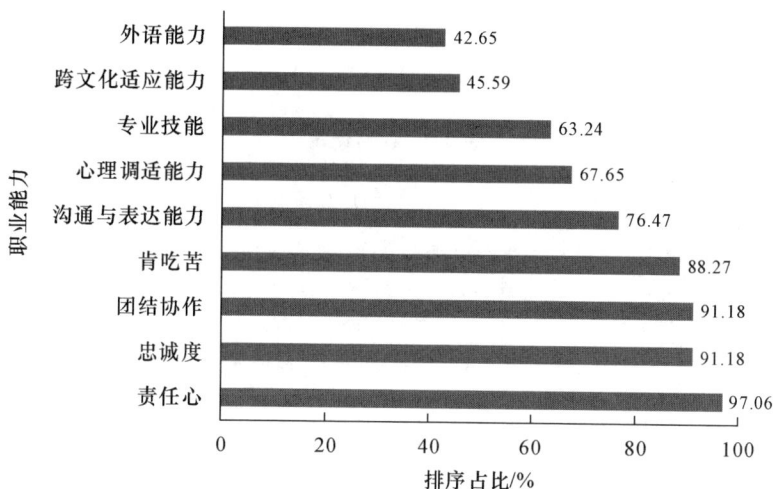

图 3-1　"一带一路"企业认为高职学生应具备的职业能力排序

服务业的企业性质,并对其进行比较。区分差异后发现,用人单位对高职学生职业能力的排序依然呈现出高度的一致性,排序前三的能力要素仍旧为责任心、忠诚度、团队协作,其次才是人际交往能力、沟通表达能力、学习能力、专业知识和专业技能等能力要素。

对此,通过对正在或曾经在"一带一路"企业工作的学生访谈也得到了验证。一位已在"一带一路"企业工作了两年的学生说:"对高职学生而言,在当地企业从事岗位工作的难度并不高,可以通过学习来达成,主要还是要有责任心和吃苦精神,要会独立地运用专业能力去钻研整个任务并加以完成,而外语基本上会用就行。"

为了进一步求证需求侧对高职学生职业能力排序结果的可信度,在问卷调研的基础上,笔者开展了深度访谈来进一步确证。研究过程与记录具体如下。

步骤一,进行开放式登录(一级编码)。如表 3-4 所示,在开放式登录中,除了常见的专业知识、专业技能、沟通能力、创新创业能力、表达能力、人际交往能力、适应能力、团队合作能力、学习能力、问题解决能力、组织协调能力、领导能力等在研究文献中经常使用的概念之外,还有不少用人单位高频使用的"本土概念",如肯吃苦、忠诚、有责任心、有上进心、洞察力、跨文化交流、身心健康、综合素质等。这在一定程度上体现了"一带一路"企业对高职学生职业能力的新需求。

表 3-4　一级编码

初始概念	原始资料表述
忠诚；责任心；肯吃苦；外语水平	希望学校多教育学生忠诚企业，有责任心，肯吃苦。另外，外语水平也是很重要的
吃苦精神；忠诚度；韧性	学生缺乏吃苦精神，对岗位的忠诚度低，韧性不足
肯吃苦；上进心；眼高手低；公司意识；技术技能；沟通抗压能力；责任心；语言能力；生涯规划；命运共同体	主要在技术岗和操作岗，日后能成长为组长、班长。从目前使用情况看，只要能留得下来的，都是肯吃苦、有上进心的。如果说有缺陷，那就是本地毕业生有眼高手低的现象，不能沉下心来学习，这与本地较高的经济发展水平和优越的家庭条件有关。国内培养的人才有比较牢固的公司意识、技术技能、较好的沟通抗压能力和一定责任心，最大的问题是职业素养有待提升，如解决问题的能力不足，吃苦精神不够，生涯规划不够长远，过于急功近利等，没有把企业和个人看成命运共同体
吃苦精神	吃苦精神不够
离职率；吃苦精神	大专层次够用，相对心态较好，定位不好高骛远；不足是离职率高，吃苦精神不够
基层工作；自我规划；眼高手低；忠诚度；英语	不少学生不愿意下基层；学校要加强德育教育，端正学生心态，帮助学生自我规划，不可以眼高手低；提高学生忠诚度；男生的动手能力很强，但是英语很吃亏
英文能力；眼高手低	要过英文关。最基本的口语沟通及函电交流能力还是要有的；目前，在国内员工的使用反馈中，第一感觉是较多高职学生眼高手低
高素质；责任心强；能吃苦；能有解决问题的意识和能力；英语口语能力；灵活性；跳槽	希望是高素质的学生：责任心强；能吃苦；有解决问题的意识和能力；英语口语能力要强，最好能过四级；有一定灵活性。留不住人；现在很少招应届生了，因为应届生即使培养了，跳槽的概率也很大，而且质量规格也不合乎要求；请专业做外贸行业猎头的中介公司为公司招揽有工作经验的外贸人，既能省掉招人成本，又能得到对口的人才

续表

初始概念	原始资料表述
能沟通;能吃苦;有责任心;有专业能力	希望是能沟通、性格外向、有吃苦精神和责任心、专业成绩还可以的学生。因为工作岗位关系,需要以男生为主
吃苦;责任心;忠诚度	国内的员工不愿意长期待在那里,主要是生活条件太差;学生不能吃苦,受不了技术活的苦,不愿意来车间做,即使来实习了,也不会留下来工作。这和生活水平高有关系,父母不差孩子这点钱,对孩子的要求也不高。另外,学生过于实际,达不到企业要求,责任心和忠诚度不够
吃苦精神;责任心;稳定性	境外企业电子类专业对高职学生有较大需求,但本地学生不够吃苦,留不住人。目前从国内经济落后地区招来的学生倒愿意来这儿工作,工资水平比老家高,也能吃苦,但稳定性不强

　　由于初始概念数量较为杂乱且存在一定程度的交叉,有必要进一步对初始概念进行范畴化。范畴是对概念的重新分类组合,进行范畴化时,需剔除重复频次极少的初始概念,仅选择重复频次在 3 次及以上的初始概念。分析得到初始概念和范畴(见表 3-5)。

表 3-5　开放式编码的范畴频次统计

单位:次

范畴	参考点频次	范畴	参考点频次
吃苦精神	57	自主学习能力	12
忠诚度	56	知识通用能力	11
责任心	55	组织能力	10
外语能力	50	理解与宽容	9
专业操作技能与实践能力	48	创新能力	9
跨文化沟通能力	43	计算机运用能力	8
问题解决能力	40	批判性分析能力	3
表达与沟通能力	38	人文素养与欣赏能力	2
团队合作能力	33		
抗压与情绪管理	22		
适应与变通能力	18		
时间管理	15		

对应每个范畴,分别节选 3 条原始资料表述及相应的初始概念。范畴后面的数字代表了该范畴在原始资料中出现的频次,据此可以大致了解当前"一带一路"企业对高职学生岗位职业能力的需求点。

调研显示,"一带一路"企业关注较多的职业能力要素依次为:吃苦精神、忠诚度、责任心,也就是前述主张的职业能力中的社会能力;其次才是外语能力、专业技能与实践能力、跨文化沟通能力、问题解决能力、沟通表达能力、团队合作能力、人际交往能力等,即前述提出的职业能力中的方法能力。

步骤二,进行关联式登录(二级编码)。关联式登录又称"轴心登录"或"主轴登录",主要任务是发现和建立概念类属主从范畴之间的潜在逻辑联系,以表现资料中各部分之间的有机关联,并辨别出主范畴和从范畴。[①] 根据前述概念,形成主从范畴,如表 3-6 所示。

表 3-6   基于"一带一路"企业的主轴登录形成的主从范畴

主范畴(频次)	从属范畴	对应关系
知识结构 (专业能力)	基础知识	人文科学知识,个体知识结构的基础层面
	专业知识	专业知识,个体知识结构的核心及专业层面
	工具性知识	外语、计算机及信息技术等工具性知识,个体知识结构的外延层面
能力结构 (专业能力+ 方法能力)	基本能力	行业职业所需的基本技能,体现了就业的基本能力
	专业能力	个体在专业领域的核心能力
	通用能力	学习能力、人际交往能力、沟通表达能力、团队合作能力、问题解决能力、思维能力、实践能力等通用能力,是个体职业能力体系的重要构成

① 陈向明. 扎根理论在中国教育研究中的运用探索[J]. 北京大学教育评论,2015(1):2-15,188.

主范畴（频次）	从属范畴	对应关系
素质结构（社会能力）	个人素养	个体品德修养、身心素质等全面发展的综合素质,奠定了个体素质结构的基础;国际化视野的培养,有益于提升个体综合素质
	专业素养	个体在专业领域就业能力的素质
	职业素质	个体从事相应职业所必备的素质

步骤三,进行核心式登录(三级编码)。核心式登录又称选择性登录。从主范畴中选择一个具有统领性作用的"核心范畴",分析核心范畴与主范畴及其他范畴的联结关系,通过描述主从范畴及其属性与维度、梳理脉络后发展形成的实质关系结构为:素质的开发塑造,构成职业能力的内核;能力的训练养成,构成职业能力的外核;知识的学习内化,构成职业能力的基础。基础知识及专业知识的学习内化,有益于个人基本素养及专业素养的塑造和职业能力的建构;能力的训练和养成,有助于提高个人综合素质和职业素质;以素质为核心,知识、素质和能力综合协调,形成"一带一路"企业对高职学生职业能力的需求体系。

最后,形成结构模型。不同于国内已有的同类研究结论,这一结构模型扎根于"一带一路"企业的需求内部,深度访谈需求侧的企业负责人或人力资源和国际事务部的相关负责人,形成如图 3-2 所示的职业能力需求结构。该结构由知识、素质、能力构成,并以素质为核心的职业能力体系契合"一带一路"企业对人力资本质量的建构特点。

面向"一带一路"共建国家跨国经营企业对高职学生职业能力的需求调查显示,人力资本的构成要素在需求侧存在核心职业能力,以肯吃苦、忠诚度、责任心为代表的社会能力是企业最为看重的职业能力,笔者称其为"素质首位的职业能力"。这是新人力资本理论中的非认知能力,也是通用性人力资本。正如赫克曼指出的那样,非认知能力的重要性不断凸显,其在收入分配中发挥着越来越大的作用,越来

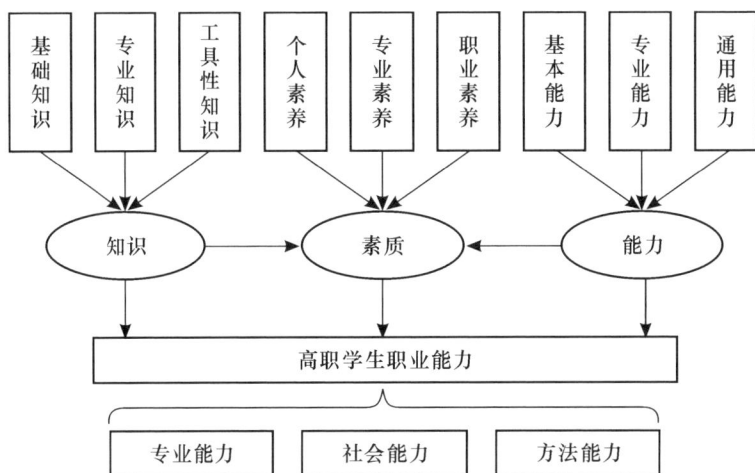

图 3-2 "一带一路"企业对高职学生职业能力的需求结构

越得到企业认可。如此,一定程度上也意味着专业知识和技能的重要性有所下降。[①] 以上发现也说明了肯吃苦、忠诚度、责任心等社会能力的缺乏正是"一带一路"企业遭遇的用人瓶颈。

为明确不同行业对高职学生职业能力的需求差异,在上述需求侧对高职学生素质首位职业能力的调查结果的基础上,笔者再次区分了受访企业的行业类型。细分行业发现,"一带一路"企业对高职学生职业能力需求存在一定的行业差异性:制造类企业对专业能力的需求高于服务类行业;而服务类企业对方法能力的要求高于制造类行业,主要体现在沟通与表达能力、跨文化适应能力等方面,如国际贸易行业批发零售业对人际沟通能力、适应与变通能力、时间管理能力、抗压与情绪管理能力的要求要高于其他行业,这与服务业的服务特性有关。

2.人力资本质量的供给现状

为呈现供给侧对人力资本质量供给的全貌,研究以 10 省份教育质量年报、浙江省 48 所高职院校的问卷调查、院校外事部门负责人以

---

① Allen J, van der Velden R. Skills for the 21st Century: Implications for Education[R]. Maastricht: ROA, Maastricht University School of Business and Economics, 2012.

及相关教师的访谈为供给侧的证据来源,说明企业对素质首位职业能力的质量需求。

对于职业能力的具体构成,在供给侧调研中,高职院校认同其由专业能力、方法能力和社会能力组成。但是,对人力资本质量供给中构成要素的地位,则与需求侧不一致。来自 48 所高职院校的问卷调研结果显示(见图 3-3),在高职学生服务"一带一路"企业的职业能力构成要素的排序中,位居第一的是外语能力,位于第二位和第三位的分别是跨文化沟通能力和专业操作技能与实践能力。企业认为最重要的责任心、忠诚度和肯吃苦则分别排在第八位、第十二位和第十三位,人文素养与欣赏能力则位于最后。

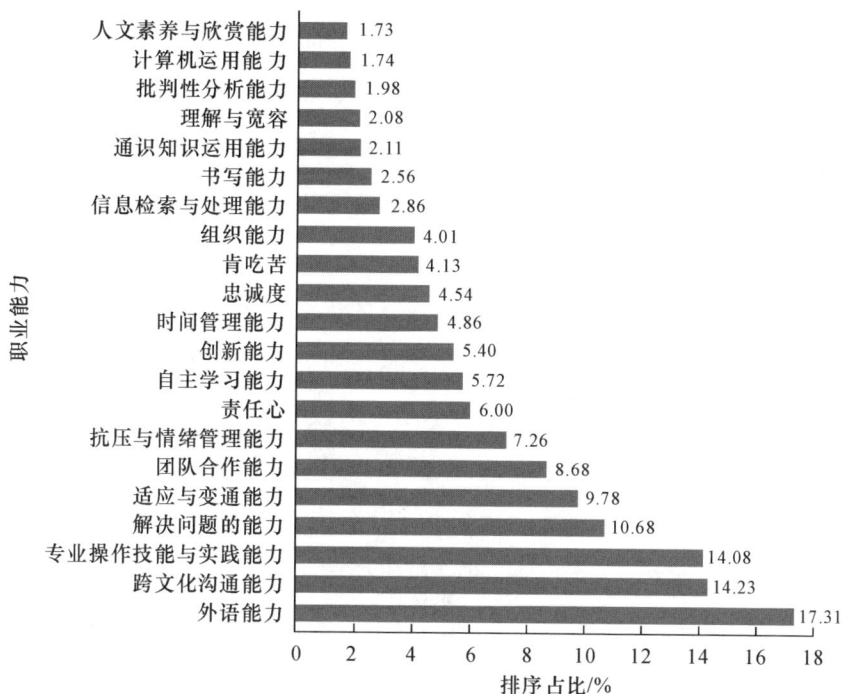

图 3-3 高职院校对学生服务"一带一路"企业应具备职业能力的排序

上述调研显示,高职院校与"一带一路"企业供需双方对高职学生应具备的职业能力及能力要素的地位认知存在显著差异,这是研究的重要发现。人力资本的质量是校企合作的核心目标取向。人力资本应具备的规格直接影响高职院校的人才培养目标,进而影响着高职院校课程体系的设置、课程标准的制定、课程内容的选取、教师课程实施的效果及相应教学方法的使用等一系列人才培养体系的建构。为增强调研结果的可信度,笔者开展了供给侧调研样本的二次筛选和访谈论证。

首先,考虑到受访样本院校可能会受到跨境合作模式的影响,将其按照调研样本中高职院校与"一带一路"企业的合作模式分成两类,一类是已设立职业教育海外分校或教学点的院校,另一类是只进行了项目跨境合作或人员跨境合作的院校。结果显示,两类问卷样本对职业能力构成要素的排序结果仍然一致,都将外语能力、跨文化沟通能力、专业操作技能与实践能力排在前三位,而将对应社会能力的责任感、忠诚度和肯吃苦等排在后面。其次,考虑受访人可能受所处岗位的影响,剔除"中层干部"岗位人员,直接以与学生进行面授的专业教师或专业主任为受访人,结果发现外语能力和跨文化沟通能力依然排在前二位。

两次筛选的结果与整体问卷一致,这也合乎问卷中后续两个维度调研结果的逻辑推导。一方面,高职院校对区域经济中"走出去"服务"一带一路"企业的院校共识不深。在"您在教学中常用的教学方法"的调查中,有92.31%的专业教师选择了"企业项目教学法",但这类企业项目一般都是既定教材的供给项目,缺乏对真实工作过程的关照。另一方面,深度访谈在"一带一路"共建国家设立了机构并开展跨境合作的高职院校的两位国际合作负责人时,他们都认为"共建国家的条件艰苦是大家意想不到的,但教师们不一定会认识到"。从他们的感触中可以看到,普通职业院校专业教师对新型技能人才的培养认知也比较模糊。

(二)人力资本质量的社会价值

人力资本的结构和质量效能的发挥与所处经济体的产业结构相

匹配。个体完成工作任务的能力有其能被社会认可的价值,群体所拥有的知识、技能与素养等也有其社会价值。那么,在高职院校与"一带一路"企业合作中,对人力资本应承载的共同体使命意识是否也提出了新的需求?

关于人力资本所体现的社会价值,研究通过供需侧两个开放式题项进行考察,即需求侧"一带一路"企业问卷中"贵企业赴共建国家的投资动因"题项,以及供给侧高职院校问卷和访谈中"您认为目前服务'一带一路'建设中学校最需要加强的举措是什么"的题项。需求侧数据显示,36.76%的受访企业以响应国家号召为"走出去"动因,位居扩张市场的动因之后,排序第二,其他动因依次为获取国外技术和管理经验、获取国际知名品牌、开发自然资源、降低成本、同类企业聚集度高以及规避贸易壁垒。访谈发现,"一带一路"倡议提出之前就已到共建国家投资的企业,其对外直接投资的动因以扩张市场、开发自然资源、降低成本和规避贸易壁垒为主,并未提到响应国家号召。而在2013年以后,随着国家对"一带一路"建设重视程度的提升,以及母国政府出台的政策和激励举措,受访企业慢慢意识到也应承担起服务"一带一路"建设的国家使命。可见,企业作为微观经济体的首要投资动因是经济利益,后期才有社会责任,但至少有一点是明确的,即在这些投资动因下,其所需要的人力资本实际上也被赋予了与企业共发展、同命运的使命担当。供给侧高职院校的调研数据显示,院校对人力资本服务"一带一路"建设应具有的理念并未有充足的认识。在受访教师认为"学校最需要加强的举措"中,位列第一的是形成国际化理念的认同,占比74%;其次是制定国际化素养的教师发展标准与诊断体系,占比63%;接下来依次为提高教师境外工作待遇、精准对接用人单位需求信息、深化校企合作、加强对共建国家研究和加强学生就业指导。可见,螺旋体中的供给方对人力资本应承载共同体的培养目标并不明晰。

二、供需关系的现状分析

供需关系包括供需内容、供需规模和供需结构。研究发现,"一带一路"企业以持续增长的生产经营能力为基础,提出日趋多元的合作内容需求、更大规模的数量需求、更加适配的结构需求。而处于合作组织内的高职院校、政府以及行业组织的供给却并不一致。具体按以下三个维度来分析。

(一)供需内容

杨钋在《技能形成与区域创新》一书中指出,校企合作的类型包括产品合作、组织合作和产权合作,合作深度也逐渐递增。研究发现,"一带一路"企业对高职院校的合作内容需求包括产品合作、组织合作和产权合作,并以产品合作为主。调查显示,接收学生实习工作的需求占比达九成多,共建师资、员工培训、参与教学改革、技术合作研发和订单培养的人力资本需求占比都在六成以上,而共建二级学院、海外分校培养人力资本的产权合作需求的占比则明显下降至两成以下,指导企业文化的合作需求不到一成。

"一带一路"企业对高职院校的合作需求以产品合作为主,组织合作次之,缺乏产权合作的需求内容。不同的需求主体,产生不同的需求内容。"一带一路"企业身处共建国家,不但面临企业本身可持续发展的经济命题,还需应对跨文化、跨区域所带来的各种生产经营问题,包括政治、经济、文化在内的诸多风险与挑战。在"一带一路"倡议的持续推进下,中国企业赴共建国家投资生产经营已成为趋势,这也是产业转移规律使然。"一带一路"企业对高职院校的合作需求主要集中于产品合作和组织合作,主要受两方面的影响。一方面,受所处经济社会发展阶段的影响。刘易斯(William Arthur Lewis)在《经济增长理论》中指出,不同的经济发展阶段,社会生产对劳动力受教育水平的要求不同。大部分共建"一带一路"国家的经济发展水平多处于工业化转型阶段,需要大量高素质的技术技能人才来支撑劳动密集向技术密集的迭代升级。另一方面,受所处经济社会多元文化特征及宗教信仰的影响,"一带一路"企业更倾向于风险小、难度低的产品合作。全国工商联对近 500 家"一带一路"企业的调研结果也显示,49.1%的企业存在"中外员工之间因文化习俗差异造成相处与沟通方面障碍",29.1%的企业反映"当地员工因民族宗教、生活习惯、文化习俗方面的差异对企业正常生产活动造成影响"。

　　从李建求、卿中全的《"一带一路"共建国家职业技术教育概览》一书中也可以看到,有着多种宗教信仰的东道国文化特征是中国企业在雇用人力资本时必须重视的因素。在中国企业赴"一带一路"投资存量居前十位的东南亚国家中,大多数国家的民众以信仰基督教、伊斯兰教、佛教为主,而且同时信仰多种宗教。如新加坡的宗教信仰有佛教、道教、伊斯兰教、印度教、基督教五种;印度尼西亚约有 87%的人口信仰伊斯兰教,约 6.1%信奉基督教,约 3.6%信奉天主教,其余信奉印度教、佛教和原始拜物教;多元民族组成的马来西亚以信仰伊斯兰教为主,同时并存印度教、基督教、天主教、佛教、道教等;泰国有 90%以上人口信仰佛教,国民中的马来族信仰伊斯兰教,还有少数人信仰基督教、天主教、印度教和锡克教。[①] 不同国家之间在思维模式、价值观念、行为规范及语言等方面的差异,被称为文化距离。[②] 文化距离对中国企业在共建国家投资经营造成困扰,使中国企业对合作培养人力资本的选择非常谨慎。无论是资金相对雄厚、抗风险能力较强的国有企业,还是企业家精神显著但抗风险能力较弱的民营企业,大部分企业在现阶段都将产品合作作为主要的合作需求内容。

　　从供给侧调研结果看,高职院校与"一带一路"企业的合作内容以人才培养为主,社会服务和技术研发次之,很少供给文化指导。从上

---

　　① 李建求,卿中全."一带一路"沿线国家职业技术教育概览[M].北京:商务印书馆,2021.
　　② 刘永松,段云龙,李银萍.基于属性测度的高等教育国际化文化距离测度模型研究[J].云南财经大学学报,2018(3):101-112.

述类型看,以产品合作为主,组织合作也有涉及,产权合作最少,具有一定的递进性。调研显示,高职院校在与企业的合作中,以人力资本为核心供给内容,以"实习就业"为主的校企合作内容占比最高,达70.7%,接下来依次为:合作开发课程教材、开展员工培训、共建教学团队、开展技术服务与科技研发、举办企业相关领域竞赛,合作形式最少的是企业向院校捐赠设备捐款、校企共同出资共建学院以及文化共建,仅为20%左右。可以看到,由于产权合作难度最大,影响因素与配套支持的要求也最多,不仅与高职院校本身的服务能力以及对地方经济的支撑能力有关,更与职教出海的宏观、中观和微观政策的支持力度密不可分,因此这类合作模式并不多见。

(二)供需规模

人力资本中"量"的维度是指一个社会中从事有用工作的人数及百分比、劳动时间,在一定程度上代表该社会中人力资本的多少。[①]研究中"一带一路"企业对人力资本的规模需求,源自企业方愿意且能够购买人力资本的能力,这主要依赖于宏观需求主体的可持续经营状况。

第一,中国企业赴"一带一路"共建国家的投资规模不断扩大,形成了人力资本的持续性需求。从全国总存量看,中国企业对外直接投资规模稳步上升。截至2023年末,中国对外直接投资存量29554亿美元,是2002年末存量的98.8倍,占全球外国直接投资流出存量的份额由2002年的0.4%提升至2023年的6.7%,排名由第25位攀升至第3位,仅次于美国(9.4万亿美元)、荷兰(3.4万亿美元)。从中国对"一带一路"共建国家的直接投资存量来看,至2023年末为3348.4亿美元,占中国对外直接投资存量的11.3%。存量位列前十的国家是:新加坡、印度尼西亚、卢森堡、越南、马来西亚、泰国、俄罗斯联邦、

---

① 王旭辉.我国高等教育的供求问题研究[D],厦门:厦门大学,2017.

老挝、阿拉伯联合酋长国和柬埔寨。从全国对外直接投资流量看,中国企业在 2023 年对共建"一带一路"国家直接投资达 407.1 亿美元,较上年增长 31.5%,占当年全国对外直接投资流量的 23%。[①] 中国企业对外直接投资存量规模的持续扩大彰显了中国企业赴"一带一路"共建国家开展跨国生产经营的全球化产业布局,而投资流量规模的持续攀升则呈现出企业生产经营逐年向好的动态性,是产生人力资本的需求基础。

上述结论也得到北京零点有数公司于 2019 年发布的《"一带一路"沿线中国民营企业现状调查研究报告》的支持。该报告显示,近五成半受访企业在当地国家能实现收入增长目标,其中,6.2% 的企业收入增长超过 30%,另有近三成企业收入增长超过 10%。[②] 中国企业在共建国家经营状况总体较好,绝大多数受访企业中都有中国员工,且以高等职业教育专科层次及以上学历为主,29.2% 受访企业的中国员工数量超过当地员工。

可见,"一带一路"倡议提出以来,中国企业总体上受到东道国的欢迎,且生产经营比较顺利,投资规模增长平稳,能盈利,持续经营意愿强。以中哈霍尔果斯边境合作中心为例,"一带一路"倡议提出至今的 10 多年来,中心内已有 200 多家免税企业、1000 多家商户、3300 多家合资企业以及难以统计具体数字的个体经营者,他们因为当地创造了可观的就业和经济增长而深受认可,从而奠定了"一带一路"企业产生及购买高素质技术技能型人力资本需求的扎实经济基础。

以上"一带一路"企业对人力资本的规模需求,与问卷获取和雇主访谈的调研结果基本一致。在"贵单位在'走出去'的过程中,最需要的技术技能人才的学历"题项中,企业对"高职学生"的需求占比达

①　中华人民共和国商务部,国家统计局,国家外汇管理局.2023 年度中国对外直接投资统计公报[M].北京:中国商务出版社,2024.

②　北京零点有数."一带一路"沿线中国民营企业现状调查研究报告[R].北京:中华全国工商业联合会,2019.

58.82％。对"一带一路"企业人力资源经理和商会代表的访谈表明，无论是服务类企业还是制造业企业，对高素质技术技能型人才都是"需要的"，而且在将来会"大量需要"。进一步追问"一带一路"企业这样考虑的原因有三个方面。一是高职学生"定位比较实际"，大部分能接受到共建国家工作的实际环境；二是高职学生"学得快、易上手"，动手能力较强；三是目前"走出去"到共建国家的企业以转移成本为主要动因，大多数企业在共建国家直接投资中转移的是产业链中的低端环节，以劳动密集型产业为主，而东道国由于受本身经济发展水平和整体教育水平的制约，难以供给与产业发展相适应的技术技能人才，因此"一带一路"企业对母国的高素质技术技能人才存在迫切的需求，但又苦于供给的乏力。

第二，高职院校对人力资本数量或规模的供给能力有限。截至2024年6月底，根据教育部网站数据，全国高职院校总数为1611所，其中本科层次职业院校达到51所，专科层次高职院校为1560所。公办职业学校1193所，民办及中外合作办学的学校共418所。^①在高职院校的努力下，职教出海已成为中国职业教育的亮色，然而，在境外办学能力持续增加的同时，也存在无序和扎堆的现象，如仅在东盟就集中了半数以上的境外办学项目和机构。

研究发现，规模供给不足的主要表现为总量供给不足，且供给的区域性差异较大。中国各省（区、市）中，宁夏、青海和西藏全部为公办高职院校，天津也以公办院校为主，只有海南、上海、重庆和福建的公办和民办高职院校各占一半左右。考虑数据的可获取性，本研究以中国高职院校年度质量报告中公布的"国际化服务能力"作为供给总量的说明指标，重点选取了其中三个指标来说明高职学生的供给情况，即"在校生服务'走出去'企业国（境）外实习时间/人日""毕业生到500

---

① 教育部.全国高等学校名单［EB/OL］.（2023-06-19）［2024-01-11］. http://www.moe.gov.cn/jyb_xxgk/s5743/s5744/A03/202306/t20230619_1064976.html.

强企业就业人数""国(境)外技能大赛获奖数量";以职业教育强省为
供给总量的说明区域。结合全国各省高职院校入选"国家示范/骨干
校""国家优质校"和"双高计划"的比例,确定江苏省、山东省、浙江省、
广东省、四川省、湖南省、河北省、重庆市、湖北省和陕西省为说明区
域。将上述三项指标在这些省份中展开比较,借助各省份高职院校在
中国高职高专网上发布的《高职院校年度质量报告》和《企业参与高职
院校人才培养质量报告》中的相关数据,经过逐一调研、计算和汇总,
整理形成如表 3-7 所示的数据。

表 3-7 部分省份高职学生服务"走出去"企业的国际化能力概况

指 标	江苏省	山东省	浙江省	广东省	湖南省	四川省	河北省	重庆市	湖北省	陕西省	合计
高职院校总数/所	90	86	49	93	85	84	67	44	64	40	702
"双高计划"数/所	20	15	15	14	11	8	10	10	11	8	122
在校生服务"走出去"企业国(境)外实习时间(人日)在全日制在校生实习时间中的占比/%	38.46	23.84	98.90	24.00	9.60	7.40	16.93	6.90	14.21	2.52	21.79
毕业生到500强企业就业人数/人	24240	26999	6300	9958	23895	12685	13108	7345	13161	20776	158467
国(境)外技能大赛获奖数量/项	195	193	209	141	37	37	80	48	55	50	1045

资料来源:根据教育部高等学校名单和 2020 年高职院校质量年报相关数据整理。

比较发现,在"在校生服务'走出去'企业国(境)外实习时间"占
"全日制在校生人数"的指标中,浙江省、江苏省、广东省和山东省位列
前四,这四个省份的"在校生服务'走出去'企业国(境)外实习时间"在
十个省份中占比达三成左右。观察"毕业生到 500 强企业就业人数"
指标,发现山东省居于首位,其次是江苏省、湖南省和陕西省,这四个
省份约占十个省份总量的一半以上。而在"国(境)外技能大赛获奖数
量"的指标中,浙江省位居第一,其次依次为江苏省、山东省和广东省,
这四个省份约占十个省份总量的近七成。分析这些数据可以看到,能
较好地开展国际化服务的高职院校主要集中在浙江省、江苏省、广东

省和山东省,这是沿海区域职业教育服务能力与支撑能力较强的表现。除此之外,也与这些省份的对外直接投资能力显著相关。《公报》显示,广东省、浙江省、江苏省、山东省均位居全国地方境外投资企业数的前列(见图 3-4),其中广东省位列企业"走出去"到境外开展投资经营企业数的首位。上述四省在对外直接投资存量上也同样位居前列(见图 3-5)。

图 3-4 至 2022 年末中国主要省份设立国(境)外企业数

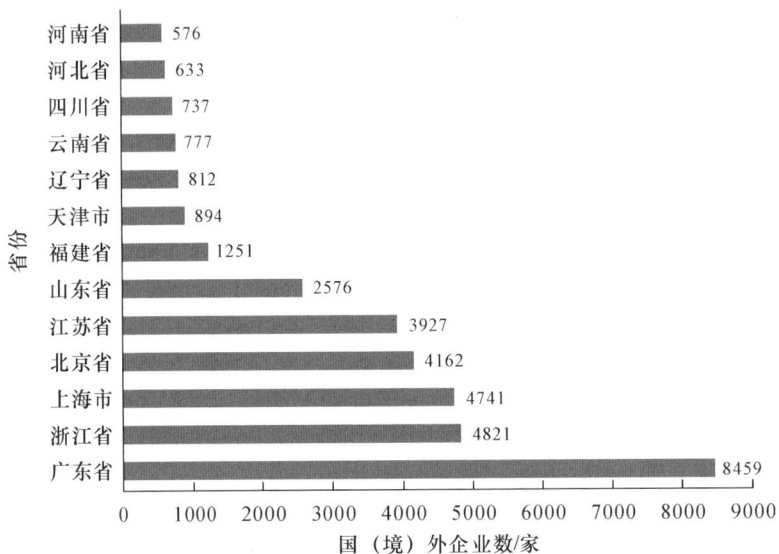

（三）供需结构

供需双方对人力资本的结构需求,包括横向的专业结构和纵向的培养层级。各部门各行业对人力资本的结构需求既具有特定的专业要求,也有学历层次的要求,既包括同一专业中不同层次的人才,也包括同一层次中不同专业的人才。

1. 关于人力资本结构的供需分析

"一带一路"企业的行业结构需求,可以表现为"一带一路"企业基于东道国的行业分布所展现的高职院校专业设置需求。问卷调研结果显示,除公安司法和公共管理与服务类以外,受访企业对 19 个专业

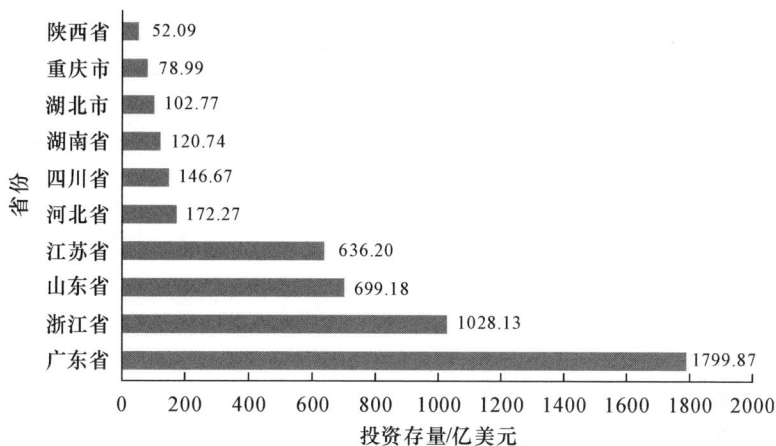

陕西省　52.09
重庆市　78.99
湖北市　102.77
湖南省　120.74
四川省　146.67
河北省　172.27
江苏省　636.20
山东省　699.18
浙江省　1028.13
广东省　1799.87

图 3-5　至 2022 年末中国主要省份对外非金融类直接投资存量

资料来源：根据《2022 年度中国对外直接投资统计公报》整理。

大类都有不同程度的需求。"最需要"的是装备制造类专业，占比 69.12％；其次是财经商贸类专业，占比 61.76％；接下来依次为交通运输类、电子信息类、轻工纺织类、教育类等，对第一产业对应的农林牧渔大类专业的需求程度并不高(见图 3-6)。

与问卷调研结果一致，访谈调研结果也显示，"一带一路"企业对高职专业的需求主要集中在第二产业，包括装备制造、轻工纺织、能源动力与材料等专业大类。同时，企业希望高职院校能稳定地供给与第三产业对应的财经商贸、电子信息和交通运输大类的专业，具体为会计、市场营销、物流、国际贸易、跨境电商等高职专业，尤其是电子商务专业。这类生产性服务业的专业设置，能保障生产过程的连续性，促进技术进步、产业升级和效率提升。其主要服务于生产制造产品的批发、销售与管理等环节，能为制造业、农业提供更加专业、精准、高效的服务，推动产业链向下游延伸、价值链向中高端攀升。

受访企业产生如上的高职专业结构需求，与中国企业赴"一带一路"共建国家直接投资的行业结构特征密切相关。《公报》显示，截至 2022 年末，中国有超 2.9 万家境内投资者在国(境)外共设立对外直接

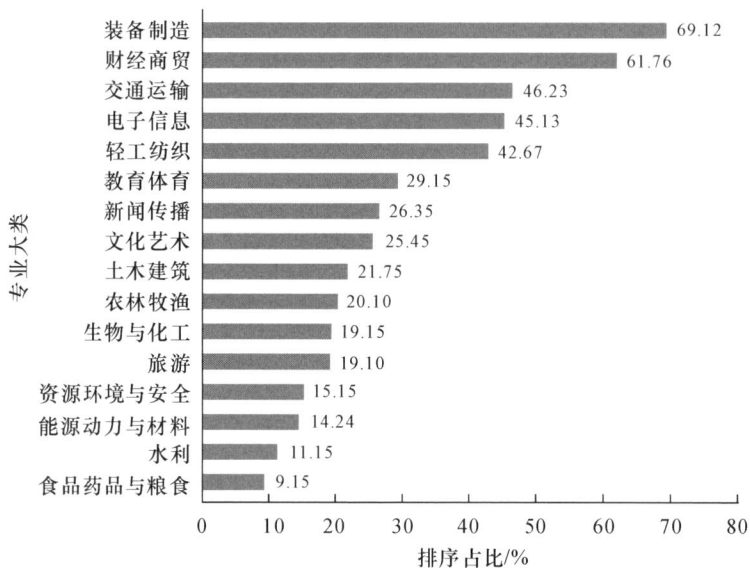

图 3-6 "一带一路"企业最需要的高职专业大类排序

投资企业 4.66 万家,涉及国民经济 15 个行业大类(见图 3-7),分布在全球 190 个国家(地区)。其中,在"一带一路"共建国家设立投资企业超过 1 万家,投资行业以制造业为主,批发零售业位居其次。从境内投资者的行业分布特征看,最为活跃的行业是制造业,占境内投资者的三成以上,具体细分行业有计算机/通信和其他电子设备制造业、专用设备制造业、通用设备制造业、医药制造业、电气机械和器材制造业、化学原料和化学制品制造业、纺织服装/服饰业、金属制品业、纺织业、橡胶和塑料制品业以及汽车制造业等。位于第二位的行业是批发零售业,占 22.3%。其后依次为占比 14.1%的租赁和商务服务业,占比 9.4%的信息传输、软件和信息技术服务业,占比 4.8%的科学研究和技术服务业,占比 3.7%的农林牧渔业,占比 3%的建筑业。[1]

---

① 中华人民共和国商务部,国家统计局,国家外汇管理局.2022 年度中国对外直接投资统计公报[M].北京:中国商务出版社,2023.

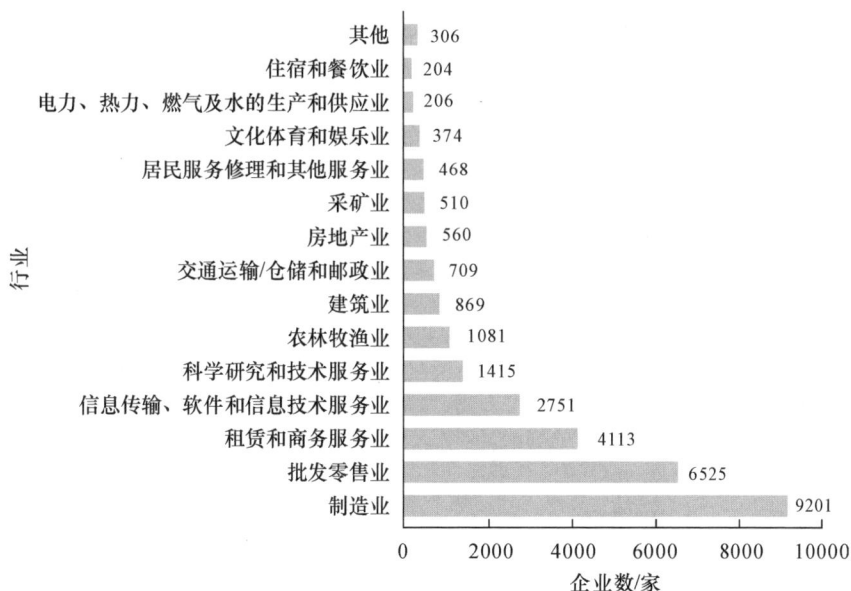

图 3-7　2022 年末中国境内投资者行业分布情况

资料来源:中华人民共和国商务部,国家统计局,国家外汇管理局.2022 年度中国
对外直接投资统计公报[M].北京:中国商务出版社,2023.

2020 年"一带一路"企业的投资流量分布也以制造业为主(见图 3-8)。
从"一带一路"企业的主要投资区域——东盟十国来看,截至 2022 年
末,中国对东盟十国的直接投资存量为 1546.6 亿美元,占中国投资存
量总额的 5.6%,占亚洲投资存量的 8.4%。在对东盟十国的投资中,
位列投资存量第一的行业是制造业,主要流向印度尼西亚、新加坡、越
南、泰国和马来西亚;投资存量中位居第二的行业是批发和零售业,主
要流向新加坡、马来西亚和泰国;居于后位的是租赁和商务服务业,主
要流向新加坡、印度尼西亚、老挝等;电力、热力、燃气及水的生产和
供应业主要流向新加坡、印度尼西亚、马来西亚、缅甸和越南等;建筑
业主要流向柬埔寨、印度尼西亚、新加坡、老挝和马来西亚等;金融业
主要流向新加坡、泰国、印度尼西亚、马来西亚等;交通运输/仓储和邮
政业主要流向新加坡和老挝等;农林牧渔业主要流向老挝、新加坡、印
度尼西亚、柬埔寨等;信息传输、软件和信息技术服务业主要流向新加

坡。对新加坡的投资额达 734.5 亿美元,位居首位,占中国对东盟投资存量的 47.5%,其次是印度尼西亚和马来西亚。[①]

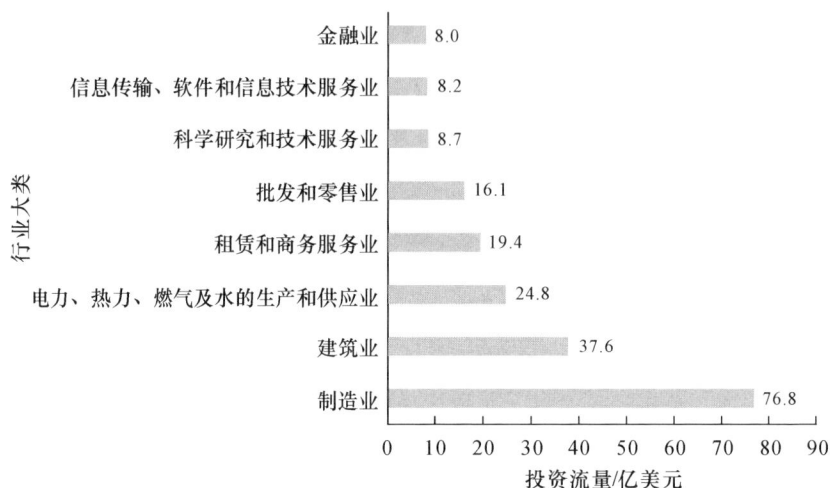

图 3-8 2020 年"一带一路"企业主要投资行业的流量分布

资料来源:根据《2020 年度中国对外直接投资统计公报》整理。

综上,"一带一路"企业对高职院校人力资本专业结构的需求,主要集中在制造类专业,其次是批发和零售行业中的生产性服务类专业。这源于中国企业赴"一带一路"共建国家直接投资的行业结构。

进一步探寻"一带一路"企业的投资行业集中于制造业和服务业的原因,发现主要受产业转型升级和企业盈利能力影响。北京零点有数于 2019 年对"一带一路"沿线 917 家中国民营企业的现状调查显示,境外制造类企业与服务类企业的经营状况总体较好,35% 的一般制造类和服务类企业的利润率介于 40%~50%,远高于其他行业;而企业利润率低于 10% 的一般制造类企业和服务类企业占比分别为16.8% 和 20.3%,远低于其他行业。[②]

① 中华人民共和国商务部,国家统计局,国家外汇管理局.2022 年度中国对外直接投资统计公报[M].北京:中国商务出版社,2023.

② 北京零点有数."一带一路"沿线中国民营企业现状调查研究报告[R].北京:中华全国工商业联合会,2019.

高职院校专业结构的供给现状。高职院校与"一带一路"企业合作的结构供给,表现为高等职业教育的专业结构,即教育部门根据科学分工和产业结构的需要所设置的学科门类。[①] 对于当前高职院校的专业设置现状,笔者从宏观的国家层面和中观的省域层面来加以分析。

宏观的国家层面。依照专业与产业的相关度进行对接归类划分,在《高等职业学校专业目录》(2021 年版)(以下简称《目录》)中,高职院校目前的专业结构设置按专业大类对应产业、专业类对应行业、专业对应职业岗位群或技术领域的原则,共设置 19 个专业大类,97 个专业类,744 个专业。第一产业的专业大类 1 个,即农林牧渔专业大类,设专业 51 个;第二产业制造业对应的高职专业大类有资源环境与安全、能源动力与材料、土木建筑、水利、装备制造、生物与化工、轻工纺织、食品药品与粮食 8 个,设专业 295 个;第三产业服务业所涵盖的专业大类有 10 个,主要涉及交通运输、电子信息、医药卫生、财经商贸、旅游、文化艺术、新闻传播、教育体育、公安司法、公共管理与服务,设专业 401 个。三大产业相关专业数比例为 6.8：39.4：53.8。[②] 2020 年,29 个省(区、市)新增立项的 253 个专业群,覆盖了 18 个高职专业大类,在考虑企业实际需求的情况下增加了制造类专业的设置数量。

中观的省域层面。省域是现代职业教育体系构建的重点。通过资料查询和相关调研发现,这些省份的专业设置虽覆盖面广、结构体系齐全,但都存在不同程度的结构性问题,如布局不平衡、重复设置、专业布点多而不强等。笔者选取广东、浙江、山东和湖南四省来分析其专业结构的设置情况,主要考虑这四省不仅处于中国地方省市对"一带一路"共建国家直接投资存量的前十位,集中了一大批有竞争力的"一带一路"企业,同时也是中国职业教育的建设强省,具有典型性。

---

① 廖茂忠.中国本科专业设置与经济发展关系研究[M].北京:中国社会科学出版社,2012.

② 徐国庆.从分等到分类——职业教育改革发展之路[M].上海:华东师范大学出版社,2018.

广东省位列 2022 年末中国地方非金融类对外直接投资存量首位,共有 93 所高职院校,4 所职业本科院校,从专业布局看,位居前三的专业大类分别是财经商贸大类、电子信息大类、教育体育类,装备制造大类专业位居第四。① 山东省位列中国地方非金融类对外直接投资存量第三,设有 86 所高职院校,3 所职教本科院校,在专业大类中设置覆盖率最高的是旅游大类,接下来依次为:土木建筑大类、交通运输大类、新闻传播大类、电子与信息大类、财经商贸大类、食品药品与粮食大类、医药卫生大类、生物与化工大类、能源动力与材料大类、资源环境与安全大类、公共管理与服务大类、公安与司法大类、轻工纺织大类。② 湖南省在中国地方非金融类对外直接投资存量中位于第六,设有 85 所高职院校,2 所职教本科院校,"十三五"末,开设比排名前五的分别是旅游、土木建筑、食品药品与粮食、财经商贸以及教育与体育大类,排名后五位的是轻工纺织、公安与司法、水利、能源动力与材料及农林牧渔大类。③

浙江省位列 2022 年末中国地方非金融类对外直接投资存量第二位,浙江企业在"一带一路"共建国家投资项目逾 140 个,投资项目备案总额约占浙江省对外直接投资总量的四分之一。分析 2022 年浙江省高职院校面向普通高中的招生情况,发现在 49832 个招生计划中,财经商贸大类为 12584 人,占总招生人数的 25.25%,分布在浙江省 48 所高职院校中的 42 所;而装备制造大类招生数为 4903 人,仅占总招生人数的 9.8%。由于开设财经商贸、电子信息和旅游专业大类的投入少、办学成本低等功利主义倾向使专业同质化倾向比较严重,服务第三产业的专业招生数量明显偏高。服务第一产业的专业大类布

① 林少芸.广东高职院校专业设置与产业结构的适配性研究[J].教育与职业,2022(11):46-50.
② 朱宏雁,毕丽萍.高职院校专科专业设置与区域协调发展研究——以山东省为例[J].山西青年,2022(15):1-3.
③ 杨文涛,杨璇.湖南高职院校专业设置的现状、问题与对策研究[J].当代教育论坛,2022(2):33-41.

点数较为合理,但招生数不足;服务第二产业的专业大类设置相对不足,该大类中的学生规模数与第二产业的就业结构未能较好地适应。

2.关于学历层级结构的供需分析

需求侧的企业希望发展本科层级的职业教育人才。受访企业在"最需要的人才层级"中,有40%的企业最需要本科层次的高素质技术技能人才。分析发现,"一带一路"企业实习工作的岗位与国内一般企业不同,对个人的综合能力要求更高。由于需面对国内外客户的全链条服务,包括从产品的生产到销售、客户维护和业务的持续推进,每个工作岗位对学生职业能力的横向需求广、纵向需求深,因此需要通过更长学制的培养来输出与"一带一路"企业发展岗位需求相适应的高素质复合型技术技能型人才。

对本科层次职业教育人才的需求实质是经济社会发展的必然要求。新人力资本理论指出通过增加教育年限提高劳动者的受教育程度,不仅可以促进当下经济的高速发展,也会对未来经济社会的发展起到持续性和长足性的影响。

生产要素是生产力的重要组成部分。随着生产要素不断更新迭代,经济社会由农业化向工业化发展,对教育及人才培养规格和层级也提出了不同的需求。农业时代以土地为核心要素,对文化知识的需求不高,劳动者只要能胜任农耕和手工业生产的活动就可以了。到了工业化时期,资本成为核心要素。工业1.0时期,伴随着大机器生产,为满足工厂对大量高素质劳动力的需求,现代学校教育产生了。这时的职业教育主要以学徒制的形式存在。工业2.0时期,随着电力的发明及广泛应用,为满足大规模、流水线的生产方式需要,职业学校培养了大量的蓝领工人成为优秀的一线操作工人。工业3.0时期,信息技术得到巨大发展,自动化生产成为主流的生产模式,对人力资本提出更高的要求,需要会操作、懂管理、能服务的高素质技能人才,高等职业教育蓬勃发展。工业4.0时期(数字经济时代),引起工作世界的巨大变化,在新一轮科技革命和产业变革深入发展的背景下,数据、信息技术等新型生产要素快速融入生产、分配、流通、消费和社会服务管理等各环节，深刻改变着生产方式、生活方式和社会治理方式，市场对高技能劳动者的需求进一步提升。① 毫无疑问，人力资本已成为核心生产要素。

十多年来，"一带一路"已成为国际公共产品和国际合作平台，"一带一路"建设作为国内国际双循环的连接点和高水平对外开放的关键点，身处新型工业化转型中的中国企业不断赴共建国家投资生产经营，亟须高技能人才的支持，工业化转型进程中的共建国家也同样需要高素质技术技能人才的支撑。通过本科层次职业教育培养出来的应用型、专门型的人力资本，将分别适应经济社会不同产业、部门和岗位的各种需求。

而从当前本科职业教育的发展现状来看，虽然已经起步，但仍任重而道远。在发展数量方面，本科职业院校已从 2019 年设立的 16 所增至 2024 年 6 月底的 51 所，占高等职业院校总数的 3.28%。《2023中国职业教育质量年度报告》也显示，2022 年全国高职学校招生538.98 万人，职业本科招生 7.63 万人，占全国职业院校招生人数的1.41% 左右。职业本科的设立和招生数量，与《关于推动现代职业教育高质量发展的意见》中提出的"到 2025 年，职业本科教育招生规模不低于高等职业教育招生规模的 10%"的目标还相差较远。正如教育部副部长吴岩在 2024 年 7 月召开的深化现代职业教育体系建设改革现场推进会上所讲，德国产业工人中有 50% 的高技能人才，日本是40%，我国仅为 7%～8%，我国高技能人才明显不足。在发展结构方面，也存在不均衡现象，比如区域布局中，广东省、浙江省、广西壮族自治区、河北省和江西省都设置了 4 所职业本科院校，而不少省份依然未实现零的突破。在发展内涵方面，职业教育本科既不同于职业教育

---

① 徐国庆，陆素菊，匡瑛，等.职业本科教育的内涵、国际状况与发展策略[J].机械职业教育，2020(3):1-6,24.

专科,也不同于应用型本科,应在培养模式、课程体系、教学模式等关键办学要素上,形成与产业发展和企业岗位需求相适应的培养体系。尽管国家在 2022 年修订出台的《中华人民共和国职业教育法》中,以法律的形式确立了职业教育是与普通教育具有同等重要地位的教育类型,也在完善职业教育层级结构方面满足了社会与家长的期待,但与高素质复合型技术技能人才的培养目标仍有距离。

三、合作运行的现状分析

高职院校与"一带一路"企业合作是一项十分复杂的社会机制,它通过人的相互作用过程来实现运行,也是一个极不确定的动态过程。这个过程的有效运行取决于运行的合作主体、合作形式以及合作的支持保障体系的协同作用。

(一)合作运行的主体供需

关于校企合作中的参与主体,已有的文献研究主要聚焦于学校、企业和政府三方,三螺旋理论是相关研究和实践的主要理论支撑。但是,随着全球化的推进和工业化进程的加快,在创新驱动形成高级知识的经济社会中,知识生产模式由点状线性、非线性转向多维网状的形式,以追求知识公益化的生态平衡为目标,由此对参与知识生产系统的主体也自然提出更多元的需求,以此为主要观点的四螺旋理论应运而生,合作主体由三螺旋向四螺旋递进。高职院校与"一带一路"企业跨越国境的校企合作涉及的知识生产更为复杂,前述论证中已明确,合作运行的主体表现为高职院校、"一带一路"企业、东道国和母国的政府以及行业组织。以上四元主体的产生,并非否定三螺旋的三元主体融合,而是在实现合作目标的过程中更关注可持续发展问题。

对此,选取受访企业对"高职院校跟随企业走出去的障碍"排序的题项,来看"一带一路"企业对运行主体的需求。结果显示,有 61.5%的企业认为存在的最大障碍是领导观念,接下来依次为:教学与服务能力、政策保障支持、校企信息对接、语言能力、招生、资金投入、文化冲突和质量监管。归类分析发现,这些障碍正是校企合作中各类缺乏的资源,能否获得这些资源取决于掌握这些优势资源的主体能否参与其中。招生、教学与服务能力、语言能力和质量监管的障碍主要产生于高校侧,资金投入的障碍主要产生于企业侧,政策保障支持的障碍主要产生于母国政府和东道国政府,校企信息对接的障碍主要产生于政府或行业组织,领导观念的障碍主要产生于参与的全部主体。其中,最主要的合作障碍是领导观念、教学与服务能力、政策保障支持和校企信息的对接,由于人员、项目和机构等要素跨越国(境)的空间特点,不但使信息对接显得更为重要,行业组织的作用也尤为凸显。同时,对东道国和母国的政府支持也提出相应的需求。"一带一路"企业对现有校企合作所需资源的匮乏反映出参与主体的缺位。

来自供给侧的调研结果显示,无论是人员、项目还是机构跨境合作,在"一带一路"倡议的指引下,高职院校、企业和母国政府是组织体系中主动供给的积极主体,行业组织的作用次之。一般情况下,设立了经贸园区的东道国基本能形成相应的行业组织,主动在当地政府、民众和在地中国企业之间沟通协调。由此可见,机构跨境合作中的参与主体由校、企、政、行四元螺旋主体构成。

上述四螺旋模型中,参与度最低的是东道国政府。分析发现,东道国政府难以融入四螺旋模型有两个方面的原因。一方面,东道国政府因宏观经济状况不佳等对职业教育不够重视。根据《"一带一路"沿线中国民营企业现状调查研究报告》,除了在阿联酋的中国企业之外,其他受访的中资企业认为企业遇到的首要风险集中在"当地宏观经济状况不佳",受访企业中在俄罗斯的 33.9% 企业、在缅甸的 44.8% 企业、在老挝的 40% 企业、在蒙古国的 54.5% 企业和在泰国的 43.8% 的企业,均将该风险选为企业面临的最显要风险。另一方面,当地政府对"一带一路"倡议下共建命运共同体的认识不一,对中国企业的态度也各不相同。上述报告也显示,蒙古国、哈萨克斯坦、印度、柬埔寨和老挝的中资企业面临的政府压力比较大,蒙古国、哈萨克斯坦和印度的企业受访者表示当地政府对企业态度"不太好",甚至有 3.8％的在柬埔寨企业受访者表示当地政府对其态度"非常不好"和"不太好",有 5％的在老挝受访企业表示当地政府对其态度"非常不好"。

(二)合作运行的形式供需

学界对校企合作有多种分类,各有侧重。引用杨钋的分类,笔者将校企合作分为产品合作、组织合作和产权合作三种类型。[①] 调研发现,高职院校与"一带一路"企业的合作运行以组织合作为主,产品合作次之,尚未涉及产权合作。实习就业是校企跨境合作的主要表现形式。

需求侧访谈调研发现,"一带一路"企业对校企合作既有共识也有实践基础。按合作中主体的多少,结合企业类型、规模、发展阶段和行业性质等因素,将受访的 17 家"一带一路"企业与高职院校的合作形式归纳为以下三种类型。

第一类为"金田"模式(见图 3-9)。笔者在调研走访了三家大型重资产类制造企业后发现,其合作主体为一个大型企业与一个学校,有母国政府和行业组织的参与,其中的大型企业负责人大多就是行业组织的联系人。企业以境外建厂的形式赴共建国家跨国生产经营,产生了订单培养学生的人力资本需求,通过校企合作开发课程、教材等活动共同培养高技能人才,生源既可以来自母国也可以向东道国招生,学生从顶岗实习开始在企业工作,随着企业"走出去"的步伐到共建国家的分公司实习并参加工作。

第二类为"中策"模式(见图 3-10)。笔者在调研走访了七家高新技术类制造企业后发现,其合作主体为一个大型企业与多个学校,有母国政府和行业组织的参与,这个大型企业负责人往往就是行业组织

---

① 杨钋.技能形成与区域创新[M].北京:社会科学文献出版社,2020.

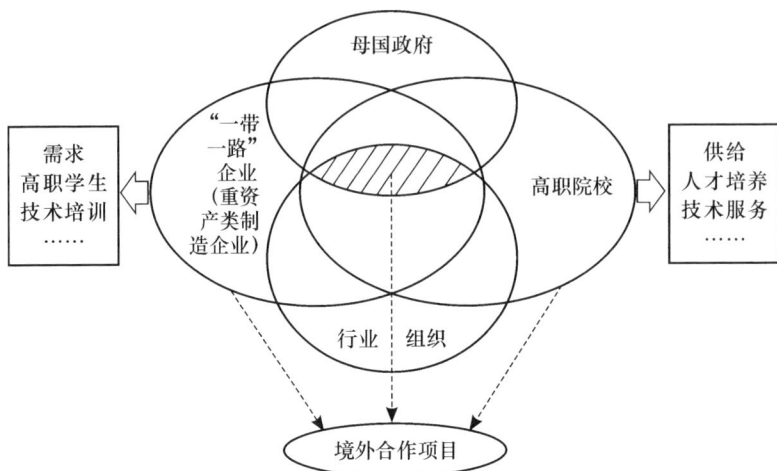

图 3-9 跨境校企合作运行的"金田"模式

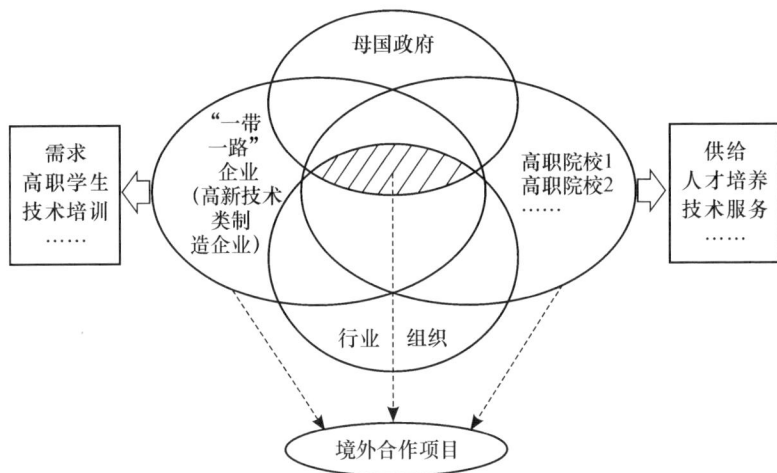

图 3-10 跨境校企合作运行的"中策"模式

的联系人。这类制造企业在境外建厂投资经营的资源优势体现在高新技术上，企业自然对岗位的综合性、创新性要求更高。在通过校企合作共同培养高技能人才的过程中，企业对人力资本进行了多次筛选。首次筛选在学生正常学习表现的基础上进行，并明确赴国外开展实习工作的要求。二次筛选在强调主观意愿的基础上展开，由高技能师傅将真正符合要求的学生选拔出来，进入共建国家的分公司或海外分部工作。

　　第三类为"永峰"模式（见图 3-11）。笔者在调研走访了七家中小型民营制造类企业后发现，其合作主体为多个中小型企业与一个学校，有母国政府的参与，但行业组织黏性不强，参与极少。由于单个企业多为中小民营制造类企业，大部分在境外产业园区合资建厂或设立境外分部，单个企业的用工需求不多，因此借助政府的力量，将多个企业抱团组成整体与一所学校合作。校企共同培养的学生成为企业骨干后，被派出去到中国公司在东道国的分部或海外分公司，从事海外事务管理、技术型岗位相关工作。

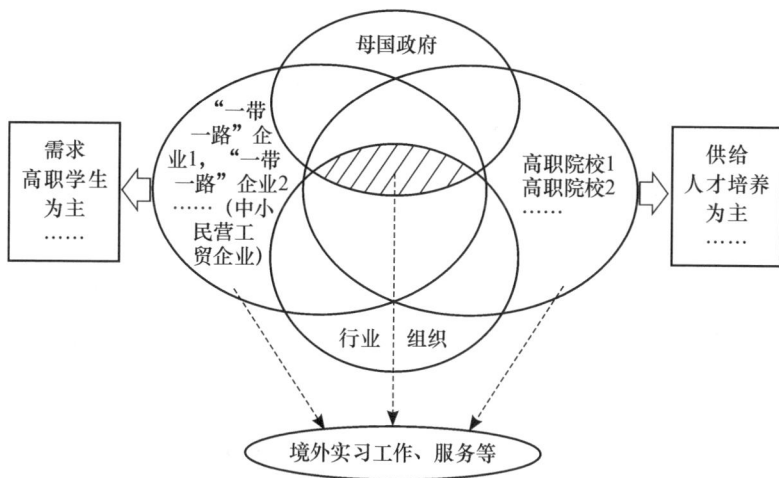

图 3-11　跨境校企合作运行的"永峰"模式

　　在这三类校企跨境合作中，企业均为制造类企业。按前述的校企合作分类，以组织合作为主，产品合作次之，企业没有提及产权合作需求。产权合作因成本高、风险大、要求严，企业基于投资经营的业态分布和收益回报的实际考虑，选择以产品合作和组织合作为主，主要有两个原因。

　　原因一，集聚型园区化的跨国投资经营业态产生了专业多样性需求。"境外经贸合作区"通常是指在中国境内注册、具有独立法人资格的中资控股企业，通过在境外设立的中资控股的独立法人机构，投资建设的基础设施完备、主导产业明确、公共服务功能健全、具有集聚和辐射效应的产业园区。境外经贸合作区以企业为主体,以商业运作为基础,以促进互利共赢为目的,主要由投资主体根据市场情况、东道国投资环境和引资政策等多方面因素进行决策。投资主体通过建设合作区,吸引更多的企业到东道国投资建厂,增加东道国就业和税收,扩大出口创汇,提升技术水平,促进经济共同发展。其主要特点是基础设施完备、公共服务健全、主导产业明确,具有集聚和辐射效应。尤其需要注意的是,行业组织在合作区中发挥着重要作用,既协助园区投资主体招商引资,也帮助中国企业对外投资,还能在当地政府和东道国政府之间起到沟通桥梁的作用。随着"一带一路"倡议的持续推进,合作区已成为中国企业参与"一带一路"建设和对外投资的重要平台。截至 2023 年底,纳入商务部统计的共建国家境外经贸合作区有 100 多家,累计投资 700 多亿美元,入园企业 4000 多家,分布于近 50 个国家(地区)。① 已具规模的境外经贸合作区深受中国企业的认可,有 50%~70%的受访企业表示有必要实现园区化发展②,助力共建国家合作共赢。在实践探索和政策引导下,"一带一路"企业赴共建国家投资的注册地多位于东道国的经贸园区内,企业既在园区内发展主业,也促进了园区内服务主导产业的生产性服务业的发展。如前所述,集聚型园区化的跨国投资行业以制造业为主,不仅需要制造大类的不同专业技能人才,同时,第二产业和第三产业联动发展的产业形态对服务类专业技能人才也提出需求,财经商贸类成为"一带一路"企业的第二大需求专业。如此菜单式的专业需求已超过了绝大部分单所高职院校的专业设置规模和服务能力,加之高职院校国有资产不能外移的刚性制约,自然倾向于难度较低的组织合作与产品合作。所以,"金

---

① 中国商务部.中国对外投资合作发展报告 2023[R].北京:中国商务部国际贸易经济合作研究院,2023.

② 北京零点有数."一带一路"沿线中国民营企业现状调查研究报告[R].北京:中华全国工商业联合会,2019.

田"模式中的"一对一"并不多见,大多数"一带一路"企业与高职院校之间形成了以"中策"模式和"永峰"模式为代表的"一对多"和"多对一"的合作关系。

原因二,跨国经营企业的投资者构成特征倾向于低风险合作形式。据商务部统计,截至 2022 年末,中国对外直接投资者为 29292 家。从其在中国市场监督管理部门的登记注册情况看,民营企业 9835 家,占比 33.6%,是中国对外投资占比最大、最为活跃的群体(见图 3-12)。从各省份的地方企业投资者构成看,中央企业及单位 172 家,仅占 0.6%;各省份的地方企业占 99.4%。境内投资者数量前十位的省份依次为广东、上海、浙江、北京、江苏、山东、福建、天津、辽宁和四川,共占境内投资者总数的 81.7%。其中,广东省境内投资者数量最多,达 7000 多家,占 23.6%;其次为上海市,超过 3600 家,占 12.4%;浙江省位列第三,超过 3300 家,占 11.3%。[①] 私营企业极具创新精神和开拓意识,但承受风险能力较弱,其企业特性和企业家精神直接影响合作伙伴与合作方式的选择。广东、上海、浙江作为对外直接投资大省,私营企业居多,寻求菜单式专业供给能降低风险,如面临学生培养后离职、校企合作中断以及企业转型升级等问题时,可降低合作成本,所以产品合作与组织合作自然成为跨国企业的选择。

上述需求侧呈现的高职院校与"一带一路"企业的合作以组织合作为主,产品合作次之,产权合作较少的实然状况与高职院校供给侧的调研结果一致。笔者以浙江省 48 所高职院校为样本开展问卷调研和访谈,进一步厘清高职院校与"一带一路"企业合作运行的供给情况。调查显示,高职院校与"一带一路"企业的合作模式以人员跨境合作为主,项目跨境合作次之,机构跨境合作较少。在浙江省高职院校服务"一带一路"建设中,近九成高职院校开展了人员跨境合作;近六

① 中华人民共和国商务部,国家统计局,国家外汇管理局.2022 年度中国对外直接投资统计公报[M].北京:中国商务出版社,2023.

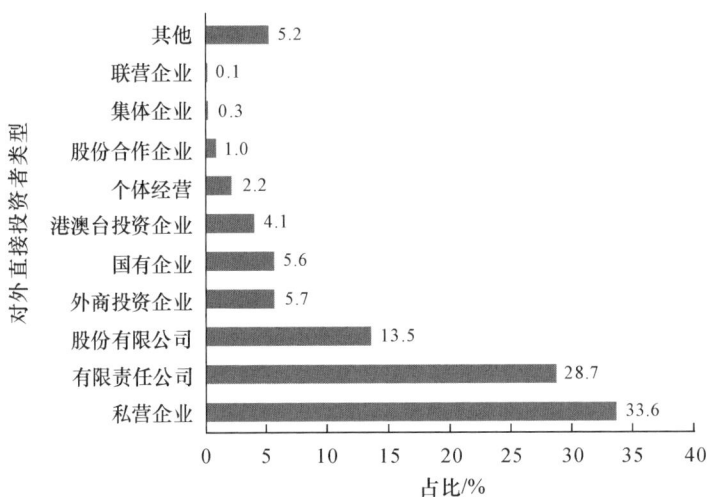

图 3-12 2022 年末中国对外直接投资者按登记注册类型构成

资料来源:中华人民共和国商务部,国家统计局,国家外汇管理局.
2022 年度中国对外直接投资统计公报[M].北京:中国商务出版
社,2023.

成高职院校开展了项目跨境合作;近四成高职院校开展了机构跨境合作,设立了海外分校和教学点。表 3-8 显示,高职院校随同企业在"一带一路"共建国家设立了十多家海外分校和丝路学院,在东道国实现实体性质的存在,其中也包括人员的跨境合作和项目的跨境合作,既有产品合作、组织合作,更有实质性的产权合作。这类机构跨境的合作模式要求高职院校具有强有力的服务能力。进一步调研发现,这些高职院校基本是国家或浙江省"双高计划"建设院校,在人才培养、科技研发、社会服务和文化传承方面具备了扎实的基础,能够为浙江经济社会的高质量发展提供有力支撑。

表 3-8　浙江省高职院校机构跨境合作概况

院校	跟随企业或依托平台	合作专业大类	共建国家	海外机构名称
浙江交通职业技术学院	浙江交工集团股份有限公司等	道路交通	老挝	老挝占巴色丝路交通学院
温州职业技术学院	亚龙智能装备集团股份有限公司	电子信息、装备制造	柬埔寨	中柬丝路学院（亚龙丝路学院）
浙江金融职业学院	中国服务贸易协会、中资企业等	财经商贸	柬埔寨	柬创院国际教育中心
杭州职业技术学院	海兴电力股份有限公司、西奥电梯等知名电梯企业，达利女装等知名女装企业，友嘉集团等制造类企业	装备制造	尼日利亚	中非（尼日利亚）丝路工匠学院
浙江经贸职业技术学院	华立集团、"走出去"中资企业	装备制造、财经商贸	泰国、马来西亚、乌克兰、菲律宾	泰中罗勇丝路学院、康博丝路学院、中乌经贸丝路学院、中菲经贸丝路学院
浙江机电职业技术学院	泰国罗勇工业园区内中资企业	财经商贸、电子信息、装备制造、教育与体育	泰国	浙江丝路学院（泰国罗勇）
金华职业技术学院	区域内"走出去"企业	电子信息、装备制造、旅游、土木建筑、文化艺术、农林牧渔	卢旺达、新西兰	卢旺达穆桑泽国际学院
宁波职业技术学院	"一带一路"产教协同联盟、中航国际成套设备有限公司、国家半导体产业联盟和行业组织	旅游、财经商贸	贝宁（贝宁中国经济贸易发展中心）、斯里兰卡	中贝丝路学院、中斯丝路学院
浙江建设职业技术学院	国内和亚太地区建筑职教院校、企业和行业组织	土木建筑	菲律宾	中菲"一带一路"建筑技能人才丝路学院
浙江经济职业技术学院	浙江乌龙供应链管理有限公司、物产中大集团等	财经商贸	越南、马来西亚	浙经院越南跨境电商丝路学院、马来西亚鲁班工坊
浙江旅游职业技术学院	"走出去"旅游企业	旅游、教育与体育	俄罗斯、塞尔维亚、意大利、西班牙	中俄旅游学院、中塞旅游学院、中意厨艺学院、西班牙中餐学院

续表

院校	跟随企业或依托平台	合作专业大类	共建国家	海外机构名称
浙江商业职业技术学院	交通集团境外项目、浙江交工集团有限公司、海外校友会、交通集团海外办事处、国际商科职教联盟、省侨联等	旅游、财经商贸	尼泊尔	中尼商学院
浙江纺织职业技术学院	联合当地企业(含中资企业)	服装设计、工业机器人、美妆等	罗马尼亚	中罗丝路工匠学院
义乌工商职业技术学院	"走出去"企业和在线平台	财经商贸	马来西亚	马来西亚义乌丝路学院
温州科技职业技术学院	温州市金盛贸易有限公司	农林类	乌兹别克斯坦	乌兹别克斯坦鹏盛丝路学院
湖州职业技术学院	浙江永达实业集团安哥拉公司和几内亚比绍基地、华人商会、湖州跨国企业	教育类	安哥拉	"长三角(湖州)丝路学院"安哥拉分院

资料来源:根据历年高职院校质量年度报告和浙江省教育厅网站相关资料整理。

　　上述跨境校企合作涉及的合作内容包括以高职学生为核心的人力资本供给、以教师能力为基础的技术服务供给,以及文化共建三大方面。其中,人力资本供给是核心,技术服务供给为辅,文化共建的合作极少。学生层面,高职院校主要通过培养技术技能人才,开展教学改革与实践,为"走出去"企业提供人才,合作方式有"2+1"模式、订单培养、现代学徒制等。高职学生服务"一带一路"企业的工作形式有三种:一是在国内企业实习工作并处理海外业务,或被中国企业外派到共建国家工作,这是高职学生服务"一带一路"企业的主要形式。二是国内高职院校招收东道国的留学生,在中国国内培养后回国工作或在中国企业的海外分公司工作。三是高职院校的海外分校(教学点)招收并培养当地学生,通过校企合作,推荐至中国企业的海外分公司工作。后两种模式是高职学生服务"走出去"企业的辅助形式。教师层面,高校主要通过承担或参与海外专业人员的专项培训、参加海外培训或海外企业实践,或与海外院校间进行师生互访等形式参与合作。

(三)合作运行机制的供需现状

合作运行机制主要体现在合作主体的职责履行和合作运行的支持保障两个方面。

其一,关于合作主体职责履行的现状。调研显示,企业需求侧认为,学校最需要加强的是学生的职业能力,教师最需要加强的是专业技术水平,政府最需要加强的是资金支持,行业组织最需要加强的是与学校、企业、政府之间的沟通对接。高职院校供给侧认为,学校最需要加强的是提高教师境外待遇,教师最需要加强的是企业实践,企业最需要加强的是增加社会责任感,政府最需要加强的是监督管理,行业组织最需要加强的是与学校、企业、政府之间的沟通对接。

如表 3-9 所示,在合作运行主体有待提升的主体职责方面,高职院校与"一带一路"企业对行业组织和教师的职责认知一致,均认为"行业组织应承担学校、企业与政府之间的沟通对接"职责,说明当前多元合作的组织体系中各类信息不对称的情况比较严重,尤其是高职院校关于人力资本及专业设置的供给信息,以及企业"走出去"的人力资本需求和共建国家的相关信息,需要行业组织的积极作为。院校和企业都认为"教师最需要加强的举措是增强能力,包括专业技术水平和企业实践能力",说明当前高职院校教师服务能力薄弱,这与高职院校教师的来源与培养方式有关。

表 3-9 供需双方对运行主体最需要加强举措的认知

题项	企业认为	高职院校认为	调研结果
学校最需要加强的举措	学生的职业能力	提高教师境外工作待遇	不一致
教师最需要加强的举措	专业技术水平	通过企业实践提升专业技术水平	一致
政府最需要加强的举措	资金支持	监管	不一致
行业组织最需要加强的举措	与学校、企业、政府之间的沟通对接	与学校、企业、政府之间的沟通对接	一致
企业最需要加强的举措		增强社会责任感	

　　对学校最需要加强的举措，企业侧聚焦于学生的职业能力，说明微观经济主体对服务"一带一路"建设的认知仍然缺位，企业仍停留在"向高校要人"的产品合作阶段而不是和高校共同培养人，与高职院校认为企业最需要加强的是"增加社会责任感"相呼应。而高职院校将最需要加强的举措聚焦于提高教师境外工作待遇，可能正深陷于跨境教育的教师服务动力不足的困境。

　　在政府最需要加强的举措方面，企业侧聚焦于基金支持，说明存在国家宏观激励政策落地与实际执行之间的矛盾；高职院校聚焦于监管不足，说明"一带一路"倡议下跨境合作项目的质量不容乐观。

　　其二，关于合作运行中支持保障的现状。"一带一路"建设中，校企合作的制约因素不少。合作运行的支持保障主要体现在理念认知、技术支持、制度政策、经费保障和信息服务方面。对高职院校的调研结果显示，影响高职院校与企业合作"走出去"的制约因素有 13 个，依次为领导观念、师资队伍水平、专业设置、保障体系、合作方式、教学实践方式、区域位置、学生国际化实习就业能力、教育主权、政府干预介入、课程体系、行业组织服务和办学风险。而需求侧企业在"高职院校跟随企业走出去的障碍"题项中的答案依次为领导观念、教学与服务能力、政策保障支持、校企信息对接、语言能力、招生、资金投入、文化冲突和质量监管。可见，双方合作的制约因素主要聚焦于合作主体的理念是否一致，合作目标的质量结构是否匹配，以及合作运行的保障是否到位等。

　　在校企跨境项目合作的运行中，保障支持体系是供需双方的迫切需求。调研显示，最主要的保障支持内容包括三个方面：一是来自政府端的政策供给、经费支持和信息供给。例如，企业侧认为，在参与职业教育办学的时候，最担心的事项是"学生安全"，其次是"生产效益"，对"实习劳动报酬"和"设备损耗"关注较少。这从一定程度上显示出学校和政府在相关制度政策以及信息沟通方面的供给缺失。二是来自行业组织端的协调沟通、标准服务、信息共享等方面的支持。例如，在"贵企业与学校建立合作关系的最主要渠道"中,56％的企业通过本单位员工与其他人员建立联系,33％的企业通过政府搭桥与学校建立联系,11％的企业通过学校领导与教师建立联系。三是来自高职院校对人力资本和院校服务能力供给信息等方面的支持。

供需双方对于保障支持体系的内容不仅界定明确,而且需求具体。首先,面向政府的支持需求主要集中在政策倾斜与制度保障上,加强专业布局调控和毕业生对接服务,分别指向教育部门、商务部门和行业主管部门。例如,"区域学校的专业布局要契合企业行业的发展方向""加强对民营企业的用工支持",尤其在能源化工行业的用人需求中,"一些好的人才都被国企招走了",这类需求主要来自抗风险能力相对较弱的民营企业;"扩大产教融合型企业的申报资格",使民营企业能以同等资格享受校企合作的"一揽子"政策优惠等,如受访谈企业普遍认可的、由宁波商务局组建的,银行、税收、海关、律师等众多专业服务机构共同参与并开展常态化交流的对外投资企业服务联盟。其次,面向行业组织的支持需求主要集中在信息互通与风险预警方面。具体需求点包括加强企业与高职院校之间人力资本的供需信息对接,加强企业与东道国政府之间投资政策与本地化诉求的沟通,加强高职院校与母国政府之间专业设置的需求预测等信息的实时互通等。最后,面向高职院校的支持需求主要集中于人才培养方案的沟通、专业国际化标准的制定,以及专业设置、教师服务能力、人才招聘和毕业生源等信息的实时传递与沟通。

综上,"一带一路"企业与高职院校合作运行所需的协调支持分布于不同维度:宏观层面的国家和省域完善校企合作制度激励、资金支持、沟通机制等;中观层面的行业组织构建信息平台与服务机制,建立校企、校校、校政等联盟机制等;微观层面的高职院校和企业主体加强专业设置、人才培养、课程、教材、教学等方面的合作。

第三节　调查研究的结果与讨论

调查研究并分析现状是发现问题的良方。上述调查中,高职院校与"一带一路"企业的合作存在困境,表现为人力资本核心目标的失衡、供需关系的失衡,以及运行机制的失衡。供需关系的失衡既有内因也有外因,有理念缺位也有行动缺失。面对实现"一带一路"倡议对内激发增长活力、对外拓展开放空间,促进全人类共同发展的宏伟目标,只有找到这些问题的根源才能提出适用的行动策略。

一、核心目标错位:社会教育逻辑的缺位

(一)核心目标的调查结果

第一,人力资本的构成要素。在以能力为核心的新人力资本理论的支持下,供需双方一致认为,高职学生的职业能力由社会能力、专业能力和方法能力构成。这三种能力互为补充、相互作用,共同促进高职学生的发展。同时,职业能力是社会价值的体现。

第二,人力资本构成要素的地位。企业最看重的是以"吃苦耐劳、忠于企业、具有社会责任感"等为核心的社会能力。需要高职学生具备以"责任感、肯吃苦"等职业素质为重要特征的合适够用的职业能力。而高职院校则将"外语能力和国际化沟通"等专业能力作为高职学生的首要职业能力。供需侧对人力资本构成要素存在不同认知,由此形成供需错位。这是本次调查的重要发现,笔者称之为"素质首位的职业能力认知差异"。

第三,人力资本的社会价值。赴"一带一路"共建国家投资的中国企业,不同于在国内生产经营的企业,除了面临地缘政治风险、战略安全风险、经济金融风险和文明冲突风险等共性的境外投资风险外,其

还须应对更具多样性、复杂性和独特性的风险。"一带一路"企业正是在这样的背景下,逐渐认识到"响应国家号召"是企业的社会责任所在,由此也赋予了技能人才应具有与企业同发展共命运的价值追求。而供给侧的高职院校,对服务"一带一路"建设应承载的共同体愿景理念和实践并不充足。

(二)目标失衡的根源讨论

人力资本作为高职院校与"一带一路"企业合作模式中的核心目标,对职业能力的要素地位、能力水平以及社会价值的供需取向不一,实质是高等职业教育供给质量客观差异性和高等职业教育需求质量主观差异性之间矛盾的反映①,也是高等职业教育供给质量与高等教育需求质量之间的错位。在高职院校与"一带一路"企业的跨境合作模式中,针对高职学生职业能力和培养主体服务能力所呈现的质量失衡,高职院校作为人力资本的供给方,是否对高职学生在"一带一路"共建国家的实习工作的社会环境有正确的逻辑思考?高职院校基于共建"一带一路"高质量发展的新使命,是否形成了新型高技能人才的培养定位与实践?笔者从培养逻辑中探寻原因,发现核心目标的失衡与工作世界的经济文化特征以及经济发展新格局中岗位能力的高级化有关。

根源一,共建国家的经济文化特征影响着技术技能人才的要素结构与地位。

高职院校的职业能力呈现与"一带一路"企业的能力期待存在错位。需求侧的"一带一路"企业对人力资本职业能力要素的排序以素质首位的社会能力为先,其次是专业能力和方法能力。"责任心、忠诚度、肯吃苦"是企业认为最重要的素质,而专业能力和方法能力可以通过内部培养、后期培训等途径加强。

---

① 王保军.教育供求矛盾的产生及其一般表现形式[J].江西教育学院学报,2004(1):33-36,45.

人才具有时代特征和文化特征，而不是内涵固定不变的。[①] 在不同的技术水平和生产关系条件下，人才的结构与能力特征不同。高职学生在"一带一路"共建国家开展实习、工作或海外进修等跨境活动，共建国家所呈现的与国内不同的生产水平和区域文化特征，包括区域禀赋、共建国家经济发展水平、职业教育水平和文化习俗等，直接影响着人力资本的能力结构。尤其是不同的文化特征，对从业者的职业能力存在不同的要求。

首先，"一带一路"企业东道国的经济发展水平是"素质首位职业能力"的产生基础。任燕和邱玉雪的研究发现，大部分共建国家处于经济发展水平的低象限。[②]《公报》显示，截至 2022 年末，中国企业对"一带一路"共建国家投资存量居前十位的是新加坡、印度尼西亚、马来西亚、阿拉伯联合酋长国、越南、泰国、俄罗斯联邦、老挝、柬埔寨和巴基斯坦，东南亚是主要投资区域。梳理发现，这些集中了大部分"一带一路"企业的共建国家，经济发展水平总体不高。产业结构以第一产业为主，其劳动力成本优势是大量中国企业直接投资的主要动因。最为活跃的投资行业是制造业，其次是批发和零售业，接下来依次为租赁和商务服务业、信息传输/软件和信息技术服务业、科学研究和技术服务业、农/林/牧/渔业和建筑业。以东盟十国为例，制造业主要流向越南、印度尼西亚、新加坡、泰国等地区，建筑业主要流向泰国、老挝和柬埔寨，农/林/牧/渔业主要流向老挝、印度尼西亚等。[③] 结合产业转移理论，中国产业结构从要素驱动向创新驱动转型，服装鞋帽类、塑料制品类等劳动密集型产业向东南亚地区进行规模化转移的趋势日

---

① 徐国庆.中等职业教育的基础性转向：类型教育的视角[J].教育研究,2021(4):118-127.

② 任燕,邱玉雪.经济测度视角下我国与"一带一路"沿线国家高等教育的合作战略研究[J].黑龙江高教研究,2019(9):15-20.

③ 中华人民共和国商务部,国家统计局,国家外汇管理局.2022年度中国对外直接投资统计公报[M].北京：中国商务出版社,2023.

益显著。① 在上述经济发展水平和产业结构下,雇佣者具有"责任心、忠诚度、肯吃苦"等职业素质以及"与企业同发展共命运"的使命担当,是企业可持续经营的重要劳动者要素。例如,当地中国企业提出"只要不怕吃苦,便能过上好生活""有责任心"等要求,并以标语形式告知广大应聘人员。

其次,"一带一路"企业所在东道国的职业教育水平成为高职人才"素质首位职业能力"的发展基础。除经济发展水平之外,东道国职业教育发展水平也影响着高技能人才的质量结构。笔者通过整理新加坡、印度尼西亚、俄罗斯联邦、马来西亚、老挝、阿拉伯联合酋长国、泰国、越南、柬埔寨和巴基斯坦这十个国家的职业教育概况和相应诉求,发现这些国家集中了七成多"一带一路"企业的投资存量,主要承接了制造业、批发零售业、租赁和商务服务业。如表 3-10 所示,它们的职业教育概况和诉求是不一样的,可按其发展状况粗略地归类如下:新加坡和俄罗斯联邦可归到第一种情况,这类国家已形成完善的职业教育与培训体系,并得到企业认可,强调对高素质技能人才的需求。马来西亚和越南可归到第二种情况,已形成较为完善的职业教育体系,"一带一路"企业投资东盟最主要的行业是制造业,这两个国家是主要承接地区,强调增强技能人才的就业适应性。印度尼西亚和泰国可归到第三种情况,虽已重视职业教育,但尚未形成完整的技术教育体系,强调提高职业学生的就业能力与适应性。老挝和柬埔寨可归到第四种情况,政府虽然重视职业教育,但大多数劳动力从事农业,希望增加大量技术技能人才来发展经济。阿拉伯联合酋长国和巴基斯坦可归到第五种情况,虽然忽视劳动力技能的培养培训,但仍希望发展职业教育。上述东道国因经济社会发展阶段不同,正在经历不同的职业教育发展阶段,都存在培养技术技能人才和发展职业教育的差异性需

---

① 陈沛酉,闫广芬."一带一路"倡议下高职院校国际化:功能、问题与改进[J].中国职业技术教育,2018(15):67-71.

求。而且,随着东道国对外国直接投资的持续引进,制造业和生产性服务业伴随着数字经济的高速发展而不断增强,数字产品制造业和服务业等新兴产业也应运而生,培养"素质首位职业能力"的高技能人才自然成为各国应对新经济挑战的重要举措。

表3-10 "一带一路"企业投资存量居前十位的共建国家职业教育概况①

东道国	投资存量/ 亿美元	主要投资行业	职业教育概况	发展诉求
新加坡	734.5	制造业、批发零售业、租赁和商务服务业、金融业等	已构建较为完善的、多元通道、职普沟通的职业教育与培训体系,教育质量得到企业认可	强化应用学习,加强工作态度和未来多岗位胜任的能力培养,加强人人成长出彩的理念倡导
俄罗斯联邦	99.0	批发零售业等	正由效率驱动型国家向创新驱动型国家过渡;高质量的教育传统,世界上最好的大规模教育系统之一;职业技术教育体系完善	加强大批创新型高素质技术技能人才培养;加强高新技术教育
马来西亚	120.5	制造业、批发零售业、建筑业等	职业教育体系较为完善,服务业是就业人数最多的产业,尤其是旅游业	提升职业教育的社会地位和认可度,提高职业技术资格证书等级;加强对职业教育的多头管理;加大职教培训内容开发和师资培养
越南	116.6	制造业等	经济体系以国有经济为主导,制造业为主;传统儒家思想和东方价值观占主导地位;职业教育体系较为完善	加强企业对职业培训的支持;增强职业学生就业适应性;增加有实践技能的教师;加强评价体系建设;加大政府对企业参与职业教育的支持力度等
泰国	105.7	制造业、批发零售业等	教育发展不均,职业教育未形成从与正规高等教育相联系的初中高一体化的职业技术教育体系	增加人力资本积累,优化该国人才素质与技术发展水平,急需培养应用技术研发人员,加强职业教育与培训的治理体系建设

---

① 李建求,卿中全."一带一路"沿线国家职业技术教育概览[M].北京:商务印书馆,2021.

续表

东道国	投资存量/亿美元	主要投资行业	职业教育概况	发展诉求
印度尼西亚	247.2	制造业等	职业教育与培训体系庞大,未形成从初中到高等的技术教育体系	提高职业学生的就业能力与适应性,加强"双师"教师培养,优化职业学校办学资源配置
老挝	95.8	租赁和商务服务业、建筑业、交通运输/仓储和邮政业等	政府重视职业教育,有相关法规;70%以上劳动力从事农业,二成从事服务业,不到一成从事工业	增加技术工人;建立校企合作机制,使人才培养对接产业;加强立法,保障职业教育地位;重构职业教育与培训管理机制
柬埔寨	74.4	建筑业、农/林/牧/渔业等	政府已开始重视职业教育,有相关法规;青年人居多且多数从事农业;受教育者中以文科和商科专业居多;经济体系中就业需求最大的行业是制造业	经济与产业结构调整需要大量技术技能人才;青年人尤其需要职业技能培训;需要非农专业的职业院校
阿拉伯联合酋长国	118.8	能源、制造业、农业等	不大重视职业教育,职业教育是备选项,入学率低,待遇低	实施职业教育国家战略;增强职业教育利益相关者合作
巴基斯坦	68.22	建筑业、批发零售业等	政府的政策缺乏连续性;忽视劳动力技能的培养培训	扩大职业技能培训,完善管理制度,增加经费

注:根据《"一带一路"共建国家职业技术教育概览》整理;"投资存量"根据《2022年度中国对外直接投资统计公报》整理。

最后,文化距离对"素质首位职业能力"提出要求。"一带一路"共建国家的文化习俗已成为"一带一路"企业正常用工的主要困扰。来自全国工商联的调研结果显示,530家民营企业中,有49.1%的企业存在"中外员工之间因文化习俗差异造成相处与沟通方面障碍",29.1%的企业反映"当地员工因民族宗教、生活习惯、文化习俗方面的差异对企业正常生产活动造成影响"。当地员工反映在"一带一路"企业工作中的主要问题有:薪资待遇不好、工作时间过长、工作强度过大、休假时间过短,会因宗教习俗与企业的工作要求发生冲突,日常工作纪律过于严格等。① 这些问题不仅影响着中国企业在共建国家的投资、生产与经营,也有其深刻的文化根源。刘永松等将其归纳为东道国与母国之间的文化距离,即不同国家在思维模式、价值观念、行为规范及语言等方面的差异形成的文化距离,会导致雇佣者与员工之间产生认知冲突与矛盾,使员工无法与企业共命运、共发展。② 这类现象同样在高职院校与"一带一路"企业的合作模式中存在。

综上,高职院校对"一带一路"共建国家经济社会文化逻辑的认知缺位,正在导致供需双方对核心目标质量要素的错位认知,使人力资本未能体现同发展共命运的社会价值。

根源二,"一带一路"企业岗位能力的高级化趋向需要新型技能人才的支撑。高职院校的人力资本供给取决于"一带一路"企业的需求。访谈发现,"一带一路"企业对高职人才的能力需求正在趋向高级化。表 3-11 显示了受访企业相关岗位的招聘需求,从"一带一路"企业的人才需求和具体岗位职责中可见,其能力结构特征不同于还未"走出去"的企业,具体表现为三个方面:一是工作的空间区域和范围在扩大,已由国内延伸至国外;二是工作的任务弹性度在增强,与国内未开展对外直接投资的企业相比,以营销代表为例,同样需完成"客户开发和关系维护"任务,除了语言是必要的沟通工具外,完成任务的难度更大;三是技术的复杂程度在提升,以"售后服务工程师"为例,同样履行"设备故障维修,海外客户关系维护,配件计划提报等"岗位职责,能力要求的跨度覆盖了维修、施工和销售等大部分经济活动过程,但在"一带一路"共建国家的实习工作中,其综合程度更高、难度更大。

---

① 北京零点有数."一带一路"沿线中国民营企业现状调查研究报告[R]. 北京:中华全国工商业联合会,2019.
② 刘永松,段云龙,李银萍. 基于属性测度的高等教育国际化文化距离测度模型研究[J]. 云南财经大学学报,2018(3):101-112.

表 3-11　"一带一路"企业海外工作人才的岗位名称、职责与要求

受访者	职位名称	工作职责	任职要求
S1	海外营销代表	负责开拓海外市场、新客户开发和关系维护,海外代理商管理,企业品牌推广,销售谈判,合同签订等	大专以上学历;具有国际贸易或相近专业的实习工作经历者优先;能赴海外地区工作,责任心强,熟练掌握英语或法语,形象较好,能进行较好的沟通协调
S2	外文资料工程师	负责首饰产品英文技术手册编撰,海外企业往来文件翻译等	大专以上学历;具有英语专业翻译实习工作经历者优先;能赴海外地区工作,肯吃苦,形象气质良好,有一定英语笔译功底
S3	售后服务工程师	设备故障维修,海外客户关系维护,配件计划提报等	大专以上学历;具有机电专业实习工作经历者优先;能赴海外地区工作,责任心强,肯吃苦,能进行较好的沟通协调
S4	财务总监助理	负责海外地区市场调研,海外分公司财务管理与内审,协助公司预算与经济合同会签,团队建设等	大专以上学历;会计或投资理财专业;有相应专业的实习工作经历者优先;能赴海外地区工作,肯吃苦
S5	产品经理	负责出口合同的贸易条款审核,协调国内工厂生产与海外销售等	大专以上学历;国际贸易或货代相关专业;有相关专业的实习工作经历者优先;能赴海外地区工作,肯吃苦,能进行沟通协调

资料来源:根据调研资料整理。

以上"一带一路"企业中岗位能力的高级化趋向,体现了高职人才能力结构中专业知识应用与实践能力应用的复合化要求,不再是简单的操作技能,而是包括了设计实施方案并解决问题等在内的心智型实践能力。[①] 岗位能力的高级化趋向需要良好且持久的职业素质,以保证复杂问题的解决。因为职业素质反映了从业者对社会和所从事职业的热爱,涵盖职业道德、职业安全等观念意识及其相应的作风和行为习惯,既体现在职业活动中运用专业知识、职业技能的熟练程度和

[①]　徐国庆.中等职业教育的基础性转向:类型教育的视角[J].教育研究,2021(4):118-127.

综合职业能力的高低,也表现为有职业特点的思维方式,以及具有符合职业要求的道德行为和遵法守纪的习惯。[①]

对此,职业教育只有构建满足产业发展需求的人才教育体系,形成完整的人才结构,各行各业才能更好地运行,经济才能真正实现以"内循环"为主的"双循环"运行,进而有力地支持现代化目标的实现。[②]然而,从人力资本的分析框架出发,笔者发现高职院校供给侧在学生层面、课程建设层面、教师层面以及相应质量保证层面,服务共建"一带一路"高质量发展的高技能人才培养能力并不强。

其一,高职学生尚未具备"素质首位职业能力"和命运共同体的社会价值。从政策变革的视角看,技能人才的内涵与外延亟待迭代。从"一带一路"倡议的提出,到《中共中央关于制定国民经济和社会发展第十四个五年规划和二〇三五年远景目标的建议》明确提出"十四五"时期经济社会发展主要目标之一是"经济结构更加优化,创新能力显著提升,产业基础高级化、产业链现代化水平明显提高"[③],"一带一路"倡议赋予高职教育及人才规格一定的社会价值,不仅限于教育目的和经济目的,还承载着"责任、利益和命运共同体"的政策意义。产业基础高级化和产业链现代化需要新型的产业工人,国家倡议的政策视角也聚焦新型人力资本的培养,高技能人才是国家实现工业现代化的重要力量,是产业转型升级的内在动力,也是改善当前供需不平衡的有效途径。党的二十届三中全会再次指明"完善推进高质量共建'一带一路'机制",对职业教育培养高技能人才提出机制性要求。十多年来,国家政策体系对共建"一带一路"高质量发展所需的技能人才提出了新的需求定位,其不仅要精通境外工作岗位需求,具备应对更复杂

---

① 蒋乃平.职业素养训练是职业院校素质教育的重要特点[J].中国职业技术教育,2012(1):78-83.

② 徐国庆.中等职业教育的基础性转向[J].教育研究,2021(4):123-126.

③ 中共中央关于制定国民经济和社会发展第十四个五年规划和二〇三五年远景目标的建议[EB/OL].(2020-11-04)[2020-12-25].http://cpc.people.com.cn/n1/2020/1104/c64094-31917780.html.

更综合工作任务所需的足够知识与更高技能,还要具备与之相适应的高素养,承载与企业共建人类命运共同体的社会价值。

从学界研究和实践探索看,"素质首位职业能力"的缺位,正在导致以青年为主体的劳动力在就业取向上产生"离制造业"现象,与产业基础高级化和产业链现代化的人才需求相距甚远。① 许多学者较多地关注高职学生的职业素质,笔者在早期的一篇论文《试论高职生责任素质养成教育》中,反映了困扰高职学生发展的现状,主要表现为:对国家和社会的责任感亟待加强,自我责任认知与责任履行能力脱节,职业责任意识薄弱,法制和公德意识缺乏②,社会公德意识虽总体向好但与实际行动有差距,家庭责任意识有待增强。这和受访学生的感知趋于一致,一位在共建国家工作了三年现已离职的学生感叹:"一年有三分之二的时间不在国内,太苦了。"

其二,"强有力"的师资队伍尚未完全建立。教师强则教育强。一支能落实立德树人理念、充分胜任课程育人要求的"强师"队伍,是建设高质量职业教育的关键,更是培养新时代新型劳动者的关键。高职专业教师在人才培养方案中所占学时的分量彰显了其在职业教育高质量发展中立德树人的主体地位,而实践中专业教师的课程育人作用并未充分显现,通过课程对学生施加的德育影响也有限,一定程度上导致了高技能人才培养规格的欠缺。这主要受两个方面因素的影响。一方面,有效的"双师"数量不足。来自浙江省和山东省的调查数据显示,连同中职和高职院校在内的"双师型"教师比例与最新要求仍有一定差距,一些职业院校不足 10%。③ 客观地看这组数据后面的问题,会发现"双师型"教师认定标准并不一致,上述数据的采集基本以各校

---

① 刘金山.谁来当新时代的产业工人——产业基础高级化与产业链现代化的人才需求[J].青年探索,2021(1):69-77.

② 刘文霞.试论高职生责任素质养成教育[J].宁波大学学报(教育科学版),2014(4):116-120.

③ 孙诚,卢彩晨,韩倩.我国职业教育与培训体系建设现状及改革策略[J].职业技术教育,2018(34):6-12.

内部的自我认定为准,存在内涵不清、数据应付等现象。如何扩大真正有效的"双师"规模成为亟待解决的问题。另一方面,"双师"结构教师队伍的质量相对薄弱。由于高职院校本身对"双师"结构重要性的认知不足、边界模糊,以及引入和培养机制存在缺陷,这些都影响着"双师"结构师资队伍的质量。现有高职院校的教师招聘来源主要有两大部分,一部分是应届毕业生,他们专业理论强但实践能力弱;另一部分是企业人员,实践经历丰富但缺少高职教育的训练,科学研究的理论和素养相对薄弱。此外,高职院校本身将专业教师培养为"双师型"教师的渠道尚未形成体系,加之校企合作的疏离以及培养培训与教师考评机制的分离等各种因素,高水平的"双师"结构师资队伍很难建成,导致国际化服务能力相对薄弱。作为言传身教的专业教师,如果自身或教师团队都尚未具备"双师"素质和相应的职业素质,就很难培养出高素质的学生。

其三,有机融入职业素质教育的课程体系尚未构建。① 扬(Michael Young)在《知识与控制:教育社会学新探》中提出,所有课程本身都蕴含着价值观念,天然地带有思想政治教育的元素。课程本身具有的思想政治功能,明确要求高职专业教师不仅应传授知识与技能,还要关注学生价值观的形成和个性发展,整合"促进学生就业能力、智力发展和人格完善"②的课程功能。目前,以高职院校为主的各方办学主体对培养高职学生职业素质的重要性已基本达成共识,将职业素质融进了课程标准和人才培养方案,但在具体实施过程中,教学内容机械化和教学方法不得当的现象还是存在,主要表现为课程教学目标与课程实施的脱节,如在教学内容设计中,教师期望通过职业活动的设计培养学生的职业素质,但学生参与的职业活动可能并非真正意义上的工作过程,抑或是过时、不科学的工作过程,这类"伪职业活

---

① 许亚琼.职业素养:职业教育亟待关注的课程研究领域[J].职业技术教育,2009(19):48-51.
② 雷正光.职业教育课程的功能与发展研究[J].中国职业技术教育,2008(31):27-29.

动"现象与教师本身的知识结构与准入来源有一定关系。

其四,需求导向的内部质量保证体系尚未形成。20 世纪 80 年代中期,在质量管理思想的影响下,欧洲各国率先开始了高等教育质量保证体系建设,其后迅速扩展到美国、加拿大、澳大利亚等发达国家。20 世纪 90 年代后,高等教育质量保证体系建设在世界范围内形成热潮,至今,全球 200 多个国家和地区中绝大多数都建立了具有自身特点的体系。目前对"高等教育质量保证"较为权威的解释是英国 1991 年《高职教育改革白皮书》中的定义,包括三个方面:一是质量控制,指高职院校内部为维持和提高教育质量而实施的管理过程;二是质量审核,指为督促大学建立适当的质量控制体系而进行的外部检查;三是质量评估,指对学校教育质量所做的外部评价。构建教育质量内部保证体系以院校内部自评和审核为主,以外部评审、监控为保障。外部评审的监控者可以由国家有关部门、基金委员会和非官方的学术质量委员会等组成。监控的对象包括课程、教学计划、学科发展和教师的发展等。

在国际上,高等教育质量保证的理念被引入跨境教育来实行严格的质量控制标准。在国内,各界对保证教育质量的认识也在普遍提升,主要分为两种观念:第一种观念认为教育质量应与教育目标一致,离开了产品或服务的目的,质量就无从谈起。此观念认为教育是一个特殊的生产过程,生产合格的劳动力,学生是产品或产出,其实用价值在劳动力市场上得到体现。学生在劳动力市场的能力高低是衡量高职教育质量高低的一个标志。第二种观念认为教育质量在于满足消费者明确表达和隐含的需求。[1] 这个源自工业企业管理理论的解释得到教育界的认同并被付诸实践。国内高校在教育国际化进程中,较多应用质量控制来保证输出的质量。高职院校在内部质量保证体系建

---

[1] 中国质量协会,卓越国际质量科学研究院.卓越绩效评价准则实务[M].北京:中国标准出版社,2012.

设探索中，以自我质量保证为前提，要求所有的成员都需要对教育质量负责，并将质量控制的重点前移，预防为主，转变观念，围绕质量来开展各项工作①，确保提供的跨境高等教育质量与需求方相适切。通过对质量管理与探索实践的文献梳理，笔者发现仍然难以形成满足需求方的产品与服务质量，存在的主要问题不少。例如，在院校层面，重教学质量轻教育质量，重理论教学质量轻实践教学质量，重教轻学，重结果轻过程，重管理轻文化等。在宏观监管方面，我国高职院校境外办学的质量保证政策体系尚不明确，监管工作只能依靠教育部国际合作与交流司来进行，对境外办学质量的监控效果有限，办学活动还不够规范，质量监督和监管体系还有待完善。

可见，建立透明、清晰的质量保证体系，避免高校的境外办学陷入无序竞争，是跨境教育质量保障的关键。如今，在高职院校与"一带一路"企业合作中，需求导向的质量保证体系尚未形成，这成为影响核心目标供给错位的因素之一。

二、供需关系失衡：市场预测与评价的缺位

（一）供需关系的调查结果

供需侧调研结果显示，供需关系失衡中，不但规模供需不足，而且结构供需错位。对于规模供需不足的现象，需求侧的中国企业在"一带一路"共建国家巨大的市场需求和发展潜力的吸引下，投资规模与盈利能力持续攀升，对高素质技术技能人才提出了更大规模的数量需求，但是高职院校的人才供给不够充分。

对于结构供需错位的表现，需求侧的"一带一路"企业投资行业主要分布于制造业，其次为批发零售业。制造产业主要涉及装备制造、轻工纺织、能源动力与材料专业大类，投资流向主要为越南、印度尼西

---

① 廖毅芳."客户满意"视野下的广东省高职教育质量保证体系研究［J］.广州职业教育论坛，2013(3)：4-9.

亚、新加坡、泰国、马来西亚等,批发和零售业主要流向新加坡,交通运输/仓储和邮政业主要流向老挝和新加坡,信息传输、软件和信息技术服务业主要流向新加坡等。同时,企业希望能稳定地供给与第三产业对应的财经商贸、电子信息和交通运输专业大类。而与之对应的高职院校的专业供给中,存在着高职教育发展区域的不均衡,即使是在教育强省,高职院校服务第三产业的专业大类设置数也明显高于服务第二产业的专业大类设置数,与"一带一路"企业的行业分布及所在母国的行业分布存在供需错位。

(二)供需失衡的根源讨论

在高职院校与"一带一路"企业的跨境合作中,供求双方在结构上出现供需失衡,除合作的核心目标之外,高职院校服务"一带一路"企业的结构性有效供给不足。[①] 结构性问题需要追寻机制性根由。实践中,高职院校的专业设置落后于市场需求,有教育的滞后性问题,更主要的仍是产教融合的艰难,使职业教育供给侧缺乏基于市场需求的预测机制和科学的专业设置评价机制。

根源一:缺乏以需求预测为核心的专业动态调整机制。供需结构的失衡现象,倒逼高职院校动态调整专业设置。国家对专业目录的多次调整是自上而下的专业设置制度的变迁,如果要真正发挥其作用并落在各个高校的改革实践中,势必还要建立自下而上的动态调整机制。但实践中,专业动态调整机制的需求传导路径尚未形成。需求决定供给,对高职院校而言,来自市场的行业需求变化是专业设置与调整的前提与基础。一方面,产生需求的主体——企业时刻处于产业快速发展的市场经济之中,其需求的复杂性和商业性不言而喻,市场主体对行业变化的结构性需求,通过政策要求以及教育端的主动调研等途径得以反馈,但高等教育的专业调整涉及多方利益,需教育管理机

---

① 叶忠.略论教育的有效供给[J].教育评论,2000(3):17-20.

构审核,教育治理和市场调控机制的局限性,使市场很难成为独立的需求主体,并发挥应有的调节作用,难以实现经济界与教育界的无障碍沟通。另一方面,供给侧的高职院校对专业调整存在路径依赖。我国的高职院校以公办为主,以生均拨款为主要经费来源方式,涉及多方利益,这样的管理模式决定了高职院校在资源竞争中会倾向于办学积累厚、师资力量强、科研成果丰的专业,而那些市场需求旺盛的专业,却因为积淀少而未能得到及时设置或调整。加之,高职院校薄弱的市场信息感知能力,使其无法精准预测未来几年的人才需求。具体到"一带一路"企业与高职院校的合作中,企业的很多市场需求行为外移,无疑增加了高校所属相关教育主管部门与商务部、发展和改革委员会等跨部门之间实时沟通的难度,由此带来人力资本需求及校企合作等信息的滞后性、失真性与片面性,与专业设置培养固有的学制时长等教育规律产生冲突,导致专业调整设置与市场需求的脱节。

根源二:缺乏以市场评价为核心的专业统筹与规划。高职院校的专业设置以中长期规划为引领,通过若干年的建设形成专业或专业群的优势整合与资源集聚,以实现院校建设目标。实践中,一定时期内专业建设优劣的评价主要依托专业考核。但由于专业考核主体和结果的失灵,使专业规划和专业人才结构难以真正被社会认可。一是专业考核主体缺乏对经济社会和教育培养的系统研究与预测。以上级主管部门为参与主体的专业建设考核,调控方式以单一的行政意志为指导,加之对利益共同体内高职院校的维护偏好,容易出现违背高职教育内生规律的现象。企业或行业也会作为专业规划建设的参与者之一,但由于利益目标不同、合作的深度不足等原因,使真正消费高职教育产品的经济主体在专业规划和专业调整中作用不大。二是专业考核结果遭遇体制内"和谐"困境。按预想,院校应根据专业考核结果,建立专业新增和退出的调整机制,以专业与区域产业的匹配度为原则,淘汰低水平专业,强化优势特色专业。实际上,高职院校的专业考核多以自我评价方式进行,按照约定,应根据考核结果对不合格的专业予以撤销,对优秀的专业增加招生指标等。但由于院校在招生时往往受制于大环境的影响,大多采用平均主义,导致一些专业哪怕就业形势不好,但受高职院校科层体制管理的"保护",最终停招停办的专业难以落地执行的现象比比皆是。加之,我国高职院校专业规划与专业调整设置采用报备审批制度,管理部门的直接干预也在一定程度上导致专业评价失灵。

可见,专业动态调整机制和专业评价机制的失灵,使高职院校的专业结构供给不仅跟不上"一带一路"企业的行业发展需求,也使企业遭遇的人才结构风险愈加严重。

其一,"一带一路"企业投资最密集的制造类行业,遭遇的人才结构风险甚大。"一带一路"企业的投资行业分布中,制造业为主,服务业次之,两类行业都面临人才的结构性困扰。根据北京零点有数在2019年对917家参与"'一带一路'沿线中资民营企业现状问卷调查"后形成的《"一带一路"沿线中国民营企业现状调查研究报告》数据,"一带一路"企业对"人才结构风险"的整体感知度较高,人才结构风险的感知正在困扰着企业的生产经营发展。其中,装备制造行业对"人才结构风险"的感知度尤为突出,位于八类投资行业中的第二位。

其二,"一带一路"企业投资集聚的境外经贸合作区,遭遇专业供给的结构性风险。境外经济贸易合作区作为"一带一路"企业跨境投资的主要形态,顺应全球产业链调整和中国产业转型升级的要求,依托园区在成本控制、基础设施、产业集聚、市场辐射、风险防范和权益维护等方面的比较优势,帮助中国企业有效开拓国际市场、深度参与全球产业分工和合作,同时带动国内装备、原材料、中间品、标准和服务"走出去"。其已成为企业集群式"走出去"的重要平台、拓展外贸出口的有效渠道、跨境产业链合作的重要载体和深化多双边经贸合作的重要抓手,在共建"一带一路"高质量发展中发挥着重要的作用。

商务部《中国对外投资发展报告 2023》显示,截至 2023 年底,纳入商务部统计的境外经贸合作区超过 100 家,分布在 49 个国家,累计投资超 750 亿美元,入区企业超过 7000 家,其中九成以上合作区分布在"一带一路"共建国家。表 3-12 显示,在国家级境外经贸合作区中,产业布局以制造业和商贸物流为主,辅以少量的农业。产业形态上,劳动密集型的加工制造型园区的占比最高,能源、金融、医疗、物流、金属、旅游、交通、公用事业等行业有所涉及但占比不大。按专业大类对应产业的基本原则,高职专业大类应主要集中在装备制造大类,其次为财经商贸大类,农林牧渔大类为辅。而实际上,中国高职院校海外分校的专业布局同样存在同质性和精准性不够的情况。根据笔者数据收集情况,截至 2023 年底,中国高职院校在共建国家设立了 50 多所海外分校等跨境机构,主要分布在泰国、马来西亚和柬埔寨等国家(见表 3-13)。通过梳理每所建立海外分校的高职院校的专业设置情况发现,以财经商贸类专业设置居多,有重复设置现象,也有布点多而不强和少而不精并存的现象[①],结构性问题已不容忽视。

表 3-12　国家级境外经贸合作区的行业分布情况

设立年份	园区名称	主要分布行业	对应专业大类	投资企业名称
2003	乌兹别克斯坦鹏盛工业园	瓷砖、制革、制鞋、水龙头阀门、卫浴、宠物食品和肠衣制品,种子育种与改良、花卉苗木、畜牧业、现代设施农业	装备制造、财经商贸、农林牧渔	温州市金盛贸易有限公司
2004	华信中俄现代农业产业合作区	农业养殖、农产品加工、物流、养殖等	农林牧渔	黑龙江东宁华信经济贸易有限责任公司
2005	泰中罗勇工业园	汽摩配及零配件、机械制造、光伏、电子等制造业	装备制造、财经商贸	中国华立集团与泰国安美德集团
2006	巴基斯坦海尔—鲁巴经济区	家电、纺织、建材、汽车、农机等产业及配套	装备制造、财经商贸	海尔集团与巴基斯坦鲁巴集团

---

① 朱永祥,程江平,麻来军.人才供给视角下浙江省高职专业布局的实证分析[J].中国职业技术教育,2021(5):46-55.

续表

设立年份	园区名称	主要分布行业	对应专业大类	投资企业名称
2006	俄罗斯乌苏里斯克经贸合作区	轻工业、机电、木业、制鞋、服装、建材、食品、汽车配件等	装备制造、财经商贸、电子信息	康吉国际投资有限公司
2007	越南龙江工业园	电子、电气类产品、机械、木制品、轻工业、建材、食品、生物制药业、农林产品加工、橡胶、包装、化妆品、纸业、新材料、人造纤维等	装备制造、财经商贸、电子信息	中国浙江前江投资管理有限责任公司
2007	赞比亚中国经济贸易合作区	商贸、物流、加工、房地产等	财经商贸	中国有色集团
2007	尼日利亚莱基自贸区	生产制造、商贸物流、石油天然气等行业	以装备制造、财经商贸为主	中铁股份有限公司、中非发展基金有限公司、中非莱基投资有限公司
2008	柬埔寨西哈努克港经济特区	纺织服装、箱包皮具、五金机械、木业制品等为主，后期引入机械、装备、建材等产业	以装备制造、财经商贸为主	江苏太湖柬埔寨国际经济合作区投资有限公司
2008	中埃·泰达苏伊士经贸合作区（中东及非洲）	加工制造、物流、保税、技术开发、商贸和现代服务，现已形成包括石油装备、高低压电器、纺织服装、新型建材和机械制造在内的五大产业园区	以装备制造、财经商贸、交通运输为主	天津泰达控股和中非基金
2008	中国印尼经贸合作区	集工业生产、仓储、贸易于一体的国家级综合工业园区	装备制造、财经商贸	广西农垦集团有限责任公司与印尼布米巴拉巴汽车装配公司
2008	埃塞俄比亚东方工业园	纺织服装、建材、日用轻工、金属制品等	装备制造、财经商贸	江苏永元投资有限公司全资设立的东方工业园有限公司
2008	中俄托木斯克木材工贸合作区	森林资源开发、加工板材、家具、纸浆等	装备制造、财经商贸、农林牧渔	中航林业有限公司

续表

设立年份	园区名称	主要分布行业	对应专业大类	投资企业名称
2011	中国印度尼西亚聚龙农业产业合作区	主导产业定位为油棕种植开发、棕榈油初加工、精炼与分提、品牌油包装生产、油脂化工(脂肪酸、甘油及衍生品生产)及生物柴油提炼等,同时配套发展仓储、物流等产业	农林牧渔、财经商贸	天津聚龙嘉华投资集团有限公司全资子公司天津市邦柱贸易有限责任公司
2011	万象赛色塔综合开发区	农副产品加工、纺织服装、五金建材、机械制造、清洁能源生产、物流商贸以及科技创新等	装备制造、财经商贸、电子信息	云南省建设投资控股集团有限公司的海外投资平台——云南省海外投资有限公司与老挝万象市政府
2011	中欧商贸物流合作园区	产品展示、商贸、物流	以财经商贸为主	山东帝豪国际投资有限公司
2013	马中关丹产业园	以钢铁、轮胎、玻璃、铝型材等制造业为主	装备制造、财经商贸	由中国和马来西亚(中马)双方牵头企业在马成立合资公司作为产业园开发主体
2013	海信南非工业园	家电、电子、电器	装备制造、财经商贸	海信和中非基金共同投资
2013	俄罗斯龙跃林业经贸合作区	森林资源开发、木材采伐、精深加工等	农林牧渔	牡丹江市龙跃经贸有限公司
2015	中国印尼综合产业园区青山园区	不锈钢产业,从上游原料镍矿开采、镍铁冶炼、不锈钢冶炼,到下游棒线板材加工、钢管制造、精线加工及码头运输、国际贸易等环节已形成完整产业链	农林牧渔、装备制造、财经商贸	上海鼎盛集团为第一大股东的青山控股集团
2016	吉尔吉斯斯坦亚洲之星农业产业合作区(中亚)	畜禽养殖屠宰加工、食品深加工、国际贸易物流的全产业链	农林牧渔、财经商贸	亚洲之星股份有限公司、河南贵友实业集团

续表

设立年份	园区名称	主要分布行业	对应专业大类	投资企业名称
2016	中国匈牙利宝思德经贸合作区	化工、生物化工、物流、轻工业及机械等	装备制造、财经商贸	万华实业集团
2017	白俄罗斯中白工业园	机械制造、电子信息、精细化工	装备制造、财经商贸、电子信息	国机集团、招商局集团

资料来源：根据中华人民共和国商务部官网和相关企业官网的信息整理。

表 3-13　中国高职院校建立海外分校及专业设置概况

高职院校	海外分校	对应专业类别	共建国家	合作方或跟随企业
北京信息职业技术学院	埃中应用技术学院	电子信息技术、机电通信技术等	埃及	埃及慈善基金会（MEK）和埃及苏伊士运河大学（SCU）
北京农业职业学院	北京农业职业学院泰国分院	园艺技术、农林类	泰国	泰国北部、中部农业职业教育中心、披集农业技术学院和唐风国际教育集团、泰国信武里农业技术学院、泰国南奔农业技术学院
福州职业技术学院	福州职业技术学院马来西亚分校	计算机类等	马来西亚	马来西亚 ISBAUK 学院
泉州职业技术大学	马来西亚海丝学院	电商、服装设计与工艺美术	马来西亚	玛拉工艺大学
福建信息职业技术学院	泰中国际学院	物流管理等	泰国	曼谷职业教育中心等
顺德职业技术学院	顺峰烹饪学院	烹饪、旅游等	马来西亚	马来西亚 UCSI 大学
深圳职业技术大学	普罗夫迪夫大学—深圳职业技术大学职业教育培训中心	信息技术、电信类	保加利亚	保加利亚普罗夫迪夫大学、华为公司
广东农工商职业技术学院	泰国学习中心、柬埔寨学习中心	企业管理等	泰国、柬埔寨	广垦橡胶集团

续表

高职院校	海外分校	对应专业类别	共建国家	合作方或跟随企业
广州铁路职业技术学院	亚欧高铁合作学院	交通技术、电气自动化技术等	白俄罗斯	白俄罗斯国立交通大学
柳州铁道职业技术学院	泰中轨道交通学院	轨道技术类	泰国	泰国东北皇家理工大学
柳州城市职业学院	印尼中上汽通用五菱汽车教育培训基地	汽车制造类	印度尼西亚	上汽通用五菱印尼汽车有限公司、印尼西卡朗西部国立第一职业学校
海南职业技术学院	海南职业技术学院尼泊尔分校	酒店管理等旅游类	尼泊尔	—
河北软件职业技术学院	冲之学院	中国传统文化	泰国	泰国吞武里商业学院、泰国教育部职业教育委员会曼谷职业教育中心、唐风国际教育集团
唐山工业职业技术学院	中马国际教育学院	轨道交通技术等	马来西亚	马来西亚卓越汽修学院
	中铁高铁国际学院	轨道交通技术等	泰国	泰国那空那技术学院
黄河水利职业技术学院	赞比亚大禹学院	工程技术	赞比亚	中国电建集团
江苏海事职业技术学院	几内亚江苏海院韦立船员学院	船舶技术等	几内亚	中国赢联盟、几内亚技术教育和职业培训部
无锡商业职业技术学院	柬埔寨西哈努克港工商学院	财经商贸类	柬埔寨	红豆集团
常州工程职业技术学院	缅中友好职业技术学院分校	工程类	缅甸	江苏贝德服装集团、江苏国泰汉帛实业发展有限公司、利嘉国际建筑安装工程有限公司等
无锡职业技术学院	宁朗(泰国)公司人才培养基地	商贸财经类	泰国	宁朗(泰国)有限公司
	德龙印尼学院	机电类	印度尼西亚	江苏德龙镍业有限公司

续表

高职院校	海外分校	对应专业类别	共建国家	合作方或跟随企业
常州工业职业技术学院	常州工业职业技术学院印尼泗水学院	现代装备制造	印尼	印尼 UNTAG 大学
南京工业职业技术大学	中国—赞比亚职业技术学院	机电类	赞比亚	谦比希铜冶炼厂、中色非洲矿业有限公司等企业
	柬华应用科技大学	网络工程技术等	柬埔寨	柬埔寨柬华理事总会
淄博职业技术学院	中国淄博职业学院—柬埔寨职业教育中心	汉语教学等	柬埔寨	淄博职教集团
山东理工职业学院	孔子六艺学堂	汉语教学等	泰国	泰国曼谷职业教育中心、泰国皇家制金学院、泰国廊曼技术学院、唐风汉语教育科技有限公司
山东科技职业学院	东非(乌干达)国际学院	工贸、畜牧等	乌干达	乌干达阳光地带印染有限公司
山东畜牧兽医职业学院	中巴畜牧职业技术学院	畜牧和渔业	巴基斯坦	贝布托畜牧兽医大学
	山东畜牧兽医职业学院坦桑尼亚海外分校	畜牧和渔业	坦桑尼亚	坦桑尼亚畜牧和渔业部畜牧培训中心
大连职业技术学院	金边计算机应用产业"墨子工坊"产业学院	计算机类	柬埔寨	金边皇家大学、柬埔寨江苏总商会
天津渤海职业技术学院	鲁班工坊	新能源汽车、仿生机器人、机电一体化、数控技术等	泰国	当地中资企业
重庆城市管理职业学院	柬埔寨经济管理大学职业教育中心	武术、刺绣、书法等	柬埔寨	柬埔寨行业企业
重庆电子工程职业学院	重庆电子工程职业学院老挝丝路学院	人工智能、大数据等	老挝、泰国	老挝教育厅、亚龙智能装备集团有限公司

续表

高职院校	海外分校	对应专业类别	共建国家	合作方或跟随企业
成都航空职业技术学院	加蓬鲁班工坊	机械加工、焊接工程、电气与电子工程、汽车维修、航空服务	加蓬	中航国际成套设备有限公司、加蓬恩考克职业教育和培训中心
宁波职业技术学院	中贝丝路学院	旅游、财经	贝宁	浙江天时国际经济技术合作有限公司
	中斯丝路学院	机械制造、旅游管理	斯里兰卡	斯里兰卡职业技术大学
浙江金融职业学院	柬创院国际教育中心	电子商务等	柬埔寨	中资企业
温州职业技术学院	中柬丝路学院	电子信息、工业自动化、机械制造、建筑工程等	柬埔寨	亚龙智能装备集团股份有限公司
江西应用技术职业学院	江西应用技术职业学院巴基斯坦海外分校"中巴国土资源学院"	国土资源、矿产勘探	巴基斯坦	北京唐风汉语教育科技有限公司、巴基斯坦信德省技术教育和职业培训局、拉卡纳省立技术学院
湖南铁道职业技术学院	"一带一路"产业学院和海外分校	机电类	马来西亚	中车株洲电力机车有限公司
浙江交通职业技术学院	浙江交通海外丝路学院	道路交通	喀麦隆 柬埔寨	浙江交工集团股份有限公司等
	老挝占巴色丝路交通学院	道路交通	老挝	浙江交工集团股份有限公司等
金华职业技术学院	卢旺达穆桑泽国际学院	酒店管理、通信网络与设备、汽车检测与维修	卢旺达	区域内"走出去"企业
浙江经贸职业技术学院	泰中罗勇丝路学院	财经商贸类、电子信息、装备制造	泰国	华立集团等
	康博丝路学院	财经商贸类	马来西亚	华立集团、"走出去"中资企业
	中乌经贸丝路学院	财经商贸类	乌克兰	乌克兰利沃夫经贸大学
	中菲经贸丝路学院	财经商贸类	菲律宾	菲律宾永恒大学、菲律宾百盛集团

续表

高职院校	海外分校	对应专业类别	共建国家	合作方或跟随企业
浙江机电职业技术学院	浙江丝路学院（泰国罗勇）	财经商贸类、电子信息	泰国	泰国罗勇工业园内中资企业
浙江纺织职业技术学院	中罗丝路工匠学院	服装设计、工业机器人、美妆等	罗马尼亚	联合当地企业（含中资企业）
杭州职业技术学院	中非丝路学院	装备制造	尼日利亚	海兴电力公司、西奥电梯、达利女装、友嘉集团等
浙江建设职业技术学院	中菲"一带一路"建筑技能人才丝路学院	土木建筑	菲律宾	国内和亚太地区建筑职教院校、企业和行业组织
浙江经济职业技术学院	马来西亚鲁班工坊	财经商贸	马来西亚	物产中大集团等中资企业
浙江旅游职业学院	中俄旅游学院	旅游、教育与体育	俄罗斯	"走出去"旅游企业
	中塞旅游学院	旅游、教育与体育	塞尔维亚	"走出去"旅游企业
	中意厨艺学院	旅游、教育与体育	意大利	意大利职业厨师协会、中意美食新丝路烹饪教育联盟
	西班牙中餐学院	旅游、财经商贸	西班牙	"走出去"旅游企业
浙江商业职业技术学院	中尼商学院	旅游、财经商贸	尼泊尔	浙江交工集团有限公司、海外校友会、国际商科职教联盟、省侨联等
温州科技职业学院	乌兹别克斯坦鹏盛丝路学院	农林类	乌兹别克斯坦	温州市金盛贸易有限公司、温州市农业科学研究院
义乌工商职业技术学院	马来西亚义乌丝路学院	财经商贸类	马来西亚	马来西亚直销分销协会（MDDA）
湖州职业技术学院	"长三角（湖州）丝路学院"安哥拉分院	教育类	安哥拉	浙江永达实业集团安哥拉公司和几内亚比绍基地、华人商会、湖州跨国企业

注：以上数据截至 2023 年底。

资料来源：根据每所院校年度质量年报和企业年报整理，获取资料可能不尽全面。

以浙江省为例。浙江省级境外经贸合作区建设与高职院校设立海外分校的规模逐步扩大，但行业分布与专业供给的结构性问题不容忽视。截至2022年底，省级以上境外经贸合作区的数量达18家，其中民营企业主导开发建设的园区15家，分布于13个国家（地区）。2022年，新认定印尼OBI产业园、迪拜义乌中国小商品城2家省级境外经贸合作区，全球布局进一步扩大。18家境外经贸合作园区共吸纳约1100家企业入驻，其中中资控股企业530余家。境外经贸合作区的行业分布，以加工制造为主，涵盖了商贸物流、农业和资源等行业。对应浙江省高职院校服务"一带一路"建设开展跨境合作的情况，发现也存在专业供给的结构性问题。在表3-13中，浙江省高职院校随同企业在"一带一路"共建国家设立了多所海外分校，其中专业类别以财经商贸类和装备类专业为主。省内开设制造装备类专业的高职院校以浙江交通职业技术学院、浙江建设职业技术学院等为主，2022年浙江省面向普高的招生专业人数中，装备制造大类招生数为4903人，仅占招生总人数的9.8%。面对省内日益增长的制造类产业需求，以及浙江企业赴共建国家的制造类行业分布的增多，高职院校供给的制造类高技能人才无法满足企业的多样化需求，也难以形成与"一带一路"企业国际化发展相适应的专业供给机制。

三、合作机制不畅：认知管制技术的缺位

（一）合作运行的调查结果

前述调研结果显示，高职院校与"一带一路"企业的合作运行存在供需失衡问题。运行主体供需中，尽管供需双方都主张由校、企、政、行共同参与合作培养新型人力资本，但东道国政府的参与积极性并不高。运行形式的供需中，以人员和项目跨境合作为主要表现形式的产品合作和组织合作是主体，缺乏以机构跨境合作为代表的产权合作。运行保障支持的供给严重不足，不但缺乏由政府提供的制度、政策、经

费和信息等支持,也缺乏来自行业组织的协调、沟通和标准等服务,尤其缺乏东道国、企业和高职院校之间的信息对接。同时,合作主体要素之间的协调支持机制也不够健全,包括管理监管、沟通推进、激励保障等多层级支持体系的缺失。随着数字经济的高速发展,在高职院校与"一带一路"企业的合作中,校企跨境模式更加注重线上的教育教学与沟通,对高职院校的在线教育水平及教育教学资源的供给提出了更高质量的需求。

(二)运行失衡的根源讨论

四螺旋理论揭示,高职院校与"一带一路"企业之间能否形成稳定的合作运行机制,取决于地校企跨境合作网络内组织要素能否发挥独立和联结功能。如果组织要素的功能未能充分发挥,则知识技能在组织要素之间难以纵横自由地运行和螺旋上升,合作网络也就无法发挥螺旋式运行效益。因此,运行失衡的原因应从组织运行中寻找。杨钋在《技能形成与区域创新》一书中提出,校企合作网络中组织有效运行并得到实践认可的前提是校企合作网络内组织的合法性存在。这是组织生存的基础,包括管制合法性、技术合法性和认知合法性。[1] 这些合法性主要来自利益相关者,既有可能来自组织内部也有可能来自组织外部,包括管制合法性、技术合法性和认知合法性。管制合法性包括对组织模式、行为准则和组织结构进行规范性支持,管制主要来源于上级机构、经费提供者和资格证书的颁发者。技术合法性包括对组织的核心技术和标准的规范,如人员的任职资格、工作内容、程序和质量保证等,其主要来自专业组织、知识分子、行业、公众及媒体等。[2] 认知合法性指对组织的价值、信念、结构、程序或文化等广为认同,其主要来自组织内外部所有的利益相关者。由此类推高职院校与"一带一路"企业的合作,管制、技术和认知的缺位正在导致组织网络的运行失

---

[1]　杨钋.技能形成与区域创新[M].北京:社会科学文献出版社,2020.
[2]　杨钋.技能形成与区域创新[M].北京:社会科学文献出版社,2020.

衡。这也是中国高职教育伴随"走出去"企业服务"一带一路"建设十多年来面临的困厄。

根源一:组织运行的管制缺位。

结合上述概念,管制合法性包括对组织模式、行为准则和组织结构的规范性支持,其主要来源于上级机构、经费提供者和资格证书的颁发者。在高职院校和"一带一路"企业的校企合作中,来源于上级机构的管制包括制度供给、经费供给,以及信息供给等。管制的缺位主要体现为政策的不完善、经费的不充足和信息的不对称。

首先,政策缺位。一是政策执行的缺位。高职院校与"一带一路"企业的合作模式涉及的政策内容广泛,有校企合作方面、产教融合方面,还有教育国际化等方面。2022 年 5 月 1 日,新修订的《中华人民共和国职业教育法》开始实施,从法律上对校企合作做出明确规定,如第四条"坚持产教融合、校企合作",第四十条"职业学校、职业培训机构实施职业教育应当注重产教融合,实行校企合作",但实际上,校企合作的过程仍然起起伏伏,由于参与合作的各方在组织场域里有特定的制度逻辑,形塑而成各自的交易行为和运作机制,企业参与校企合作的积极性并不是很理想。这与当前国家对产教融合、校企合作的系统化推进并不相称。在高职院校与"一带一路"企业的合作模式中,各方主体间存在冲突、竞争、共生、融合等多种交互关系。如果处理不当,会引起不恰当的纠纷,进而形成更为复杂的组织间合作关系[1],"一带一路"企业正在遭遇比国内更为复杂的制度性困扰,如工伤问题经常被模糊化处理,工作场所随意性大,境外意外保险缺失等,参与主体亟须各条主管政策上的支持。二是政策层级的断裂。目前,针对校企合作进行地方性保护立法的省市不多。浙江省宁波市在 2009 年出台实施了《职业教育校企合作办法》,河南省于 2012 年颁布了《河南省职业教育校企合作促进办法(试行)》,江苏省也有实践。这些地方性政策

---

① 王涛.组织跨界融合:结构、关系与治理[J].经济管理,2022(4):193-208.

的制定,对于受制于地方财政的高职院校来讲十分重要,是这些省市校企合作向好发展的重要制度支撑。但是,类似的政策在校企合作发展较好的其他区域不一定会实施,会出现政策断层。

其次,经费缺位。目前,我国现有经济体制下的校企合作主要依靠购买企业的校企合作服务,或是与企业进行资源的对等交换和资源共享的策略。而在高职院校与"一带一路"企业的合作中,高职院校不仅要支付学生的相关费用,还要对教师的出入境及相关培训进行跨境支付,经费供给明显不足。以访谈案例的 A2 为例,高职院校存在"教师赴共建国家定期开展培训的人力成本支出超过国内的两倍,为鼓励项目持续运行,高校不仅提供出境教师补助,还对该教师的家属进行相应的补贴"。但实际上院校可使用的经费少且不可持续。

在经费供给方面,面对高风险且需担负起使命责任的校企跨境合作,合作主体以公办高职院校为主,财政性教育经费的投入是最主要的经费来源,但其投入机制并不稳定。如表 3-14 所示,根据 2021 年、2022 年和 2023 年全国各省职业教育质量年度报告"政策落实表"数据,虽然国家财政性教育经费对高职院校的投入有所增长,但各省高等职业教育财政性经费的投入差异依然明显。与 2021 年相比,2022 年有 24 个省份的高职院校生均财政拨款水平有所提升,有 7 个省份下降,东西部之间也有差异。高等职业教育经费总投入为 3392 亿元,占高等教育阶段教育经费的 20.69%[①],职业教育财政性教育经费在同级教育中占比少,呈现逐年差距拉大的态势。而且,财政性教育经费投入的增长力度滞后于高职学生规模的增长速度,社会力量的多元投入机制也尚未形成。

---

①　中国教育科学研究院.2023 中国职业教育质量年度报告[M].北京:高等教育出版社,2023.

表 3-14　全国各地 2020—2022 年高职学生生均财政拨款水平

单位:元

省份		2020 年生均财政拨款水平	2021 年生均财政拨款水平	2022 年生均一般公共预算教育经费	省份		2020 年生均财政拨款水平	2021 年生均财政拨款水平	2022 年生均一般公共预算教育经费
东部地区	北京	62292	67514	68328	西部地区	内蒙古	13033	18071	18421
	天津	14165	14097	15838		广西	12987	12938	12705
	河北	14548	16653	15169		重庆	12096	12936	15636
	上海	14356	14074	39105		四川	16430	16671	17905
	江苏	18490	18670	18546		贵州	13209	14411	17283
	浙江	16982	19045	19730		云南	15317	18810	13548
	福建	15029	14819	15514		西藏	27631	40589	52507
	山东	12861	11564	15487		陕西	13070	10481	14152
	广东	22122	19597	20135		甘肃	14004	13427	16437
	海南	18574	19588	18860		青海	39362	37140	36493
中部地区	山西	12040	11917	16328		宁夏	17466	17827	22117
	安徽	13709	12921	15209		新疆	23966	13984	17906
	江西	12000	12000	13906		新疆生产建设兵团	69934	569395	—
	河南	12987	10400	12376	东北地区	辽宁	11106	11761	13732
	湖北	12380	12025	13632		吉林	15141	15086	16765
	湖南	13992	14185	13514		黑龙江	15800	12162	15346

资料来源:根据 2022 年和 2023 年《中国职业教育质量年度报告》整理。

　　最后,信息缺位。主要表现为信息供给主体的不足和有效的信息供给机制不健全。目前,与"一带一路"企业合作的相关研究平台已初步建立,不但数量有增长,类型也不断丰富。2021 年,相关的国际合作科研平台数增至 368 个,由功能单一的人才培养和人文交流平台,逐步拓展到功能多样的技术研发平台、产教融合协同创新平台、职业教育研究中心等类型,如湖南生物机电职业技术学院在菲律宾成立杂交水稻协同创新中心。但仍以本科院校居多,与高职院校跨境合作相适应的合作平台数量不足且功能还不够完善。商务部门持续为"走出去"企业提供业务指导和信息支持,但仅面向企业且有效信息不多。

对高职院校而言,始终缺乏赴东道国办学所需的全方位信息,包括中外合作政策、当地企业赴境外投资的行业分布,以及人力资本需求等。合作所需的这些信息,主要掌握在商务部门和经济部门手中;对企业而言,始终缺少校企合作所需的全方位信息,包括与行业相匹配的高职专业分布、人力资源供给及政策支持等,掌握这些信息的机构以教育部门为主;对政府而言,缺乏跨部门之间的信息共享。总之,支撑组织网络有效运行的信息流需要跨部门实时输送,此类信息传导机制尚未形成,成为共建"一带一路"高质量发展中,培养新型技能人才的卡点堵点。

根源二:组织运行的技术缺位。

技术合法性主要来自专业组织、知识分子、行业、公众及媒体等。[①]在高职院校和"一带一路"企业的校企合作中,技术缺位主要体现为质量监管与评价考核的不足。通过前述案例访谈与分析可以发现,职教出海中存在一些非正常现象:一个东道国或一个区域内多个高职院校扎堆合作挂牌,引发"一带一路"企业的非理性合作;或者多个高校争抢优质留学生,出现抬高留学生招生资助额度甚至免费留学的亏本竞争现象。可见,网络组织的有效运行所需要的质量监管标准与规范、合作模式的标准与规范及合作主体的评价考核标准等技术支持的缺位,导致了上述情况的出现。目前,全国1400多所高校均向社会公布了国际影响力和社会服务能力的数据,也在评选"全国50强或100强"院校,但评选考核结果的运用与影响却并不清晰。

根源三:组织运行的认知缺位。

认知合法性是指组织的价值、信念、结构、程序或文化等获得广泛认同,其主要来自组织内外所有的利益相关者。"认知是行动的先行",在高职院校和"一带一路"企业的校企合作中,认知缺位体现在网

---

①　杨钋.技能形成与区域创新[M].北京:社会科学文献出版社,2020.

络组织的各主体的认知偏差中。

企业的经济属性限制了企业对校企合作的长远认知。"一带一路"企业是否需要通过校企合作培养人力资源的认知,受到自身投资动机的影响,也受到所在区域对高技能人才的需求状况、东道国与母国政府对投资区域的产业政策与基础设施等因素的影响。从受访企业的"走出去"动因看,"降低成本"和"扩张市场"是主要动因,而企业参与跨境校企合作属于高成本合作,如果前期没有合作基础,对企业来说,在以劳动密集型为主的共建国家中开展投资,按当地政府对本土用工的政策要求,尽管企业会面临不少雇工风险,但在认知层面也就不会那么长远了。

治理体制无法有效激发高职院校与企业深度合作的生存性认知。在我国现有的高职院校中,公办院校占主体,由于高等教育的准公共产品性质,其办学资金由国家财政拨款,无生存之虑。在现行管理体制下,一套完整严密的科层管理体制几乎全盘套用在高校治理体系内。尽管一些区域已有创新行为,如浙江省宁波市教育系统每年度对高职院校办学绩效开展一次考核,以考核结果牵引经费划拨。弱激励下,高职院校进行跨境合作的决策时,面对这项高成本和高风险的组织间合作行为,不可避免地呈现认知弱化。

行业组织的民间属性,弱化了多元主体对第四螺旋体的重要性认知。高职院校与"一带一路"企业的校企跨境合作中,行业组织应该成为有力的第四螺旋体,以非正式的中介身份突破原有的产业、政策制约,将社会公益性蔓延到各个螺旋领域,形成动力循环。组织网络内各主体跨越国境,面对陌生的生产教育环境,无论是高校还是企业,尤其对于集聚于园区内的相同境内来源地的产业集群而言,行业组织是双方或多方主体间"可信承诺"的联结与支持体,也是价值、信念、结构、程序或文化等认知合法性内容的传播体。行业组织在德国双元制等世界上职业教育成功模式中发挥重要作用。实践中,我国行业组织多由企业主体集合而成,其负责人多由产业链主企业负责人担任,这对企业家个人提出很高的要求,链主企业家个人的水平和认知能力直接影响着"联结与支持体""传播体"作用的发挥。从高职院校与"一带一路"企业合作中遭遇的行业标准困境可以看到,投资中面临着行业企业对东道国与母国"行业标准差别较大""当地人才结构存在缺陷"等困境,北京零点有数在2019年发布的《"一带一路"沿线中国民营企业现状调查研究报告》显示,大多数共建国家的受访企业认为东道国的行业标准与中国有较大差别,其中在蒙古国的中国投资企业的感受最深。可见,我国行业组织的力量和能力还比较薄弱,尚未形成能使利益相关者都认可的行业技术标准、结构与价值文化等规范体系,尽管行业组织已在东道国企业、母国企业和高职院校间发挥协调作用,但要成为高职院校对合作成功保持信心的重要因素,还有较大的距离。

　　进一步看,管制缺位、技术缺位和认知缺位使高职院校与"一带一路"企业的合作运行机制受阻,进而使合作主体目标耦合不强,各方利益无法得到新的平衡。无论是全国范围内高职院校的质量年度报告还是浙江省内48所高职院校的问卷调研,都表明高职院校跟随企业赴"一带一路"共建国家的主要驱动力源于国家政策自上而下的被动逻辑,处于该组织内的教师和学生前往共建国家实习工作的内生驱动力并不强。对企业而言,与高职院校合作中的资金投入等成本开支,使其动力减弱。对东道国政府而言,其并不满足中国企业直接投资所提供的本土贡献。校企跨境合作的各方主体在多元利益追求受阻的合作运行中难以达到目标耦合。

　　由三螺旋理论发展而来的四螺旋理论,在关注知识经济化目标的同时,从利益相关者角度提出了应对自然、社会环境等挑战的新思路,更多地关注知识社会和民众对于过度经济化的平衡作用。其优势在于能联结重组内部利益螺旋体,当经济利益突出时,公共利益通过政策、规则发挥推动力;当公共利益突出时,通过法律法规发挥有效平衡作用。四螺旋体在知识生产模式Ⅲ中,使各方利益既相互联系又相互制约。在"一带一路"共建国家,社会公民不但希望能实现三螺旋模型中知识经济化的目标,也注重知识公益化的目标。新的利益平衡能否达成,由"高职院校—企业—政府—行业组织"交集部分构成的共同体发挥核心作用。然而,目前由于共同体内组织要素的认知保障、技术保障、管制保障以及各项支持协调体系薄弱,引领各方利益平衡的路径尚未形成。

第四章　高职院校与"一带一路"
企业合作模式的案例研究

高职院校与"一带一路"企业的核心目标、供需关系、合作运行与保障机制的失衡在不同的跨境合作模式中,表现程度不同。为进一步探寻跨境合作模式具体样态下的运行机制,本章聚焦机构跨境合作模式、项目跨境合作模式和人员跨境合作模式三类具体样态,通过剖析单一实体案例,从微观视角审视跨境校企合作模式的具体特征、经验与反思,助力现代职业教育体系供给侧结构性改革。

第一节　案例研究设计

研究设计是行动指南。这是一种以描述特定社会背景下的复杂案例现象,来探寻其背后逻辑与规律的研究方法。殷(Robert K. Yin)认为,案例研究主要适用于三种情形:主要问题为"怎么样""为什么";研究者几乎无法控制研究对象;研究重点是当前的现实现象。①为实现本阶段的研究目标,笔者采用案例研究法。主要考虑在前述研究的基础上探索三类跨境模式的具体运行机制究竟"怎么样""为什

① 殷.案例研究:设计与方法[M].周海涛,译.重庆:重庆大学出版社,2017.

么"的问题,同时考虑到研究中的主要研究对象是高职院校与"一带一路"企业,作为具有主观能动性的多元主体共同参与的合作共同体,不受研究者控制。加之,当前高等职业教育面对共建"一带一路"高质量发展的新目标新挑战,高职院校与"一带一路"企业的合作困境已成为当下突出的现实问题。

一、案例研究目标

(一)具体研究目标

在具体研究中,笔者将研究划分为三类:一是从高职院校与"一带一路"企业合作的类型、成效及问题来剖析校企跨境合作模式具体运行中的结构性因素,形成总体分析框架。二是结合典型案例,总结不同校企跨境合作模式中的经验,分析其关键要素。三是结合典型案例,总结三种模式在合作组织网络、制度创新、供需关系、协调保障等运行机制中的经验与反思。

高职院校与"一带一路"企业的合作,也是学校与企业之间的跨境合作。目前,国内许多高职院校结合自身的办学优势与资源,通过办学过程的积累和不断实践,积极探索高职教育校企协同服务"一带一路"建设的经验与规律。其中,由于合作伙伴、合作内容以及合作区域等要素以及文化的跨国性,高职院校与"一带一路"企业在具体实践中形成了机构、项目和人员跨境三种校企合作的典型案例。这些案例有三个主要特征:一是这些案例在多种因素的综合作用下运行,体现校企合作机制;二是这些案例是中国提出"一带一路"倡议以来我国高等职业院校与企业合作"走出去"到共建国家的典型代表;三是在这些案例中跨境校企合作模式有相对广泛的实践范围,可以供广大职业院校在职教出海过程中参照学习。通过典型案例来总结运行成效,分析这些案例取得成效的关键要素,可为后续问题的解决以及策略的优化提供铺垫。

(二)具体分析维度

根据研究目标,对人员跨境、项目跨境和机构跨境这三种校企合作模式,嵌入多个分析单位,深入剖析每一类跨境合作模式的实践案例。这些分析单元主要抽象为三个具体的维度:一是校企合作的目标维度,包括供需双方的禀赋及对校企合作内容的目标取向等。二是校企合作的运行机制维度,包括合作过程、供需形式、要素运行及协调支持状况等。三是校企合作成效维度,包括形成规律与问题反思等。三个维度的要素相互组合,能全面反映具体合作样态和三类模式的典型特征与运行成效。

二、案例研究抽样

案例研究分为单案例研究和多案例研究。前者选择最具代表性和典型性的单个案例进行研究,目的在于揭示单个案例背后的逻辑规律。而多案例研究是在单案例研究基本特征的基础上,强调案例间的相互比较,并在比较分析中总结行动逻辑。殷认为,如果条件允许,应选择多案例研究设计,成功机会大得多。[①] 故,笔者采用多案例研究,比较分析三类高职院校与"一带一路"企业跨境合作模式的实践样态,探讨适用条件与可推广性。目的性抽样是案例研究中常用的方法,即按照研究目的抽取能够为研究问题提供最大信息量的研究对象。[②] 通过描述、分析与比较这些典型案例,可揭示高职院校与"一带一路"企业合作运行模式的内在逻辑和作用机制,归纳我国高职教育校企跨境合作服务"一带一路"建设的本土经验。由此,本研究以每一对合作伙伴中组织要素特征的异质性为基本抽样依据,选取三类有代表性的跨境校企合作案例,分别标识为 A 案例、B 案例和 C 案例,其中 A 案例包括 A1 和 A2 两个子案例。三类合作案例的选择主要考虑以下三个

---

① 殷.案例研究:设计与方法[M].周海涛,译.重庆:重庆大学出版社,2017.
② 陈向明.质的研究方法与社会科学研究[M].北京:教育科学出版社,2000.

方面的因素。

其一,三类案例各具特征,分别代表了当前高职院校与"一带一路"企业跨境合作模式的三个层级。A案例通过创新现有办学体制,以高成本实现校企深度合作的实体嵌入,形成机构跨境合作模式,代表当前高职院校跨境合作模式的最高层级。B案例中高职院校在现有教育体制机制下以项目形式与"一带一路"企业合作"走出去"服务共建国家,形成项目跨境合作模式,代表当前高职院校跨境校企合作模式的中间层级。C案例以人员跨境流动为主,代表当前高职院校与"一带一路"企业合作模式的普遍层级。

其二,三类案例影响力广泛。每一类案例中的高职院校都是所在省市的名校,与"一带一路"企业的合作时间均在五年及以上,所面临的合作困境与问题具有典型性。案例中的高职院校分别位于我国浙江省宁波市、浙江省温州市、浙江省杭州市和江苏省无锡市,其中,A案例中的两所高职院校是示范校和"双高计划"建设单位,两校以自身差异化禀赋驱动多方合作,突破资金壁垒,形成了机构跨境校企合作的有效运行模式,但遭遇合作管制、合作标准与协调支持的困境。B案例中的高职院校是中国职业教育行业办学的代表,跟随龙头企业以项目跨境形式到共建国家,为企业和东道国提供人力资本和技术服务,但面临着合作认知等困境。C案例中的高职院校是当前高职院校国际化办学的普遍代表,在中国境内开展校企合作,通过人员跨境形式使学生或教师服务"一带一路"企业,但未能深度嵌入。

其三,三类案例中的东道国分布具有典型性。案例中高职院校与"一带一路"企业合作"走出去"的东道国区域正是中国企业赴"一带一路"共建国家直接投资的主要区域。目前,中国企业赴共建国家的投资区位分布以东盟国家为主,在柬埔寨、越南等澜湄区域国家的投资存量占总存量的一半以上。三类案例的东道国均包含柬埔寨,案例B中的非洲国家亦是中国企业投资的重点区域。由此展开的案例分析具有较强的代表性和较大范围的适用性。

三、案例资料收集

考虑到资料收集的全面性和多样性,以及一手资料和二手资料结合使用的收集方法有利于相互补充验证依据,本案例研究采用多视角、多方法来收集研究数据和资料,尽量确保研究的全面性和研究结论的可信度。

第一阶段是搜集信息建立资料库。全面搜集案例院校与合作企业的相关信息,包括合作主体的基本信息、合作内容、政策制度等,建立包含高职院校、合作的"一带一路"企业、母国政府、东道国政府和行业组织的五类数据库,为深度访谈做准备。第二阶段是预访谈阶段。此阶段的主要目的是逐步确定案例研究的主题,为拟定正式访谈提纲提供基础。第三阶段是正式访谈阶段。该阶段的主要目的是为案例研究收集必要资料。为更好地"进入现场",笔者在正式访谈阶段,主要通过熟人介绍的方式与访谈对象进行接触。最终对浙江省和江苏省的四所高职院校与合作企业的相关负责人进行了实地访谈,单次访谈持续约 30 分钟到 1 个小时,并在受访者同意的基础上进行录音。

根据合作中的不同主体,获取研究中所需的一手资料和二手资料,主要包括两大类。一类是高职院校的相关资料,包括院校资料、政策资料等。院校资料主要来源于网络信息平台,如高职院校年度质量报告等,以及联系案例院校获得一些难以在网络上获取的文本资料,如相关的申报材料等。政策资料主要来源于教育部官网、国家经济统计局官网、中国高职高专教育网等渠道。另一类是合作模式中的"一带一路"企业资料,主要来源于"一带一路"官网、商务部官网、发展和改革委员会官网、对外贸易研究院官网等平台,以及公布在中国高职高专网站上的《企业参与高等职业教育人才培养年度报告》等。以上资料最终形成的资料库,以每个案例的每一对校企合作伙伴为分析单位,匹配院校信息、企业信息、东道国与母国区域信息以及校企合作信息,构成研究使用的数据库,以尽可能全面的视角剖析中国企业在"一带一路"共建国家跨国经营中与高职院校合作的运行机制、成效与问题。

第二节　案例资料分析

机构跨境校企合作案例 A1 中的院校为公办全日制高职院校,建于 1965 年,主要面向现代服务业培养高素质技术技能人才,是所在省份首批示范性高职院校建设单位、首批现代职教体系建设试点项目单位,获评全国优质高职学校、国家"双高计划"建设单位、全国高职院校"育人成效 50 强""国际影响力 50 强"。合作企业成立于 1992 年,上市公司,注册资本 15.5 亿元,现有员工近 2 万人。学校跟随企业赴柬埔寨投资建厂的步伐,与企业合作建立了柬埔寨西哈努克港工商学院。这是中国第一所在国外经济特区建立职业培训中心的高职院校,也是中国高职院校在海外举办的首所股份制应用型本科大学。

机构跨境校企合作案例 A2 中的院校是公办全日制高职院校,建于 1999 年,是国家示范校、省重点建设校、全国优质高职院校建设单位、全国创新创业典型经验高校 50 强、教育部首批现代学徒制试点校、全国高职院校"育人成效 50 强"。合作企业为成立于 2008 年的民营高新技术企业,主营智能装备。院校长期实施"中企'走出去'伴随计划",与企业合作在柬埔寨建立了丝路学院,是全国第一所高职院校与企业合作在柬埔寨设立的海外丝路学院。

项目跨境校企合作案例 B 中的院校是公办全日制高职院校,建于 1999 年,是国家骨干高职院校优秀单位、高等职业院校服务贡献 50 强单位、全国优质高职院校和"国际影响力 50 强"单位。合作企业为交通行业国有企业,下设 22 家子公司,现有员工近万人。学校跟随企业赴喀麦隆、柬埔寨投资经营的步伐,与企业合作建立"鲁班学校"。

人员跨境校企合作案例 C 中的院校是公办全日制高职院校,建于2003 年,是教育部现代学徒制试点学校和所在省份高水平高职院校。合作企业为民营制造类跨国企业。学校结合企业赴越南、柬埔寨和印度设立分部的投资发展进程,与企业合作培养学生。具体合作方式有:企业接收学生在境外分公司实习工作,院校教师到企业兼职开展跨境服务,企业派驻员工担任兼职教师等。

上述三类研究案例,从合作层次看,从案例 C 的人员跨境合作到案例 B 的项目跨境合作再到案例 A 的机构跨境合作,呈现出校企合作的递进性。每个案例的组织网络内,多元主体发挥各自的螺旋体职能,以培养高素质技术技能型人才为合作目标,知识、技术、信息等要素在合作过程中螺旋式上升。深入每个案例的内部,按照三个分析单元的维度,形成如下分析。

一、机构跨境合作模式——案例 A

机构跨境合作模式在跨境校企合作模式中难度最大。高职院校与"一带一路"企业通过在东道国设立实体机构,如海外分校、丝路学院等开展教育教学培训等活动。该类案例中,考虑到两个高校的合作模式具有补充性,分别选取了 A1 和 A2 两个高职院校为研究目标校,以便更全面地分析机构跨境合作模式中的目标、过程、机制与效果。[①]

（一）机构跨境合作模式——案例 A1

1.目标与过程

合作目标 1:解决企业跨国经营中对高素质技术技能型人才的需求困境。

调研发现,企业在跨国投资经营中需要大量的技术技能人才和技术服务。以往研究中,学者们通过实地调研发现,东道国柬埔寨西哈

---

① 赵丽."一带一路"背景下高职院校境外办学实践——以无锡商业职业技术学院为例[J].职业技术教育,2019(9):64-68.

努克港经济特区(简称西港特区)对人力资本的需求呈现如下特征:人才层级的复合性、人才规格的综合性、人才专业的多样性。解德道在柬埔寨西港特区参与教学工作期间进行实地调研,发现投资于当地的中国企业对职业教育有两类需求:一是对不同层级人才的需求,既需要技术工人,也需要管理人员。在合作中,柬方股东的技能需求以技术工人为主,主要来源于园区内的本土中青年,约 1.2 万人,学历层次较低,缺乏最基本的职业规范和劳动纪律意识;中方股东则迫切需要以管理人员为主的人才类型。二是对人力资本的质量需求,人力资本的构成既包括岗位基础技能,也包括岗位专业技能,基础技能主要指语言技能,如汉语、柬埔寨语、英语、日语等;岗位专业技能主要指能完成业务岗位任务的能力,如数控技术、服装加工裁剪、机床操作、鞋帽加工技术等,还包括与中柬商贸相关的外贸知识。[①] 朱有明在对柬埔寨西港特区中企业需求人才的分析中发现,其缺乏现代服务类专业的技能人才。西港特区内特定岗位专业技术人员匮乏,普遍缺少制表、会计、船务、单证等方面人才,尤其缺少既懂柬语和英语,又懂中文制表、会计、船务、单证等方面的人才。[②]可以看到,园区内企业对技能人才的专业需求既包括数控技术类、纺织服装类、机械制造类等制造类专业,也包括语言类、财经商贸类等生产性服务类专业。

园区内企业以从事服装类和鞋类的加工制造为主,这些企业从中国进口产品原材料,在园区内完成制成品加工组装环节,有七八成产品销往美欧等市场。投资者主要来自中国、新加坡、美国、英国、韩国和澳大利亚。熟练劳动工人的紧缺已成为柬埔寨经济发展的一个重要制约因素。[③] 这点在访谈该院校负责人时也得到支撑:"柬埔寨西哈

———————————

　　① 解德道.无锡商院实施"走出去"海外教育发展途径研究——以西港特区为视角[J].现代经济信息,2016(16):362-363.

　　② 朱有明.我国企业"走出去"东盟发展人才需求分析与培养——以柬埔寨西哈努克港经济特区为例[J].价值工程.2013(4):146-147.

　　③ 李红蕾.中国在柬埔寨投资的现状、特点及问题研究[D].广州:暨南大学,2017.

努克港经济特区集聚了大量劳动密集型企业,缺乏大量熟练的技术工人,甚至有企业因没有合适的工人而闲置部分厂房与设备。"(A1-G-W)

此外,柬埔寨政府对技术技能人才的供给明显不足。虽说柬埔寨政府财政教育经费自 1993 年以来保持每年增长的趋势,但教育经费总量远落后于其他国家,存在教育基础设施不完善、教育质量不高的问题。[①] 由于学校不提供住宿,基础设施不全,教学设备不足,学生学习和教师教学都没有达到标准。[②]

柬埔寨西港特区内企业的技能需求和东道国政府的技能供给短缺所导致的供需失衡,制约着在柬中资企业的经营发展。在此背景下,A1 校与企业合作,在东道国和母国政府的共同支持下,赴柬埔寨成立柬埔寨西哈努克港工商学院,旨在解决园区内中资企业以技能人才为核心目标的人力资本需求、技术服务需求和柬埔寨政府发展职业技术教育的相关需求。

合作目标 2:输出各类职业教育的办学标准。

调研文献显示,柬埔寨西港特区有技术服务的需求,包括初级、中级、高级的汉语课程、商务英语课程、柬埔寨语课程、计算机应用及办公软件操作课程、国际贸易课程、市场营销课程以及数控加工课程等,呈广泛性、多样化、实用性等特点。[③] "学校的在线课程建设已形成一定规模的成果,也正在向外输出,只是柬方要求的课程标准和我们的标准完全不一样,如果纯粹用国内标准,柬埔寨教育部不一定能审批通过,正在调整对接中。"(A1-G-W)从该负责人的访谈中可以发现,A1 校之所以有动力与合作企业共同"走出去"办学,除了满足合作企业的技能人才需求这个核心目标外,其实也在通过服务共建国家和

---

①　韩南南,汪涛.柬埔寨教育经费的来源与趋势分析[J].教育与经济,2012(1):68-71.
②　金苏.柬埔寨高中教师补课动因研究[D].南宁:广西民族大学,2015.
③　解德道.无锡商院实施"走出去"海外教育发展途径研究——以西港特区为视角[J].现代经济信息,2016(16):362-363.

"一带一路"企业,倒逼课程建设、教师建设等高职院校办学核心要素国际竞争力的提升,这是合作目标的内驱动力所在。

以上合作目标的确立与形成,得益于校企双方在长期合作的发展进程中形成的深厚合作基础,最终产生显著的合作成效。2008 年开始,双方合作共建校内生产性实训基地,如红豆 SPORTS 学校店、红豆居家学校店等,以订单培养、现代学徒制试点项目的形式,为集团各子公司输送大批经营管理人才,红豆集团成为学校重要的实习就业基地。随着企业对外直接投资的推进,为解决柬埔寨西港特区本土专业人才匮乏的困境,双方在 2010 年 5 月签订共建海外学院厂校合作意向书,拟在柬西港经济特区建立西港特区培训中心、校企联合培养订单学生、联合申办海外大学。2012 年 5 月,西港特区培训中心正式成立,院校教师赴当地为企业的东道国员工提供语言沟通、技术应用、贸易业务等职业培训。为了进一步破解境外师资需求与国内人员跨境不便的矛盾,2014 年学校开始与柬埔寨两所高校,即西港莱福大学和建明大学进行合作办学,联合企业设立奖学金,订单式培养当地学历型留学生。2017 年开始,校企双方联合东道国政府、母国政府和行业组织,开始申办柬埔寨西哈努克港工商学院,经过多方努力,该校于 2018 年 10 月 31 日获批建设,成为首个高职院校在海外成立的独立建制的校企合作股份制应用型本科大学。

从校企长达十多年的合作历程中可以看到,合作内容随着合作进程的推进而不断深入,主要涵盖四大方面:一是技术合作,校企共建合作平台。企业接受高职院校的服务[①],校内教师赴柬埔寨西港特区培训中心为中柬双方员工开展培训,培训专业有市场营销、会计、企业管理、对外汉语、商务英语等。学校成为全国第一所在国外经济特区建立职业培训中心的高职院校。二是合作培养技术技能人才。企业捐款开设订单班。学校、企业共同出资设立"留学江苏优秀高技能人才

---

① 杨钊.技能形成与区域创新[M].北京:社会科学文献出版社,2020.

培养项目"等基金,定向培养柬埔寨来华留学生,学生获取相应学历后
在西港特区工作,并成长为企业管理骨干。三是合作开展竞赛。校企
联合组织竞赛选拔人才。校企合作举办国际贸易专业的世界级技能
大赛,来自俄罗斯、乌兹别克斯坦、印度尼西亚、喀麦隆、巴拿马等 15
个共建"一带一路"国家的 19 支留学生队伍参赛角逐[1],为"一带一路"
建设提供了国际人才选拔平台。四是产权合作。建立股份制海外大
学。校企共同在柬埔寨成立西港特区教育发展有限公司,以此为办学
主体投资申办海外分校,联合投资共建股份制学校,办学内容包括学
历教育、职业培训、科技服务、人文交流,以高等学历教育和职业培训
为主,纳入柬埔寨国民教育体系,颁发本科和专科学历证书,为柬埔寨
产业经济的发展转型提供有力的人力资源保障。校企双方在母国和
东道国政府的共同努力下,从课堂培养、实践培训、企业接受院校服
务,到企业给予院校技术和资金支持以及联合开办学校,合作层次由
浅入深,逐渐递进,实现了从产品合作到组织合作再上升为产权合作
的迭代升级。

2.合作机制

该案例实现了高职院校与"一带一路"企业机构跨境合作的成功
模式,主要得益于顺畅的合作运行机制,包括合作主体之间明晰的职
责并能跨界突破,以及健全的保障支持体系(见图 4-1)。

其一,合作主体要素的多元共融,同一类主体的规模逐渐扩大。
2010 年,校企合作创建首个海外培训中心时,合作主体由高职院校、
企业和两国政府构成。随着柬埔寨国家的经济社会发展和公众对本
土化人才需求的增长,行业组织逐渐加入合作组织内,以非强制性的
行业标准和操作规范在柬埔寨相关部门与企业之间展开交流沟通,逐
渐形成成熟的合作认知,成为第四螺旋体。其中,母国政府和东道国
政府发挥了重要作用。柬埔寨和中国政府履行依法管理各组织的基

---

① 杨洁丹."一带一路"国家留学生在锡竞技[N].无锡日报,2018-05-27(1).

本职能,稳定且相互作用,如制订中长期计划,出台鼓励政策等。到2016年成立西港特区教育发展有限公司时,随着合作层次的深入与合作内容的扩大,根据共建海外本科大学的需要,合作主体中供给侧的主体数量有序扩大,加入了××农牧科技职业学院、××工业贸易职业技术学院、××大学和××师范大学四所高校。同时,合作主体中企业需求侧的主体数量也在扩大,由红豆集团延伸至整个西港特区内有合作需求的企业。[①] 可以认为,本案例中,不同于一所高校与一家企业之间点对点的合作模式,供给侧高校和需求侧企业构建了高职人才的技能生态系统,以更好地适应港区产业链岗位技能综合化的需求。

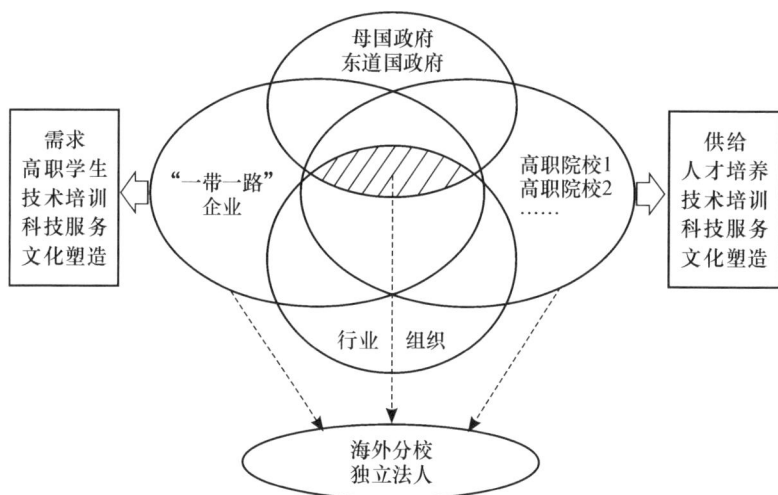

图 4-1　机构跨境案例 A1 的校企合作运行模式

　　其二,合作运行主体职责明晰,跨界衍生职能顺畅。院校主体的职能是负责日常教学和运营管理、师资派遣、部分教学设备与知识产权的投入等。西港特区(企业)的职能是提供办学场地、基础设施、部分后勤保障、企业兼职教师和学生实习就业安排等。母国政府的职责

　　① 赵丽."一带一路"背景下高职院校境外办学实践——以无锡商业职业技术学院为例[J].职业技术教育,2019(9):64-68.

除了管理支持校企合作双方之外,开创性地投入了一定数额的专项办学资金。行业组织在三方主体之间发布信息,沟通交流,确立行业标准等。各主体在明确职责的基础上,共定人才培养方案,共研教材,共建教学资源,共同开展技术技能人才培养。

可以看到,在上述合作中,合作运行主体突破了组织网络中的组织壁垒,进行了职能的衍生。母国政府同时充当公共风险资本家的角色,通过直接投资等方式兼具了另外两个螺旋体的功能;高职院校将技术资本化作为合作目标,体现了一定的企业功能;企业通过开展人才培训和合作经营分享知识,体现出另一种教育功能。可见,四方主体在确保各自独立职能之外,通过人员互派、协调沟通等常态化机制兼具了其他螺旋体的功能,在不损害彼此利益的基础上实现利益最大化。以"双挂双聘"制度为例,高职院校聘请西港公司相关职能部门负责人员挂职兼任高职院校相应职能部门的职务,同时,学校工作组人员也兼任西港公司相关部门的职务,共同推进与落实项目各项工作。

其三,合作内容由单一走向多维。起先,合作以人才培养和培训为主要内容。随着合作层级的加深,高职院校不断增加供给内容。一方面,持续增加与园区产业发展相匹配的专业设置,由物流管理、企业管理、信息技术三个专业,逐步扩展到市场营销、旅游管理、应用电子技术、酒店管理、电子商务、汉语言文学、物联网应用技术、会计金融等专业。另一方面,逐渐承担起技术研发和科技服务的职能,向企业输出高质量的专业标准、课程标准与教学资源。根据特区生产发展的需要,针对园区内本土企业员工开展与制造业、生产性服务业对应的专业技能培训,如市场营销、国际贸易、跨境报关等。进而,学校、企业与当地员工之间开始能够开展一些简单的人文交流,促进民心相通。

其四,构建并实施有效的保障支持机制。案例中,跨境校企合作的运行机制包括管理机制、沟通机制和激励机制。在管理机制的构建中,不仅有管理制度,还有以会议机制的形式落实执行各类合作事项。例如,形成内部监管体系,设立董事会制度及董事会领导下的校长负责制、专项工作例会制度等,在办学管理、运营过程的监管、利益的合理分配及责任分担等方面做出约定。在沟通机制的构建中,有信息沟通和信任机制,集团成员通过实行会议承办轮值制、区域协同制、项目合作制、校企联动制,促进集团行业与课程、师资队伍、实习实训基地、就业平台等的优质资源共享共建,广开言路,相互理解,积极沟通,尊重文化差异。此外,还通过内部自评制度、定期聘任和培训制度形成激励效应。高校通过加强内部质量保证体系建设,保证跨境教学质量和社会品牌声誉。同时,加强信息建设,多途径缩短制度距离。学校通过不定期地将各类精英"请进来"等方式,专题解读东道国的高等职业教育政策和产业园区政策。并通过海外办学工作专项工作组的组织机制展开广泛深入的政策调研,使所有拟开设专业的人才培养方案都能与柬埔寨的政策规定一致,最终获得柬埔寨教育部高教司的审核认可。

3.合作成效

合作成效主要体现在三个方面。一是有力地破解了"一带一路"企业发展的技能困境。据相关统计,截至 2019 年底,该案例中校企累计培训 3.5 万余人次,并有不少员工经由培训从一线操作工实现了岗位升迁,能胜任班(组)长、车间主任以及中层管理人员,以业务为纽带促进技能提升与交流。[①] 二是促进了中国职业教育标准的输出。据相关统计,合作案例中院校方的国际影响力逐年增强,根据案例校的年度质量报告,2023 年开发并被国外采用的职业教育标准数量 149 个,专业教学标准 11 个,课程标准 138 个。其中的专业教学标准被柬埔寨教育、青年和体育部认可,并被柬埔寨西哈努克港工商学院采用。三是促进了中国与东道国之间的文化交流。通过跨境校企合作,这些获得人力资本能力提升的技术技能人才实现了收入增长,并成为企业

---

① 无锡商业职业技术学院.高等职业教育质量年度报告(2020)〔R〕.无锡:无锡商业职业技术学院,2019.

发展的主力军,自然而然也成为西港特区与当地居民民心相通的重要桥梁。并且,合作案例中,通过校企合作,中国文化由企业辐射到园区、社区、城市和所在区域,如缔结为跨境友好城市、建立深度战略合作伙伴关系等。与成效并存的也有合作问题,主要是管制缺位和技术标准对接不足。

其一,管制缺失主要表现为监管支持、相关法律、办学政策和公共服务的不足。监管支持方面,主要是政府监管和支持的力度仍然不足。机构跨境合作中,政府监管主要包括校企合作项目的合法监管和相关政策的出台,协调支持主要包括对经费、资源和信息等的保障支持。本案例中组织运行欠缺有效的行为准则。一是跨境项目监管准则缺位。目前,省级教育主管部门对高职院校赴境外合作办学,尤其是赴"一带一路"共建国家合作办学未能有效监管,造成同质的恶性竞争。由于"一带一路"共建国家的高等教育入学率普遍较低且生源不足,导致国内高职院校不得不为了完成国际化办学影响力的考核指标,出台更多优惠的经费补助政策,造成国内高职教育资源的浪费与自相压价。如受访人所言,"在一个共建国家学校的一面墙上挂着国内多个高职院校境外教学点的牌子。事实上,这些东道国因办学条件有限已经无法接收过多的合作项目,这与高等职业教育输出中国标准的初衷相差甚远"(A1-G-W)。二是缺少有力的法律依据。机构跨境合作办学不可避免地涉及资金投入与相应的办学主权问题,而公办院校始终面临着国有资产不能对外投资的政策刚性。本案例中,因为要符合柬埔寨投资管理规定,合作办学的主体必须以公司化方式开展经营。面对东道国对办学主体性质的政策要求,院校和企业采取了以企业为主,校企联合投资注册法人的应对策略,才得以通过东道国的政策审核。由此可见,尽管国家在宏观层面已形成相关政策,如"鼓励企业和公办高等职业院校合作举办适用公办学校政策、具有混合所有制特征的二级学院"等,但仍停留在方向层面上,没有具体可循的操作规范。三是跨境办学政策与实施的错位。国家宏观层面鼓励高职院校伴随企业"走出去"服务"一带一路"建设,但省域中观层面为落实国家政策,普遍的做法是以国际化指标考核高职院校,结果导致"伪服务"现象的产生。如东道国出于安全和保护国内劳动力市场的考虑等,对工作签证实施严格的监管和限制,而国内出入境政策对师资选派、外派人员的出境手续管理等方面又有诸多限制,就产生了高校为完成考核目标而被动去做的一些无奈之举。正如派遣教师所言,"现在学校的计算机、物流、市销专业教师基本上已轮过一遍去柬埔寨。接下来,教师的积极性如何调动成为难题,目前只是把国际化经历作为职称评聘的优先条件来加以激励,但作用并不明显"(A1-G-W)。四是公共支持明显薄弱。主要表现为办学经费和公共服务平台的不足。一方面,由于东道国经济发展水平制约着教育开支,学费收入不是境外学校办学经营的主要来源,在母国严格的跨境投资管理规定下,如何解决境外办学中所需的大量资金投入,是校企合作开展境外办学难以克服的关键障碍。[①] 另一方面,以信息共享为重点的公共服务平台支持仍显不够。目前,已搭建运行的相关校企跨境合作交流平台主要有联合国教科文组织、中国—东盟中心、澜湄区合作平台等,但这些平台各有主责与目标,难以形成有效统一的目标信息。例如,案例中的 A1 院校因为前期对柬埔寨投资兴办高等职业教育机构的相关法律、管理制度、办事程序和工作要求等缺乏充分的调研和科学的分析,曾出现办学进程停滞的现象。

其二,技术缺失主要表现为国际化能力仍显不足。境外办学需要对组织的核心技术和标准做出规范,包括人员的任职资格、工作内容、程序和质量保证等。案例中,技术缺失造成的国际化能力不足表现在两个方面:一是缺少世界认可的行业标准和中国职教领域的境外办学品牌。案例中课程标准的输出在一定程度上代表了中国职业教育的课程技术水平,但与成为世界标准仍有一定距离。二是可选派教师的

---

① 鄢晓.我国高校境外办学的动因分析和对策建议[J].高校教育管理,2016(3):66-70.

任职服务能力不足。实际上"到园区来的教师不仅要有较强的业务水平和跨文化交际能力、语言能力,更重要的是能适应艰苦的条件"(A1-Q-R),"共建'一带一路'的职业教育使命意识不足"(A1-G-W)。可见,案例 A1 通过跨境校企深度合作,实现了东道国区域内人力资本的技能合作和制度创新,一定程度上达到了供需有效对接。但在组织网络中,管制和技术失衡现象依然严重。

(二)机构跨境合作模式——案例 A2

在案例 A1 中,通过合作企业有力的资金支持形成的校企机构跨境合作的成功模式,有其个性化的不可复制的个别因素。面对资金壁垒的挑战,高职院校如何协同跨国企业"走出去"服务"一带一路"倡议,成为现阶段众多高职院校面临的难题。基于此,笔者增加了 A2 校作为机构跨境合作模式的补充研究案例。

1.目标与过程

随着国家"一带一路"倡议的持续推进,在全国对外直接投资企业中占据重要地位的温州企业面临人才困境,即缺乏既懂外语又懂国际市场,同时还熟悉当地文化的国际化技术技能型人才。其中的亚龙智能制造集团作为一家把教育教学类设备销往东南亚各地,推广至共建国家的跨国企业,其在设备销售出去后,就面临如何持续供给本土员工操作培训与售后技术服务的问题。

自 2016 年 7 月始,历时多年,相关高职院校跟随企业走向"一带一路"共建国家,逐渐形成校、企、政、行多元主体合作的模式:派驻教师在东道国培训学生与员工;或在母国境内招收东道国的留学生,开展基于专业岗位的本土化教学培养,持续满足企业国际化经营的技术需求。

2.合作机制

合作主体多元,行业组织作用突出。如图 4-2 所示,一方面,院校与合作企业紧密合作,深耕一个国家。合作模式中各主体要素职责明晰:院校提供教学支持与师资,承担教师工资与报酬;NTTI(柬埔寨国家职业教育培训学院,公办性质)负责提供场地;企业提供设备、实习工作岗位、兼职教师和相关捐赠等,形成高职院校、"一带一路"企业、东道国政府与行业组织多方合作模式。另一方面,高职院校、"一带一路"企业、东道国政府与温州商会紧密合作,海外分校有义务对商会中的中资企业提供培训服务,行业组织认为需协助院校开展国际合作办学,为在"一带一路"共建国家创业的近 40 万温州人发挥中介协调支持作用。本案例中,柬埔寨温州商会和以柬埔寨劳工部为代表的东道国政府的作用显著。

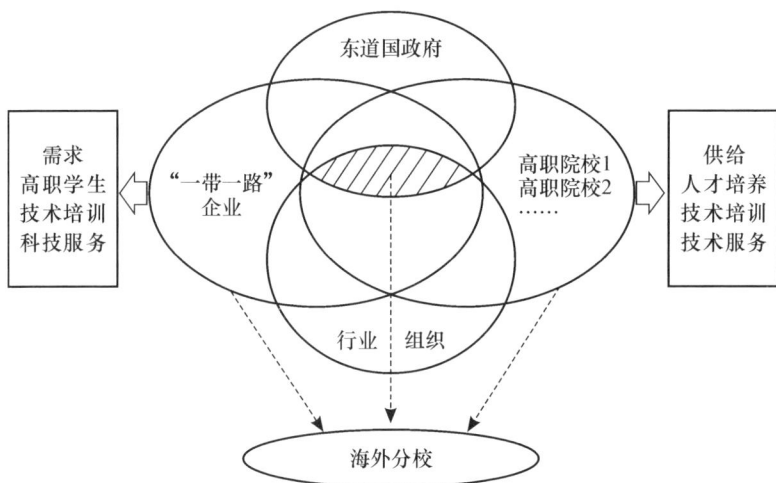

图 4-2　机构跨境案例 A2 的校企合作运行模式

合作内容以技术服务和智力支持为重点。首先,高职院校根据产业需求调整培训服务专业,在完善海外分校首个电气自动化专业的基础上,根据当地急需产业要求,开设信息、机械制造、建筑、工业自动化、工商管理等专业群。其次,以柬埔寨海外分校为中心,依托"中国—东盟职业教育联盟"平台辐射湄公河流域国家,拓展多个海外培训点,在中柬产业园区和华人华侨集聚区开展各种有针对性的技术培训服务,培养本土化技能人才,协助企业制定岗位标准与设备操作准则,通过系列化员工培训计划,助力企业结构优化升级。最后,搭建

"柬埔寨研究中心"等海外校企科研合作平台,针对海外中资企业存在的技术问题提供解决方案,强化智力支持,助力海外中资企业优化升级。

3.合作成效

合作成效主要体现在职业标准的输出和人力资本的供给上。首先,合作促进了中国职业教育标准输出。在合作过程中,高职院校通过教师外派、培训订单、课程菜单和人才培养方案,将中国高职院校的教学标准、专业标准以及得到行业组织认可并推进的行业标准在校企跨境合作中与共建国家的企业员工、学生等民众进行交流,不断提升中国职业教育的国际化水平。其次,合作解决了企业在当地的人力资源与技术需求问题,一定程度上减少了企业的成本,主要表现为:一是通过在柬埔寨当地开展短期培训,由本校外派教师联合培养人员,使其在温州商会辖管范围内的中资企业工作。二是在本校开展柬埔寨留学生学历教育,通过与企业的合作,使毕业生能赴东道国的中资企业工作,未毕业学生有明确的企业留用意向。三是通过行业领军企业与高职院校的合作,企业能通畅地雇佣技能人才,在生产经营中实现技术外溢,在商会和温籍华人的良性传播下,助力东道国的经济发展和产业结构转型,使学校和企业的知名度日益提升,社会责任感日益增强。

合作中面临的问题主要是经费和师资保障不足。一是经费严重不足。由于没有案例 A1 中母国政府的强劲支持,仅依赖企业的单边投入,可持续性不强。"第一批投放几个实训室和设备,第二批再投放几个,但随着使用推进和技术更新,设备会产生物理折旧和软件跟不上的情况,后续资金问题就慢慢跟不上了"(A2-Q-R),所以,案例 A2中"学校的国际化开支一直亏损,但为了考核指标和实现本科办学目标也没办法"(A2-G-W)。二是人员外派困难。案例中为驱动教师长期外派,高职院校不仅向外派教师提供补助,还给教师所在家庭一定的资助。另外,由于共建国家的条件相当艰苦,现有师资结构并不能满足"专业技术能力＋双语能力＋吃苦精神"的外派条件。"只能先从国外留学回来的中级师资中遴选外派,并出台'教师外派时间达到 2 年就直接确认为高一级专业技术职务'的校本规定"(A2-G-W)。在高职院校与"一带一路"企业的合作运行中,保障支持不足的问题始终存在。

二、项目跨境合作模式——案例 B

案例 B 中,行业主办的高职院校拥有国企背景,该国企能为该地区的院校提供有吸引力的岗位和教育教学标准等,且与院校有着长期深厚的合作历史,形成了密切的伙伴关系。

(一)目标与过程

案例 B 合作的主要目标是解决"一带一路"企业跨国经营中的技术人才困境,同时输出技术标准。院校与行业集团企业协同"走出去",提升员工技术技能,扩大学生海外就业规模,为企业海外运营提供人力资源支撑。同时,输出行业职业教育国际标准,推动国家高职教育国际化发展。为实现以上合作目标,院校与集团企业自 2000 年开始校企合作,从共建校外实践教学基地开始,逐步开展职工培训,入驻实验检测中心,共同举办校企合作试验检测竞赛,共建生产性实训基地、"双师型"教师培养培训基地和应用技术协同创新中心,直至协同"走出去"赴"一带一路"共建国家建立海外"鲁班学校"。随着境外项目的实施推进,海外招生、本土员工培训不断拓展,专业已覆盖道路桥梁、汽车运用与维修、通信技术等大类。

(二)合作机制

合作主体作用凸显。该合作模式中(见图 4-3),通过多元主体的合作实现境外项目要素的流动。一是作为行业领军企业主办的行业高职院校,不仅提供教育资源,而且能较好地突破组织壁垒提供行业经济资源,这主要得益于院校的行业资源禀赋优势。二是作为行业组织的交通类非官方组织,行业内成员多为该行业院校的校友,充分发挥了校友资源和行业职业指导委员的作用,承担起信息沟通、就业拓岗、共建师资等重要职能。在行业集团和校友的共同参与下,打造了"中国—东盟交通职业教育联盟"合作平台,制定专业国际标准,开发专业课程体系,建设专业海外实习平台,提升专业国际化影响力。依托工程项目形成"技能人才+技术服务"的紧密合作,促进项目跨境共同体的融合。

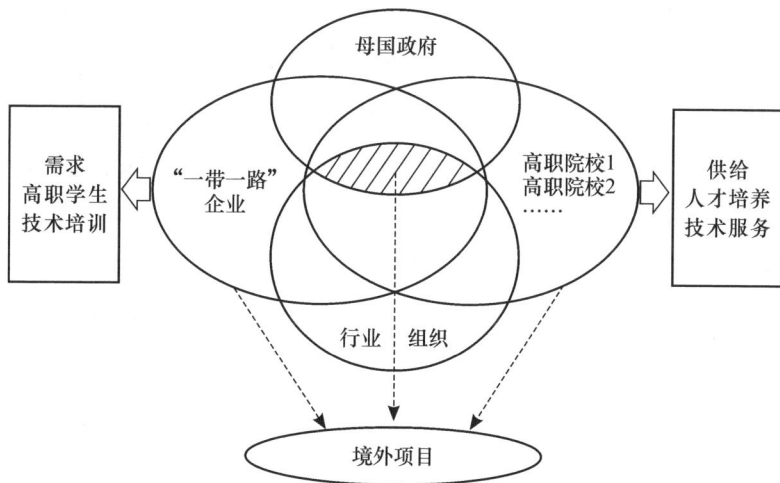

图 4-3　项目跨境的校企合作运行模式

技术支持持续完善。合作运行中,高职院校以技能人才培养和技术培训为合作重点,配合"走出去"企业国际化工程项目的建设需要,面向海外项目的属地国家和员工开展各种交通类专业技能的培训和服务,满足东道国对技术人才的需求。其中,行业企业以过硬的交通专业技术标准在"一带一路"共建国家的工程项目中发挥影响力,由此形成的交通类职业教育教学标准,使技能人才培养、师资水平等核心要素具有国际竞争力。

(三)合作成效

其一,输出优质教育资源。高职院校向非洲喀麦隆、刚果共和国输出中国交通行业职教标准、教学方案与标准。通过制定交通职业教育国际标准,开发交通领域国际专业标准和课程体系,构建交通类国际化课程体系,制作交通类课程国际化活页教材,派遣高水平技能大师等优质师资,高质量服务了中国"走出去"企业和"一带一路"共建国家。

其二,提供技术技能支持。校企合作共同创建了两所海外"鲁班学校",为海外培训基地培训当地员工近万人,同时面向东南亚、中亚和东欧招收留学生,这些学生分布于道路与桥梁工程技术、铁道工程技术、汽车运用与维修技术、通信技术等交通类专业。将国际认证职业标准"融入"课程教学,提高学生就业的国际化水平,学生海外实习和就业数量持续增长。为行业企业"走出去"生产经营提供技术支持。建立海外工程项目建设的人才储备库,优化人力资源储备以服务地区发展。

然而,在项目校企跨境合作中,资金与信息的供给仍然匮乏。梳理现有高校境外办学的相关财政制度,发现公办高职院校因事业单位属性,面临事业单位资产与财务管理规定、国家外汇管理规定、人员进出管理等诸多政策的严格约束,资产和经费不得随意对外投资,这些都制约着高校与企业合作办学的积极性。同时,信息支持明显不足。高职院校极度缺少"走出去"企业与东道国的相关信息,包括"一带一路"企业信息、共建国家的项目运营信息、教育管理信息、人员备案信息等。由于信息不对称,加之项目申请、核准、服务和外汇兑换等各个方面的障碍,合作项目运转困难加剧。

三、人员跨境合作模式——案例C

相对于机构跨境合作模式和项目跨境合作模式,案例C所代表的人员跨境合作模式在目前高职院校的合作实践中较为普遍,参与主体的融合程度相对松散。以教师或学生在国(境)外开展相关专业实践、技术服务和实习工作为主要特征。

(一)目标与过程

合作的主要目标是为"一带一路"企业提供合适的技术技能人才。

高职院校通过与企业的合作,明确企业在"一带一路"共建国家生产经营中的困境,以人力资本培养为核心目标,加强学生国际化实习与就业能力的培养,在一定程度上缓解了企业的技能型人才需求。同时,通过教师的跨境服务,以在线课程为主要形式,向"一带一路"企业和共建国家输出优质的职业教育资源。

案例中,校企双方为达成上述合作目标,先后开展"2+1"订单培养、现代学徒制等校企合作项目,成立由行业、企业、教育和政府部门共同组成的职教集团、产学研联盟和产业学院等,组建包含日语、法语、德语、西班牙语、罗马尼亚语、韩语、泰语等语种在内的"一带一路"小语种中心,为区域内企业"走出去"服务"一带一路"建设建立人才储备。同时,提供境外企业的员工培训和海外实习项目,利用国际化专业教育资源,打造服务类专业的援外服务基地。

（二）合作机制

合作主体以学校为主导。案例 C 中(见图 4-4),合作共同体由高职院校、企业和母国政府组成。以职教集团、特色产业学院、产教融合基地等为表现形式,由于这些平台基地中的企业数量多、单个企业体量小,企业"走出去"过程中存在技术技能人才的需求但难以独立应对,由此,学校成为共同体中起主导作用的核心力量。校企双方在资源共享中协同发展,"双主体"培育学生,推进资源、技术、人员和利益的融合。

合作运行架构清晰。案例 C 中,建立了由行业企业、行业主管部门、地方政府等联合参与的校、政、企合作组织,实行理事会管理下的主任负责制,建立会商制度。构建开放式关系,以"资源融合""技术融合"和"利益融合"为建设目标,在人才培养、技术创新、就业创业、社会服务、文化传承等方面开展多元合作。

（三）合作成效

通过合作达到的最主要成效是提升了技术技能型人才的国际化

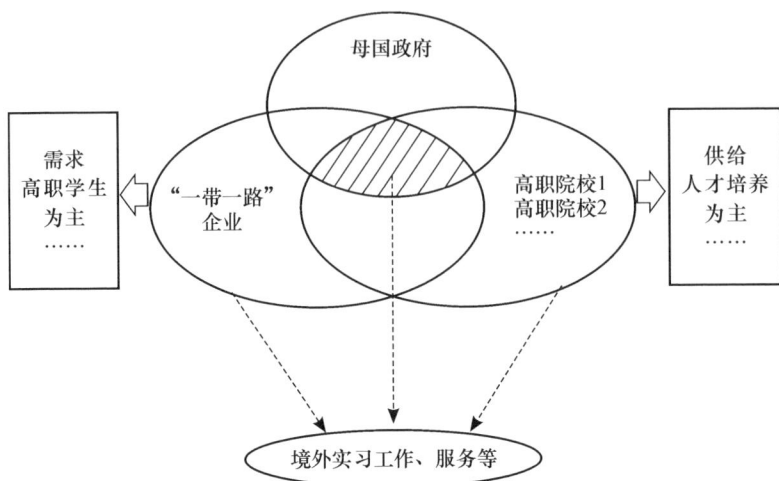

图 4-4　人员跨境的校企合作运行模式

实习与工作能力,提高了面向共建国家的教师培训服务水平,在一定程度上促进了与"一带一路"共建国家的文化交流。同时,输出了以"国际化在线课程"为主要内容的职业教育教学资源。

但是院校服务能力不强以及和企业合作动力不足的问题同时存在。院校服务能力包括教师的国际化服务能力和学生的跨境实习就业能力。岗位技术标准、专业课程、考核和监控等方面与国际标准有一定差距。企业合作动力不足的主要原因有三个:一是合作企业以中小型企业为主,普遍缺乏对人力资源提升可促进产业转型升级的长远性认知,仅停留在向高校获取人力资本等浅层次合作形式。二是服务类专业的学生职业忠诚度较低,削弱了企业合作培养的积极性。三是中小企业正处于成长期,发展规模、人事组织结构等处于动态上升状态,对合作的需求也在动态变化的状态中。另外,烦琐的人员管理也制约着校企的跨境合作。目前,无论是机构跨境合作还是项目、人员的跨境合作,都涉及人员要素的跨境流动,但是参与其中的教师和管理人员因公出国境的审批程序复杂、周期冗长、手续烦琐,导致其不能及时参加交流培训服务,项目实施进程缓慢。

第三节　案例比较的结果与讨论

　　上述案例呈现了高职院校与"一带一路"企业在合作运行中形成的典型实践模式,即人员跨境合作模式、项目跨境合作模式和机构跨境合作模式,这些模式是中国高职院校伴随企业"走出去"服务"一带一路"建设的创新实践。三种模式层层递进,由浅入深,相互关联,各有特征:人员跨境合作模式的合作最松散,难度最小;项目跨境合作模式最普遍,难度适中;机构跨境合作模式的合作最深入,难度也最大。机构跨境合作模式中包含着项目与人员跨境合作的要素。现阶段,中国职业教育服务"一带一路"建设以项目跨境合作模式为主,机构跨境合作模式较少。组织实现创新须通过制度化的过程获得合法性,并成为一种"理所当然"的组织实践与社会现实。[①] 由此,针对上述案例在创新实践中可供总结的规律性认识,笔者试图以人力资本供需为核心目标,结合供需理论与四螺旋理论对合作模式展开讨论,具体包括合作主体的禀赋特征、核心目标的共需形式以及协调支持等维度。

一、基于合作主体及禀赋特征的案例比较

　　在上述案例中,高职院校与"一带一路"企业合作组织的参与主体包括高职院校、企业、政府以及发挥关键协调作用的行业组织。对校企合作中主体禀赋特征的关注,现有文献较多关注院校特征的影响,而对企业特征的关注较少。根据前述案例资料,高职院校的禀赋特征可归纳为:一是办学基本特征,如专业数量、教师"双师"占比等。二是基于跨境办学的特性,也重点关注了国际影响力指标。三是院校声誉

---

① Meyer J W, Ramirez F O, Frank D J, et al. Higher Education as an Institution[Z]. Palo Alto:Center on Democracy, Development, and The Rule of Law,2006.

的相关特征,如服务贡献 500 强等。合作企业的禀赋特征可归纳为:企业行业性质、企业规模以及企业成长阶段等特征(见表 4-1)。

表 4-1 基于高职院校与"一带一路"企业主体特征的案例比较

比较因子		案例 A1	案例 A2	案例 B	案例 C
高职院校办学特征	示范、骨干、优质、双高校	是	是	是	是
	现代学徒制试点校	是	是	是	是
	全国育人成效 50 强	是	是	否	否
	全国高职院校服务贡献 50 强	否	是	是	否
	行业办学	否	否	是	否
	专业数/个	37	35	40	32
	教师数/人	495	441	304	370
高职院校办学特征	双师占比/%	93.3	90.4	90.7	84.3
	兼职教师占比/%	≥25	≥25	≥25	≥25
	生师比	14.4	14.5	13.5	11.7
	线上开设课程数/门	740	51	250	689
	办学经费总收入/亿元	2.8	3.0	2.8	2.5
	横向技术服务到款额/亿元	693.3	1796.9	11109.6	105.9
	2020 年毕业生平均月收入/元	4321	5778	3916	3602
	2020 年到 500 强企业就业毕业生数/人	96	76	805	0
2020 年高职院校国际影响力指标	全国高职院校"国际影响力 50 强"	是	否	是	否
	年全日制国(境)外留学生人数(一年以上)/人	96	22	25	5
	非全日制国(境)外人员培训量/人日	39716	6658	1312	250

	比较因子	案例 A1	案例 A2	案例 B	案例 C
2020年高职院校国际影响力指标	在校生服务"走出去"企业国(境)外实习/人日	4877	—	—	—
	专任教师赴国(境)外指导和开展培训/人日	2175	4713	72	0
	在国(境)外组织担任职务的专任教师人数/人	19	5	0	0
	开发并被国(境)外采用的专业教学标准数/个	5	3	4	2
	开发并被国(境)外采用的课程标准数/个	31	23	22	2
	国(境)外技能大赛获奖数量/项	16	2	1	0
合作企业特征	合作企业所属行业类别	制造业	制造业	制造业	服务业
	合作企业所有制性质	民营	民营	国有	民营
	合作企业规模	大型	中型	大型	中小微型
	合作企业发展阶段	成熟期	成熟期	成熟期	成长期
	母公司是否为上市公司	是	否	否	否
	企业合作院校数量	多个	多个	多个	多个
	合作企业劳动(资本、技术)密集型	劳动密集	技术密集	技术密集	兼有
	校企合作时间/年	12	10	9	1—3
行业组织		有	有	无	无
东道国政府		有	有	有	无
母国政府		有	有	有	有

数据来源:根据《2019年度高等职业教育质量年度报告》中相关数据整理所得。个别数据难以获取,以"—"表示。

(一)合作主体特征比较

关于合作模式中参与主体的特征比较,从表4-1中可发现三类跨境校企合作模式都有不同组合的主体,分别是高职院校、"一带一路"企业、东道国政府、母国政府及行业组织。以高职院校和"一带一路"

企业作为供给方和需求方主体,这一组合存在于三类跨境合作模式中。机构跨境合作模式的参与主体最为齐全,包括校、企、政、行四类。随着跨境合作模式中合作程度的减弱,参与主体逐渐减少,在人员跨境合作模式中,则以校、企、政为主体,而且东道国政府极少参与。行业组织和东道国政府是否参与,主要视要素流动的情况而定。

(二)院校基本办学特征比较

高职院校是校外跨境合作的供给侧主体。合作模式因合作组织内院校资源禀赋的不同而产生差异。院校特征直接影响校企跨境合作模式的层级,院校资源数量越丰富,校企跨境合作的成功性越大。[①]不同的资源数量决定了合作主体能够承担的风险和合作创造的收入。比较表 4-1,发现赴国(境)外指导和开展培训时长、在国(境)外组织担任职务的数量,以及开发并被国(境)外采用的课程标准、专业教学成果数量等,都是"一带一路"企业看重的合作因素,直接影响合作程度。国际影响力资源对校企跨境合作的影响很大,机构跨境合作模式中高职院校的国际化服务能力最强,项目和人员跨境合作中高职院校的资源逐渐弱化。当院校拥有较多资源时,自然拥有更多的人、财、物和国际化办学积累,面对风险更大的跨境合作办学,企业优先选择资源丰富的院校作为合作伙伴,采取共建实体、联合开发等长时效且高成本的校企合作形式。

(三)"一带一路"企业特征比较

"一带一路"企业是校外跨境合作中的需求主体。企业特征包括企业的行业性质、企业规模与成长阶段等。比较案例中的上述因素发现,企业规模、企业成长阶段以及与高校合作时间的长短,直接影响校企跨境合作的模式与效果。大企业因拥有更多的资源,对合作伙伴的要求更高,合作层次也趋向更高层级。而中小企业倾向于简单、短期

① 沈绮云,万伟平.职业教育校企合作长效机制影响因素实证研究——基于结构维度和回归方程的分析[J].高教探索.2015(6):101-107.

起效的合作形式,以快速提升自身技术水平。处于成熟期的企业相较成长期的企业而言,与高校合作的层次更高。

值得重视的是,校企合作持续时间的长短因其影响主体间的互信关系,进而影响校企合作的模式,在跨境合作中更是如此。校企合作历史构成关系成本,关系成本在校企跨境合作中起着举足轻重的作用,双方合作时间越长,信任程度越高,合作越深入。比较上述案例可见,机构跨境合作模式的校企合作时间最长,而人员跨境合作模式的时间最短。

二、基于核心目标供需形式的案例比较

人力资本是高职院校与"一带一路"企业合作的核心目标,供需双方和组织网络内多元主体的定位和职能发挥会影响合作的内容与形式。按合作深度,杨钋将校企合作分为三种形式:第一层级是产品合作,包括接收毕业生、开设企业实习、院校教师到企业兼职、企业接收院校技术服务、企业接受校内教师培训、企业派驻员工担任教师、企业培训教师、企业设置冠名班;第二层级是组织合作,包括企业开设顶岗实习、订单培养学生、合作开发课程教材、企业向院校捐赠设备、企业向院校捐款、举办企业相关领域竞赛等;第三层级是产权合作,包括企业设置冠名学院、共建校企合作平台。[1] 另外,行业组织对校企合作的内容也会产生影响[2],由此形成如表 4-2 所示的校企合作内容与形式的比较。

---

① 杨钋. 技能形成与区域创新[M].北京:社会科学文献出版社,2020.

② 傅新民.校企合作影响因素的二维分类梳理与新探[J].职教论坛,2015(9):26-29,35.

表 4-2　基于校企合作内容与形式的案例比较

比较因子	案例 A1	案例 A2	案例 B	案例 C
合作伙伴性质	公—私合作伙伴关系	公—私合作伙伴关系	公—公合作伙伴关系	公—私或公—公合作伙伴关系
合作目标	培养学生、技术服务、文化共建	培养学生、技术服务	培养学生、技术服务	培养学生
企业提供校内实践教学设备价值/万元	1042	10465	1973	66
企业兼职教师课时总量/课时	56679	35986	47247	37234
年支付企业兼职教师课酬/元	2038110	3468718	5828800	6857000
企业向院校捐赠设备、捐款	有	有	有	无
产品合作	有	有	有	有
组织合作	有	有	有	无
产权合作	有	有	无	无

数据来源:根据《2019 年度高等职业教育质量年度报告》中相关数据和企业网站资料整理所得。

通过上述比较,发现案例 A1、A2 的校企合作程度最深,为产权合作层级,合作内容最为丰富;案例 B 次之,有产品和组织合作,但未达到产权合作层级,合作内容也很少涉及文化共建相关内容;案例 C 的合作程度最浅,停留在产品合作层面,以校企合作培养学生到境外企业实习工作的形式为主。进一步分析发现,案例 A1、A2 能达成机构跨境合作模式,与组织内要素职能的定位及衍生功能的发挥密切相关。合作中,组织要素除在螺旋体内保持独立地位和身份的自有职能外,其衍生功能成为以人力资本为核心的知识、信息得以充分自由流动的前提,进而实现合作各方的最大效益。

三、基于合作运行协调支持的案例比较

供需协调支持是高职院校服务"一带一路"企业实现有效运行的重要保障机制。通过上述案例分析可见，协调支持的重点指向制度政策、经费和信息供给。制度支持主要包括东道国和母国两方面的制度支持，主要选取东道国对中国投资企业的接受程度（以中国企业在该国的投资额来反映），以及东道国对人力资源的需求状况作为衡量指标；母国的协调支持主要选取企业和高职院校所在城市的政策、法律条件、政府投入等体现（见表4-3）。

表 4-3　基于供需协调支持因素的案例比较

比较因子	案例 A1、A2	案例 B	案例 C
区域性市场结构	在西港特区内，多家竞争性企业共处同一劳动力市场，出现技能短缺现象。为避免相互挖人和工资竞争，企业间形成了广泛参与的合作安排。通过集体承诺，以"高工资、高技能"模式取代"低工资、低成本"模式	企业作为龙头企业，经常开展设备捐赠等高成本合作，扮演家长角色，确保在招聘过程中享有优先权	企业经常参与学校人才培养事务，在招聘过程中享有优先权
母国所在区域的外部支持	产教融合型城市	产教融合型城市	产教融合型城市
母国院校按生均拨款享受的财政投入/亿元	2.3	2.1	1.8
东道国地方性产权保护	提供了税收减免、规制和管理程序的简化等政策	提供了税收减免等优惠政策	政府鼓励外资在特定行业和地区进行投资

数据来源：根据《2019年度高等职业教育质量年度报告》中相关数据和企业网站资料整理所得。

通过比较发现，协调支持是跨境合作模式中极为重要的运行构成要素。东道国和母国的经贸关系越互补，地方性保护政策就越强，所在区域对企业和高校的合作行为就越会支持鼓励，合作的层级也就越高，如案例 A1、A2。

四、基于案例研究的经验总结与反思

通过上述高职院校与"一带一路"企业合作模式的比较,形成基于案例研究的经验与反思,主要从跨境校企合作模式中供需双方的核心目标、供需内容、结构和运行机制来加以梳理。

(一)基于案例研究的经验总结

第一,在合作目标上要多维拓展,强化命运共同体理念。共建"一带一路"高质量发展的进程中,合作目标的确定是跨境校企合作的逻辑起点。无论哪种合作模式,都以人力资本为核心合作目标和基本需求,随着合作程度的加深,合作内容向技术服务、科技研发和文化共建扩展,合作运行的目标也从单一教育目标升格为教育、经济和政策共存的多维目标,形成命运共同体。一是合作目标随着合作模式循序递进。合作目标在机构跨境合作模式中最为丰富,逐渐向项目跨境和人员跨境合作模式递减。案例 A 的合作内容最为丰富,合作程度最深,达到了产权合作层级;案例 B 中有产品合作和组织合作,但合作内容较少涉及文化共建内容;案例 C 的合作程度最浅,停留在产品合作层面。二是充分考察东道国需求。合作目标产生于合作需求。确定跨境的校企合作目标时,不仅要看中国企业跨国投资经营的产业需求,还要看当地职业教育的发展需求以及当地政府发展职业教育的需求。三是强化共同体理念。"一带一路"倡议提出"共同打造政治互信、经济融合、文化包容的利益共同体、责任共同体和命运共同体"目标,在跨境校企合作中,应细化各方主体价值需求的对接,形成基于价值共创的共同愿景,实施价值提升的合作路径,营造共同体文化。①

第二,在合作主体上要多元协同,打造供需适应新样态。跨境校企合作的典型经验是多元主体在跨界跨境合作中主动参与并充分履

---

① 吴秋晨,徐国庆.价值共创视域下企业参与产教融合的行动路径研究[J].教育发展研究,2024(1):34-41.

行各自职责。合作主体突破组织壁垒产生衍生功能,是知识、信息得以充分自由流动的前提,进而实现合作各方的最大效益。一要明确各主体的功能定位。高职院校承担人才培养、科学研究和社会服务等功能,实现人才和成果的输出。企业提供合作需求、实践场所和就业岗位等。政府发挥统筹引导作用,除了母国政府之外,东道国政府的支持是现阶段校企跨境合作中不可缺少的力量。行业组织起到重要沟通作用,传递信息、协调监督、开发标准、创建对话、引导落地及开展非制度性安排。机构跨境校企合作模式中的参与主体最为齐全,包括校、企、政、行四类主体。随着跨境合作程度的减弱,参与主体逐渐减少,人员跨境合作模式中的东道国参与极少,行业组织的参与视要素流动的情况而定。二要优化跨境合作伙伴。经验证明,供需主体的资源越丰富,服务能力和吸纳能力越强,越能抵御跨境合作面临的风险。院校资源数量越丰富,跨境校企合作的成功率越高。企业的行业性质、产业规模、成长阶段以及与高校合作时间的长短等,都直接影响合作的模式与效果。三要优化合作主体之间的关系网络。领导者执行力影响着合作办学的成效。企业领导、政府管理者、行业组织者和高校决策者在跨境校企合作模式中,基于长期合作建立起信任与支持,进而形成深厚的关系网络,能促使合作不断加深。在案例 A 和案例 B 中,高职院校的领导发挥着重要作用:在战略方向上,领导者执行办学目标和战略,落实预算和资源投入;在人员配备中,领导者组建队伍,组织和开展具体工作;在激励保障中,领导者建立合理的外派人员长效激励机制。当然,建立校企境外合作办学的工作环境也是认知保障体系的构建要素之一。政府主体发挥统筹领导作用。母国政府和东道国政府的支持,是现阶段高职院校和"一带一路"企业合作中不可缺少的力量。高职院校需要与母国政府及相关部门进行沟通,"一带一路"企业需要与东道国政府及相关部门及时沟通与联系,了解研究政策和人才需求特点,分析办学优势与不足,以达成预期规划目标。三类典型案例中,不仅母国政府管理者在发挥指导与协调作用,东道国政府也在母国政府的影响下发挥着重要作用，只是程度不同。当然，中介组织也起到重要沟通作用。上述案例中两所机构跨境合作高校的成功因素之一，便是行业组织善于与东道国属地部门以及公众进行交流，并建立沟通网络平台，成为跨境合作持续经营的纽带。

第三，主体的智力支持和经济基础有利于达成合作。参与主体要素禀赋的优劣，关系着校企合作的深度。要素禀赋越优异，抗风险能力越强，则校企合作越能长久深入。院校禀赋主要表现为智力支持，企业禀赋主要表现为经济实力。上述案例中，无论是院校还是企业，供需主体的资源越丰富，服务能力和吸纳能力越强，越能抵抗跨境合作面临的风险。考察院校主体发现，以"横向技术服务到款额"为代表，智力支持强的高校科技服务能力强，如案例 A 和案例 B 中的高职院校，以超亿元的横向经费到款额高居全国榜首，国际影响力指标向好，并积极运用于机构跨境和项目跨境合作模式中。同时，考察企业主体发现，规模大、处于成熟期、能上市的企业组织与院校合作的程度更深，由此形成的合作模式也以机构跨境合作为主。一般意义上讲，能赴"一带一路"共建国家开展直接投资的企业都是经济实力雄厚的微观经济体，有较强的国际化合作能力。

第四，在合作运行上要推动职能延伸，构建四螺旋协同机制。主体之间的有效运行是跨境校企合作成功的保障。一要激发多元主体延伸职能。合作模式中，院校的人才链、企业的技术链、政府的政策链等虽已达成一体化状态，但各自仍面临实践资源、教育资源、政策主张实施主体资源的缺乏，由此产生的资源势差形成主体间互为补短的驱动力，促使各主体的职能向外延伸，建立沟通、协调、合作、协同的机制，促进各类资源在螺旋体中有效运行。四螺旋模式中，沟通、协调、合作和协同的运行机制推动跨境校企合作模式中各类资源在主体间的有效运行。高职院校、"一带一路"企业、东道国和母国政府及行业组织四类主体各有主体职责又有资源势差，以培养企业在素质和能力上都认同的技术技能人才为核心目标。当出现供需失衡时，合作组织内主体出于共同利益追求和资源势差的考虑,不断运行该机制。例如,在案例 A1 中,2010 年起,企业看到柬埔寨西港特区内企业发展面临大量技能人才供需失衡问题,经过研判,明确失衡的根源在于柬埔寨本土提供不了合格的技能人才。园区企业在衡量各方成本后,与有着十多年校企合作历程且正在合作的国内高职院校沟通,在深厚信任的基础上双方达成共建海外学院的厂校合作意向,在一系列制度与规则的推动下,于 2012 年合作共建西港特区培训中心开展技术技能培训。当培训中心的教育供给再次出现失衡时,2014 年,学校开始与柬埔寨两所高校(西港莱福大学和建明大学)探索合作办学①,同时,企业捐款设立奖学金,成立柬埔寨西港教育发展有限公司,并在合作过程中实施有效的运行机制。2018 年 10 月 31 日,企业终于获批建设股份制应用型本科大学的资格,柬埔寨西哈努克港工商学院成为中国高职院校在海外建立的首所本科高校,使供需趋向新的均衡。合作网络中,多元主体相互嵌入,螺旋体在政策、教育、实践与资本和社会资源的系统性支持下循环递进,激励各螺旋体发挥积极作用并延伸职能,趋向利益、责任和命运的合作共同体。二要优化跨境合作区域。经济地理区域是影响合作的因素之一。高质量共建"一带一路"框架下,东道国政府是合作网络组织中的重要角色,其对中国企业的态度直接关系到跨境合作项目的成效,所以东道国区域的选择成为合作考虑的起点。基于"跟随"的合作逻辑,院校应根据中国企业对外直接投资的区域分布、量化特征、合作交流基础以及境外经贸合作区的布局特征来统筹设计合作布局。

第五,在合作保障上要多方联动,形成系统性保障体系。供需支持是跨境校企合作模式有效运行的重要保障机制。系统性资源支持应在理念共识、制度建设、信息资金和风险防范等方面加以突破。一

---

① 解德道. 无锡商院实施"走出去"海外教育发展途径研究——以西港特区为视角[J]. 现代经济信息,2016(16):362-363.

要强化认知保障。跨境校企合作中,组织网络内外的利益相关者都应高度认同组织的价值、信念、结构、程序和文化,领导者的国际化理念尤其重要,直接关系到组织网络的顶层设计与可持续性规划。在案例A中,无论是企业、院校还是柬埔寨政府、中国政府以及当地的行业组织等利益相关者,都高度认同组织的价值、信念、结构、程序和文化。"本校能坚持下来与领导层的决策密不可分,在选择合作企业时首要看学校和企业领导的理念是否相近,尤其是企业的育人情怀。"(A1-G-W)二要夯实资金保障。高等职业教育跨境办学,仅依靠院校的努力难以实现可持续目标,亟须外部力量的支持。政府应更多地尝试以购买服务的形式投入经费,加大对高职院校"一带一路"合作项目的专项经费投入。在案例A1中,合作企业是行业内龙头企业,在西港特区与高职院校投入大量资金,离不开东道国和母国政府的大力支持。"同时通过尝试日间夜间弹性学时制等互补安排方式,降低办学成本,提高资源利用效率。"(A2-G-W)三要完善制度保障。充分营造有利于合作的制度环境,重点发挥省域地方政府的统筹职能,在政策激励与沟通协调中加大供需保障的支持力度,提升合作质量。例如,案例A中的母国政府依托国家级市域产教联合体的建设,通过对中国企业的税收减免和物质激励等举措,有力地提升了企业参与跨境校企合作的积极性。四要健全风险保障。跨境校企合作的风险更复杂、更严峻,除了应对政治、经济、文化、法律、舆情等风险之外,还应防范跨境的各类合作风险,如实习安全风险、企业经营下滑引致校企合作"断档"等风险。应建立完善的风险评估体系与合理的风险承担制度,形成合理的利益分配和激励约束。五要优化信息保障。信息不对称已成为跨境校企合作中的卡点,合作主体的多元性使信息沟通的难度更大。政府要形成信息固化的文件与制度,并依托数字技术破除空间与时间障碍,建立高效实时的信息网络和信息公开平台。

(二)基于案例研究的反思

机构、项目和人员的跨境流动比国内的校企合作更复杂困难。上述案例也暴露了跨境校企合作中存在的问题。

一是参与主体和职责的双重缺位导致了合作质量的弱化。一方面,在人员和项目跨境合作模式中,行业组织的缺位,导致高校、政府和企业之间的协调受阻,教育界与企业界之间在信息传递、协调监督、标准开发、对话机制创建和非制度性安排引导等方面的功能发挥作用有限。"一带一路"倡议下,中国企业的投资区域以东盟为主,这些东道国的职业教育治理模式强调非强制性,案例中以互益性、行业性为主要特征的行业主体是否参与,直接影响着合作质量。另一方面,各主体要素在组织运行中的跨界衍生职能不足。大多数企业尤其是中小微型企业因校企合作共同培养人才的高成本望而却步,不愿突破企业边界。政府作为协调支持的重要组织要素,在跨境合作中对经费跨境流动、质量监管、人员激励,尤其是师资队伍国际化能力建设和学生跨境就业的利益保障尚有很大进步空间,未能出台有效的激励机制。高职院校受公共财政投入的制约和科层制管理体系的制约,多元主体的职能定位未能充分落实,缺乏深入彼此组织内部的持续动力。

二是核心目标的多重价值缺位影响了跨境合作模式的层级。三类典型案例中,高职院校面对上位政策的新要求与实践探索中的新变化,在与企业的合作中服务"一带一路"建设。由于共建国家独特的投资特征以及跨文化、跨地域、跨领域的多元复杂性,供需双方对新型人力资本在服务"一带一路"企业和共建国家中应具有经济、教育和使命担当的多重价值的普遍性认知,随着合作层级的深入而逐渐加深。在人员跨境合作和项目跨境合作中,"一带一路"企业受本身跨国经营能力的制约,同时,合作方的高职院校国际化服务能力也处于提升阶段,由此,供需双方对核心目标(人力资本)的要求也就止于保障企业生产经营的经济目的层面。而在机构跨境合作模式中,高成本性合作使合作多方自觉形成长远规划,通过培养人力资本,技能人才与企业同发展共命运,达成企业发展和高质量就业的同时,也促进了共建国家产业转型升级的使命认知。

　　三是供需支持体系的运行缺位影响了组织目标的达成。高职院校与"一带一路"企业的合作模式中,无论是人员跨境合作,还是项目和机构的跨境合作,都有着明确的希望达成的合作目标。合作运行中,构建保障、支持和服务多元主体的健全体系,并勇于突破边界,对组织合作目标的达成至关重要。分析上述案例发现,高职院校归属教育部门管理,发展和改革委员会是产教融合型企业建设的主要负责部门。[①] 不同的行政部门掌握着不同的行政资源,高校的专业设置与国际化办学归教育部门管理考核,企业对外直接投资由商务部门、发展和改革委员会审批核准,一定程度上使高职院校的专业设置滞后于产业布局,形成如案例 C 中的结构失衡问题。尽管案例 C 已在尝试政府治理模式的改革创新,如由当地商务部门牵头建立由教育、人力资源和商务等多部门参与的联席会议制度,但非实体的并列的行政管理属性,使之很难发挥跨部门的协调职能。此外,支持服务体系的缺位进一步降低了合作共同体目标的达成度。组织网络中,高校的公益属性和企业的市场属性在现代化治理体系尚未生成的大环境下,难以形成根本性共识。案例 C 作为当前高职院校与"一带一路"企业合作的主要类型,未能走向深层次合作,背后既有合作平台的有效性不足的原因,也有国有资产境外投资管理政策、境外办学财务管理制度、派出人员出国手续管理政策、学生学籍管理制度、质量监督保障政策及跨境办学信息标准等支持服务体系缺位的原因。可见,各类跨境校企合作模式需要大力发展和加强技术认证与监管,提升标准输出、技术攻关、师资服务能力以及人才培养质量,整体性研究东道国信息需求和产业行业企业的需求,并实现需求信息的呈现和实时共享。

---

　　① 徐国庆.职业教育实现现代化的关键是完善国家基本制度[J].华东师范大学学报(教育科学版),2021(2):1-14.

第五章　高职院校与"一带一路"企业合作模式的优化

高职院校与"一带一路"企业合作,旨在从职业教育供给侧发力培养新型高技能人才,为实现"一带一路"倡议对内激发增长活力、对外拓展开放空间、促进全人类共同发展的伟大目标做出职教贡献。面对合作模式中质量、结构与运行失衡的现状,高职院校唯有不断优化改革学生、课程、教学、师资以及专业等办学的核心要素,才有吸引力和竞争力。应以多元主体合作共赢为目标,建立"素质首位职业能力"培养体系,建构融入职业素质的课程体系,建设跨界协同的"双师"结构师资团队,优化核心目标的供给质量;建立以市场需求预测为核心的专业结构动态调整机制,延伸专业层次,优化供给结构;选择适切的合作伙伴与区域,建立稳定的保障支持服务体系,优化运行机制,最终达到合作模式的优化和办学水平的提升。

第一节　建构合作模式优化的总体目标

一般意义上,总体目标包括基本规格、基本原则以及建构路径。优化高职院校与"一带一路"企业的合作模式,首要的任务是确立优化的总体目标,为拟开展的核心目标优化、结构优化和运行优化确立总体建设的边界与框架,具体包括明晰基本规格、原则和路径,力使多元主体成为互惠共赢的命运共同体。①

一、明确建构的基本规格

基本规格由内涵、界限和路径构成。基本规格的构建是高职院校与"一带一路"企业嵌入式合作的依据,关键在于把握高职院校供给侧的质量优化导向与合作路径的创建导向。实体合作中,需要更多地关注螺旋体内各主体的意义,以及共同体所承载的共同信念和价值取向。② 基本规格具有存在的界限。具体到合作模式中,包括高职教育办学的普遍性目标、个性化要求与培养时限。首先,高职院校的办学功能须"服务于个体就业与经济发展需要"③。让学生获得经济社会与用人单位所需要的职业能力是职业教育的核心目标。④ 高职院校与"一带一路"企业合作以人才培养为核心,形成合作组织内各主体都应认可的协定。其次,高职院校与"一带一路"企业的合作,由于跨境属性的存在,必然与国际化办学有关联,这是合作目标基本规格的基础,也就是需要确定合理的高职院校国际化发展目标。最后,高职院校与"一带一路"企业的合作时效受高职教育培养周期的制约,一般情况下为三年,如果以每学年 40 周教学活动、每周 40 学时来看,三年的有效学习时间额度为 4800 学时。随着职业教育本科院校的设立,也应有四年的培养时限。那么,合作目标的基本规格就要考虑该学时下培养目标达成的可能性。

---

① 马廷奇.命运共同体:职业教育校企合作模式的新视界[J].清华大学教育研究,2020(5):118-126.

② 鲍曼.共同体[M].欧阳景根,译.南京:江苏人民出版社,2007.

③ 徐国庆.职业教育课程论[M].上海:华东师范大学出版社,2015.

④ 匡瑛.究竟什么是职业能力——基于比较分析的角度[J].江苏高教,2010(1):131-133,136.

二、明确建构的基本原则

基本原则的提出应与高职院校与"一带一路"企业的合作主体相适应。基于组织网络中多元主体的常态变化和分类成长的特征,高职院校与"一带一路"企业的合作基本原则也应坚持动态原则和分类原则。

合作总目标要坚持动态原则。在合作的区域网络内,由于合作的需求、对象在发生变化,也就是作为合作的核心指向——高职学生——在人才培养上呈动态变化;合作服务的东道国政府,即"一带一路"共建国家,对职业教育的需求呈动态发展;企业主体也会随着企业发展环境和战略的变化而动态变化。故而,始终处于动态发展之中的高职院校与"一带一路"企业的合作运行模式,对人力资本、合作形式产生动态的需求。

合作总目标要坚持分类原则。在高职院校与"一带一路"企业的合作运行中,技能人才和企业都呈现不同的类型特征。对技能人才而言,从人力资本开发的视角来看,不同类型的原始人力,经过不同类型教育的培养,形成不同类型的人力资本产品。[①] 进而,技能型人力资本在职业教育的类型框架体系内培养,从职业高中到职业专科,并自然延伸到职业教育本科,教育功能将技能型人才导向了工作世界。进一步看,专科层次职业教育的毕业学生有两种分流,一种是直接参加工作的就业型,其中包括自行创业的学生;另一种是进一步深造的升学型,包括升到本科或赴国外深造。所以,技能型人才在教育培养的各个阶段依然遵循着"多样成才,分类成长"的发展规律,这是出于高职学生自身职业发展的需求考虑,也符合国家和经济社会的期待。对合作企业而言,赴"一带一路"共建国家开展跨国投资经营,根据其不同

---

① 张凤林.人力资本理论及其应用研究[M].北京:商务印书馆,2006.

的企业特征有不同的分类，包括规模、成长阶段以及企业性质等。根据企业规模分类，有大、中、小、微型企业之分，不同规模的企业与高职院校合作的目标不一；根据企业成长阶段分类，有初创期、成长期和成熟期，不同阶段的企业对院校的合作需求也不一；根据企业性质分类，有国有企业、集体企业和私营企业，所有权和控制权的主体不同，在"走出去"过程中与高职院校的合作要求也不同，如 2022 年实施的《中华人民共和国职业教育法》中就明确了"国有企业深度参与职业教育"的要求；按投资方式划分，企业又可以分为独资企业、合资企业，以及股份制企业，不同投资方式的企业对高职院校的合作需求不一。高职院校与"一带一路"企业的合作总目标，应考量合作企业的类型特征。

三、明确建构的路径

城市合作路径的建构需要考虑运行的要素、运行的关系以及具体的建设目标。

要优化合作模式的运行要素，包括运行的要素以及支持运行的中介要素等。从四螺旋理论来看，优化校企合作的质量和结构，要优化模式内的供给要素以及联结供需的中介要素等，以增强知识、信息自由流动的效益。

要优化合作模式的运行关系。一方面，要形成国家和地方层面校企合作目标的基本规格，使各地各校在具体化、多元化的操作中有实施依据和核心基础。根据目标规格的制定，立足区域经济社会发展的总体水平、当地企业对外直接投资水平，"走出去"到"一带一路"共建国家的实际情况以及高职教育发展水平，制定相应目标的规格。另一方面，还要协同各地区的高职院校与"一带一路"企业形成校际层面的合作目标。

要优化具体的建设目标。中国企业赴"一带一路"共建国家的投资经营，具有显著的结构特征，包括规模结构、行业结构、主体结构、区域结构和类型结构。结构特征直接影响着身处其中实习工作的人力资本的要求,进而影响高职院校的教育供给方案。例如,规模结构和经营状态关联着高职院校跟随企业"走出去"的可能性与成功率,行业结构关联着高职院校的专业设置与办学层次,企业的主体和类型结构关联着高职院校在服务"一带一路"建设中对合作伙伴的选择,而其中的区域结构不但关联着高职院校在国内的合作区域布局,更是为探寻东道国的经济社会情况和职业教育水平指明了方向。所以,高职院校优化质量目标的举措与路径应包括人才培养规格、课程体系和师资队伍改革建设等维度。根据区域经济社会中正在和即将"走出去"赴"一带一路"共建国家投资行业的产业结构动态调整专业设置,建构专业设置改革目标。根据区域经济社会中"一带一路"企业在东道国的区域分布和当地高职院校区域分布,建构与"一带一路"企业的伙伴、区域路径的优化目标。根据区域经济社会中"走出去"赴"一带一路"共建国家投资企业和高职院校的实际困境,建构相应的保障支持目标,包括制度、经费、信息等技术、认知与管理层面的保障体系。

第二节　高职院校与"一带一路"企业合作模式的目标优化

　　优化高职院校和"一带一路"企业的合作模式,人力资本的质量是核心目标取向。研究发现,企业对"责任心、忠诚度、肯吃苦"等素质首位的职业能力需求,与高职院校对人力资本构成要素的认知和供给存在错位,"利益、责任和命运共同体"的社会价值尚未在合作模式的人才培养中得以体现,失衡原因既有社会逻辑的缺位,也有教育逻辑的缺位。从社会逻辑看,"一带一路"企业所在的大部分东道国,其经济特征和文化距离影响着职业能力的形成。从教育逻辑看,企业对高职学生的能力需求日趋高级化,要求工作主体具有相应的职业素质和综合实践能力。

　　培养契合"一带一路"企业所需的高技能人才成为破解核心目标供需失衡的关键。立足职业教育供给侧内生性改革,以产教融合为关键,以数字化改革为纽带,厘定合作模式中高职人才培养与质量提升的总框架,应构建素质首位的职业能力培养体系,多元协同构建融入职业素质的课程体系,优化技能人才质量提升内容;建设跨界协同的"双师"结构师资队伍,切实提升教育教学能力;建立相应的内部质量保证体系,以支持上述目标质量的实现。

一、构建素质首位职业能力教育体系

　　教育目的决定教育活动。[①] 在高职院校与"一带一路"企业合作中,供给的非市场性是供求矛盾的根源。高职院校应以需求引领供给,突破供需错位,构建素质首位职业能力教育体系,加强数字化教育培训,培养高素质技术技能人才。

　　中国企业赴"一带一路"共建国家投资经营具有很强的区域性。东道国的投资区域分布中,当地的产业园区是企业初始进入和后续发展的重要平台;中国境内对外直接投资的区域分布中,对外直接投资强的区域基本上也是职业教育"走出去"的强区域。对标这一区域特征,职业院校在新型技能人才教育体系的构建中,也应以这些区域为重点,协同区域内各方力量,整合教育资源的供给机制,突破职业教育、高等教育、继续教育各自发展的既有格局,"三教"结合,打通职前职后教育通道,夯实现代职业教育体系建设基础。

　　(一)构建素质首位职业能力教育体系

　　目前,全日制学历教育学生仍是职业教育的主要群体,也是前述合作模式中的主要分析对象。实践中,应聚焦以这部分群体为对象的

　　① 袁振国.当代教育学[M].北京:教育科学出版社,2004.

新型技能人才的需求定位,突出素质首位职业能力的培养。

职业素质养成教育是高职院校人才培养目标中的应有之义。前述已论证,"一带一路"企业对高职学生的职业能力要求,将以责任心、忠诚度为核心的职业素质需求置于首位。笔者认为,职业素质的实质是从事一定职业的人在工作和劳动过程中应遵循的特定职业行为规范。这也是赵志群教授指出的职业能力中社会能力的重要内涵,对高职学生而言是就业之基,立身之本。[①] 高职院校与企业是四螺旋模型中的关键主体,两者有着天然的联系。合作运行中,企业具有的完整组织架构、文化浸润、规范管理、奖惩得法、业绩追求等特征为高职学生素质首位职业能力的培养教育提供了天然的资源。高职院校根据"一带一路"企业的人才质量需求,在学生自主选择的基础上,以公司制平台为载体,对高职学生实施有计划、有组织、有目的的职业素质养成教育活动。

首先,确立公司制平台的职业素质养成教育目标与原则。高职院校与"一带一路"企业合作,从企业的用人需求、企业文化与经营管理要求中提炼归纳企业元素,形成能有效培养职业素质的典型工作任务,做中学,学中思,并在学校教育的第一课堂和第二课堂中加以实施。结合合作模式中技能人才使命担当的社会价值培养目标,最终形成职业素质养成教育体系的目标,即善于自我管理,勇于突破,乐于承担企业和社会责任,具有积极配合的意识和勇于担当的情感与能力。

公司制平台的职业素质养成教育的建构原则包括行为导向、分层教育和虚实相融。原则一,坚持行为导向。坚持三课堂联动,将职业素质养成贯穿于日常教学。第一课堂将来自企业的典型工作任务进行项目化加工,并迁移到教学项目中,对职业素质进行认知与考核;第二课堂以学生社团、技能活动为载体,对职业素质进行实践与固化;第三课堂以顶岗实习、专业综合实践为主,将职业素质进行深化与提升。

---

① 赵志群.职业道德教育与职业认同感[J].职教论坛,2009(12):1.

原则二,坚持分层教育。根据高职学生的成长规律和认知特点,在不同年级开展不同层次的职业素质教育,从认知到实践,再到深化养成。原则三,坚持虚实相融。深化产教融合,通过专业与行业、岗位与项目对接方式,将校内模拟公司制平台与顶岗实习就业的真实公司进行对接。

其次,建构基于公司制平台的职业素质养成教育体系。在公司制平台上开展职业素质养成教育,相关内容需实现三个维度的对接:一是实施主体的对接,实现学校教师与企业导师的身份合一,达成教学内容、教材和理念的共融。二是实施场域的对接,实现课堂即工作现场的共融(见图 5-1)。三是教学资源的对接,搭建专业标准共商、人才培养方案共定、课程教学项目共研的内容渠道。从而,在组织架构、隐蔽课程建设、职业规范约定、职业岗位体验和绩效考核方面,构建公司制平台的职业素质养成教育模式。

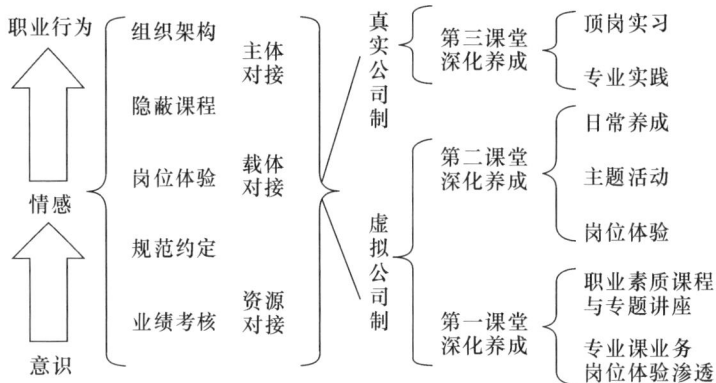

图 5-1　基于公司制平台的高职学生职业素质养成教育实施路径

最后,推进公司制平台的职业素质养成教育体系在校企合作中的实践与深化。要形成责任明确的虚拟公司制组织架构。引入企业的组织架构和管理模式,融合"一带一路"企业的国际化特征,形成以二级学院为虚拟总公司、不同专业班级为虚拟分公司的组织架构,分别赋以企业化职务开展职业素质养成教育渗透。不同专业设置分公司岗位时,应充分考虑专业特点,经过真实岗位采集、教学化处理和具体化设置,形成包括公司名称、岗位分布、职责划分、宗旨与理念等要素的模拟环境,让学生在模拟的公司组织环境中,体验员工角色。例如,随着数字经济的快速发展,电子商务在"一带一路"企业中广泛应用,专业对接行业,考察校企合作的电子商务公司的组织架构、岗位设置、岗位职能以及公司规定、考核激励等运行机制,以此为参考模板,结合高职院校的教学体系,经过教学化处理,在自然班级中构建虚拟电子商务分公司(见图 5-2)。让每个学生的职业素质在虚拟公司制平台中都能得到锻炼,经过大一、大二期间第一课堂的认知养成和第二课堂的实践养成,使之完成职业素质从意识具备到情感认同的转化,并在意志的加持下进入顶岗实习,深化养成职业素质,具化为受公司认可的职业行为。

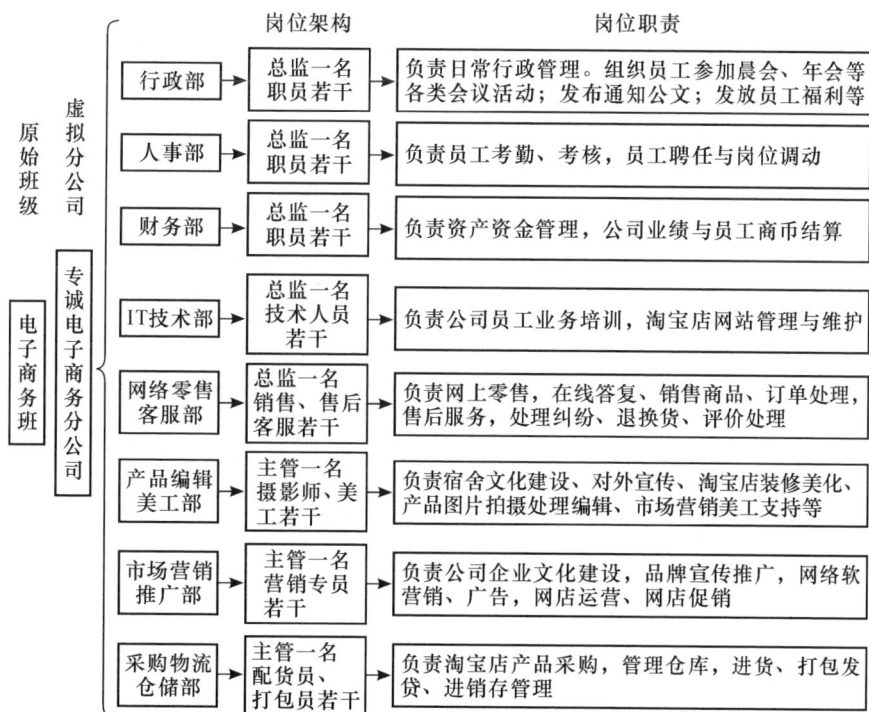

图 5-2　电子商务专业虚拟分公司组织架构

　　建设公司制隐蔽课程。隐蔽课程是实现德育的桥梁。以责任为引领的公司文化是隐蔽课程的有效载体[①],通过环境熏陶对高职学生产生影响。以螺旋体组成的校企合作命运共同体为纽带,将现代跨国公司的理念迁移到学生的课堂与生活中。例如,在"一带一路"企业的行业分布中,零售业是第二大行业,由此,将零售企业"以顾客为重"的理念,以形象化的标识融入实验实训室和生活区等合适的学习生活空间,通过晨会、年会等准公司化行为开展从入学至毕业的全过程渗透。

　　执行公司制职业标准。依据行业企业的差异化特征,以公司章程的形式,与学生员工约定工作学习规范,制定业绩考核办法。按团体考核和个体考核相结合的方式,融合专业课课堂的成绩考核和第二课堂的实践素养考核,正面列表和负面列表清单式管理监督,模拟公司化的业绩考核。

　　实施公司制绩效考核。以工作世界运营中的人力资本为依据,将岗位具化为员工岗和管理岗。两者依据岗位职责,轮岗体验,对标目标,以企业导师评价、企业实践项目、主题活动等为观测点加以考核。当分公司业绩减少到一定标准时,进入破产程序;在顶岗实习阶段,学生以员工身份赴"一带一路"企业实习实践,工作任务就是教学任务,能否受师傅和公司的肯定并被高薪录用,可成为衡量学生是否具备素质首位职业能力的标尺。

　　综上,构建基于公司制平台的高职学生素质首位职业能力的教育体系,提升了高职学生责任首位的职业素质。但我们知道,素质的养成需要全方位全过程全体成员的共同参与,是校、企、政、行多元协同的成果。所以,需要发挥课堂主渠道的育人功能,才能真正提升对接技术技能人才需求侧的"质"。

---

① 沈萍,刘文霞.宁波商帮文化与高职商贸类人才职业素质培养[J].职教通讯,2012(2):11-13.

(二)加强职业教育数字化培训

职业培训是高职院校与"一带一路"企业合作的主要内容,在人员跨境、项目跨境和机构跨境中占有相当的地位,有针对全日制高职学生的职前职后培训,有面向企业本土雇工人员素能提升的院校服务,也有以东道国职业教育学生为主体的短长期培训。面对企业对人力资本素质首位职业能力的需求,毫无疑问,中国的职业院校在共建"一带一路"高质量发展的进程中,应高度重视继续教育的内容组织与方式传输。随着现代化产业体系的构建,行业内部和行业之间,自动化、数字化和智能化水平快速提升,产品竞争力不断增强,高质量的产品供给对岗位胜任力提出更高的要求。随着数字经济的涌现,互联网、大数据、云计算、人工智能、区块链等数字技术得到广泛应用,在《中华人民共和国职业分类大典(2022年版)》所公布的新职业中,与数字技术相关的职业高达近百个,数字化素养和能力成为必备的素养。可以看到,数字化教育及其相关培训在校企跨境合作中不仅是重要内容,也是重要的传输方式。

《中华人民共和国职业教育法》明确,职业教育管理的主要责任和权力在地方各级人民政府。世界上绝大多数国家的职业教育也都是由地方政府和行业组织来管理。高职院校与"一带一路"企业的合作模式,符合以省域为空间单位的行动思考。职业院校应聚焦"一带一路"共建国家和产业发展需求,想方设法突破跨国境、跨文化、跨领域等多重挑战,充分依托28个已设立的国家级市域产教联合体(见表5-1)和行业产教融合共同体,增强院校与行业的紧密度与适配度:对接企业主体,发挥产业链链主企业的作用;突出学习者的素质养成教育,提供多元、自主和模块化的课程内容体系;协同构建数字化培训平台,打造线上线下融合、远程互动高效的国际化培训服务体系。

表 5-1　国家级市域产教联合体设立总况

省份		联合体名称	依托园区	牵头学校	牵头企业
东部地区	北京市	北京集成电路产教联合体	北京经济技术开发区	北京科技职业大学	北方集成电路技术创新中心（北京）有限公司
	天津市	天津滨海高新技术产业开发区信创产教联合体	天津滨海高新技术产业开发区	天津大学、天津电子信息职业技术学院	麒麟软件有限公司
		天津经济技术开发区生物医药产教联合体	天津经济技术开发区	天津科技大学、天津医学高等专科学校	天津国际生物医药联合研究院有限公司
	河北省	唐山高新技术产业开发区产教联合体	唐山高新技术产业开发区	唐山工业职业技术大学	中信重工开诚智能装备有限公司
	上海市	上海闵行经济技术开发区产教联合体	上海闵行经济技术开发区	上海电子信息职业技术学院	上海三菱电梯有限公司
	江苏省	苏州吴中经济技术开发区机器人与智能制造产教联合体	苏州吴中经济技术开发区	苏州市职业大学	苏州汇川技术有限公司
		无锡市集成电路产教联合体	无锡国家高新技术产业开发区	无锡科技职业学院	华润微集成电路（无锡）有限公司
		常州新能源产教联合体	武进国家高新技术产业开发区	常州工业职业技术学院	万帮数字能源股份有限公司
	浙江省	杭州经济技术开发区（钱塘科学城）产教联合体	杭州经济技术开发区	杭州职业技术学院	杭州钱塘新区产业发展集团有限公司
	福建省	晋江市域产教联合体	晋江经济开发区	泉州职业技术大学	福建盼盼食品有限公司
	山东省	济南市智能制造与高端装备产教联合体	济南高新技术产业开发区	济南职业学院	临工重机股份有限公司
		潍坊国家农业开放发展综合试验区产教联合体	潍坊国家农业开放发展综合试验区	山东畜牧兽医职业学院	山东亚太中慧集团有限公司
	广东省	深圳市域产教联合体	深圳市高新技术产业园区	深圳职业技术大学	华为技术有限公司
		佛山市"两高四新"产教联合体	佛山高新技术产业开发区	广东轻工职业技术大学	瀚蓝环境股份有限公司

续表

省份		联合体名称	依托园区	牵头学校	牵头企业
中部地区	安徽省	合肥(新站)高新技术产教联合体	安徽合肥新站高新技术产业开发区	合肥职业技术学院	科大讯飞股份有限公司
		芜湖市产教联合体	芜湖经济技术开发区	芜湖职业技术学院	奇瑞控股集团有限公司
	江西省	赣州稀有金属市域产教联合体	赣州经济技术开发区	江西应用技术职业学院	江西金力永磁科技股份有限公司
	湖北省	武汉中国光谷产教联合体	武汉东湖新技术开发区	武汉软件工程职业学院	烽火通信科技股份有限公司
	湖南省	株洲市产教联合体	株洲高新技术产业开发区	湖南铁道职业技术学院	中车株洲电力机车有限公司
西部地区	广西壮族自治区	广西(柳州)汽车产教联合体	广西柳州市高新技术产业开发区	柳州职业技术学院	上汽通用五菱汽车股份有限公司
	重庆市	西部职教基地产教联合体	永川高新技术产业开发区	重庆电子工程职业学院、重庆水利电力职业技术学院	长城汽车股份有限公司重庆分公司
	四川省	成都市航空航天产教联合体	成都青羊工业集中发展区	成都航空职业技术学院	成都飞机工业(集团)有限责任公司
		德阳重大技术装备制造产教联合体	德阳经济技术开发区	四川工程职业技术学院	东方电气集团东方电机有限公司
	贵州省	黔南州磷化工及新型储能材料产业市域产教联合体	福泉—瓮安千亿级产业园区	贵州工业职业技术学院、黔南民族职业技术学院	贵州磷化(集团)有限责任公司
	陕西省	西安航空高端制造产教联合体	西安阎良国家航空高技术产业基地	西安航空职业技术学院	西安兴航航空科技股份有限公司
东北地区	辽宁省	大连金普新区(大连经济技术开发区)市域产教联合体	大连经济技术开发区	大连职业技术学院	通用技术集团大连机床有限责任公司
	吉林省	长春市汽车产业集群产教联合体	长春汽车经济技术开发区	长春汽车工业高等专科学校	中国第一汽车集团有限公司
	黑龙江省	佳木斯国家农高区现代农业产教联合体	佳木斯国家农业高新技术产业示范区	黑龙江农业职业技术学院	北大荒集团建三江分公司

资料来源:根据中华人民共和国教育部政府门户网站(moe.gov.cn)资料整理。

二、构建融入职业素质的课程体系

在素质首位职业能力的教育体系中,课程是达成培养目标的组织教育教学活动的主要依据。一组相互关联的课程组合而成的整体便是课程体系。[①] 由此来看,要实现高职院校与"一带一路"企业合作模式中人力资本质量的优化,需要构建融入职业素质的课程体系,这是一个具有特定功能、特定结构和一定相关性的知识、能力和经验的组合系统。[②] 课程体系中的骨架是课程结构,主要体现为课程体系的专业门类数量,以及各专业内容的比例关系、必修课与选修课设置、分科课程与综合课程的搭配等要素。课程体系作为一个课程整体和组合系统,包含着价值取向与体系构建、课程组织与实施,以及课程资源与教学管理的支持与保障。

(一)融入职业素质的课程体系建构要素

首先,确立融入职业素质课程体系的建构取向。这是供给侧课程设计者体现于课程教学中想要追求的方向和所期待的价值倾向,也是课程的价值取向。之所以要以职业素质养成教育为课程体系的设计追求,是因为高职院校以培养高素质技术技能型人才为培养目标,最终支持实现中国特色现代职业教育体系的建立。研究中,供给侧的高职院校服务于需求侧对素质首位职业能力的人力资本质量需求,对通过课程教学所达到的效果进行准确定位,体现合作模式中高职院校的教育价值观。以往关于职业素质养成教育与高职课程体系的相关研究表明,国内外对于职业素质与职业课程建设的研究经历了由浅到深的研究过程。在实践主导的理论支持下,目标和内容被放在实践行动的首位,高职课程虽然在课程开发、实施和评价上回应了实践导向的理念,但是,还尚未形成将职业素质融入高职课程建构的价值取向。

---

① 巩建闽,萧蓓蕾.基于系统的课程体系概念探析[J].中国高教研究,2012(6):102-106.
② 胡弼成.高等学校课程体系现代化[D].厦门:厦门大学,2004.

因此,应建构契合高职院校和"一带一路"企业合作需求的课程体系,培养符合企业人力资源需求的高素质技术技能人才,形成以职业素质养成行动为指导的高职课程管理体系。[①]

其次,形成分类培养的课程体系建构思路。以人才培养目标为指引,依据行业企业对人才的需求要素,明确能力需求、素养需求和知识需求的内涵和边界,重构分类培养理念下各类型学生的课程体系。只有这样,学生才能自主地提升以职业素质为核心的职业能力。所谓"培养类型",是指按照专业所面向的职业岗位群和培养目标,根据学生的职业生涯发展目标、个性特长、学习态度、学习能力等,在德智体美劳全面发展的技术技能型基础上,形成分类培养目标,实施相应的培养方式。实践中,为更有的放矢地形成培养路径,可将高职学生根据上述要素分为两大类型:第一类以直接就业为目标,可简称为就业型。这类学生根据不同的就业形式,又可分为创业就业型和雇佣就业型。创业就业型学生在学校学习期间接受系统的创新创业教育,经历创业实践,从而具有创业意识和创新精神,并具备一定的创业基本能力。雇佣就业型的学生在在校期间完成专业学习的基础上,能就某一专业领域达到熟练、高超的技术水平,具备岗位职业能力"一技之长",能获得高级职业技能等级证书或较高级别的职业技能竞赛成绩,能跨学科修读其他专业,毕业时以高水平的职业技能水平从事专业工作。第二类以继续升学为目标,可简称为升学型。如果在国内完成升学,实质上就是现在社会上讲的专升本型;如果赴国外深造,则可称之为国际化型。本书中的高职学生主要为就业型群体。

然而在具体实践中,高职院校的课程体系设置呈现不少弊端。目前,大部分高职学生的学制为三年,而人才培养方案中,与行业岗位群对应的职业能力过于追求全面,使学生难以应对日益复杂综合的岗位要求,一定程度上削弱了学生初始工作岗位的胜任力。再如,现有高职院校中,由于多种原因,人才培养方案可以适用于多届别、多种类生源的学生,往往忽视了个体的多样性,难以激发学习兴趣,个性发展也难以体现。其实,这些弊端的根源往往在于"分类原则"的体现不足。所以,高职院校树立人人都能成长成才的教育理念至关重要,充分尊重学生的主体地位与选择权,激发其学习兴趣和积极性。通过设置通用课程、专业课程、发展课程等模块式课程体系,确保课程能使学生实现最大效能,在整个课程体系的建构过程中自然地提升与技能形成相匹配的职业素质,提高学生个人综合性职业能力。当然,课程实施的支持保障体系也相当重要,包括组织呈现项目化课程、建设"双师"结构师资队伍、推动教学资源共建及数字化教学的支持与保障等。

(二)基于职业素质的课程体系建构

遵循分类原则,构建融入职业素质的课程体系,应建好"平台"设好"模块"(见图5-3)。平台课程是旨在强化基础知识和通用能力培养的必修课程,包括面向全体专业的通识平台课程、面向某一专业的专业群平台课程和面向专业内不同岗位方向的岗位群平台课程。通识平台课程可包括思想政治素质与职业基本素养类课程、身体素质类课程、心理健康类课程、知识与能力素质类课程,这四类通识平台课程的设置旨在培养高职学生基本的方法能力和社会能力,其中的"职业基本素养"主要为面向全体学生的职业素质发展的要求及实践,以及虚拟公司制平台运行中的素质养成要求等,与前述公司制平台职业素质养成教育模式相对应。专业群面向技术领域相近或专业基础相近的产业链,专业群平台课程包括专业基础课、专业核心课等;岗位群平台课程指向某一专业各工作岗位方向模块共有的课程,是岗位群工作任务相同的课程内容,包括工作岗位方向基础课程、工作岗位方向核心课程等。模块课程是旨在进一步贯彻分类原则,尊重选择给予学生自主权的课程,包括必选模块课程和任选模块课程。必选模块课程主要根据工作岗位就业面向的不同,在岗位群平台课程的基础上,根据学生的工作岗位方向,设置不同的工作岗位方向模块课程或分类培养衔接模块课程,以进一步提升学生的就业能力。模块课程学分可占总学分的四成左右。岗位工作方向模块课程由学生按照自己职业生涯方向进行选择,如国际贸易专业有跨境销售与客服、外贸操作与跟单两个工作岗位方向模块,每个模块因就业面向不同,所设置的核心课程也不同,同时应控制实践环节课程的比例不宜过低。分类培养衔接模块课程为必选课程或专业拓展课程,主要包括通识选修课和专业拓展课,由学生任意选修。

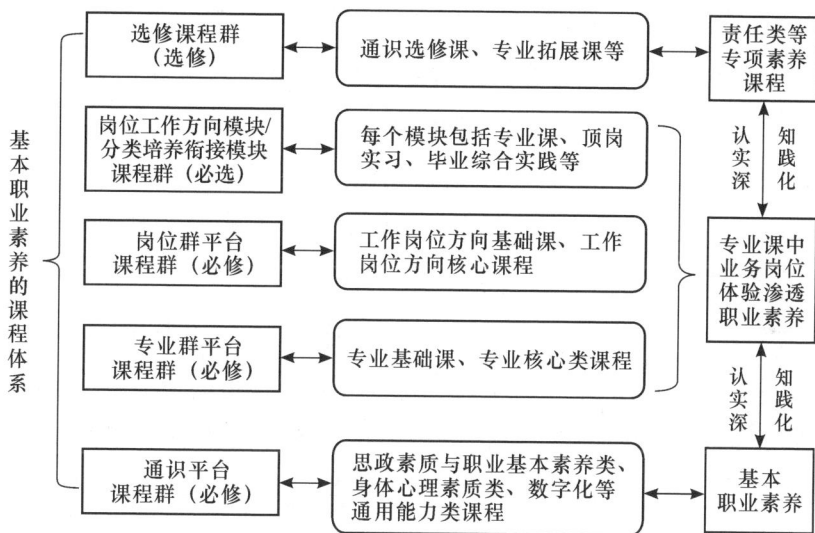

图 5-3　融入职业素质的课程体系构建

值得注意的是,上述课程体系的构建始终贯穿着职业素质的融入。通识平台课程中除了设置必修的"职业素质与职业发展"课程,还在任选模块课程中提供责任类、国学类素养课程,供学生选用。专业群平台课程和岗位群平台课程中,不仅在全部课程标准中设置了基于岗位要求的"素养目标",还在专业课中实施基于工作任务的教学项目,以虚拟公司为载体设置业务岗位,开展职业素质渗透与评价。

(三)基于职业素质的课程体系开发实践

首先,明确不同类型的生源起点。一方面,按生源类型和生源基础制定人才培养方案,如普高生源与职高生源的英语、数学课基础和核心专业课的基础是不同的,在课程设置时要体现出来。另一方面,在按长学制学习特点编制人才培养方案时,须注重中高职课程内容的衔接。

其次,明确不同课程类型的编制主体。校院两级需明确定位与权限,按不同需求编制各级课程方案。例如,二级学院牵头制定需要联合企业行业参与的专业群平台和岗位群平台课程。

再次,实施融入职业素质的分层教学。这也是关键步骤。各专业明确学生就业时的初始岗位和发展岗位,以学生个性化、可持续发展为目标,加强人文通识教育,尽可能给予学生选择的自主权,包括对专业、工作岗位方向、课程模块、课程和学习进程的自主选择,尤其选好发展类型,以便因材施教,分类培养,分层教学。分层教学着重体现在通识平台必修课程、工作岗位方向课程和选修课程中。既要在通识平台中结合各专业群所对应的基础知识,还要科学设置工作岗位方向课程,指导学生按照未来就业面向和喜欢的岗位方向选择模块课程。同时,在分层拓展选修课程时为学有余力、学有所长的学生提供通识选修课程和专业选修课程,拓宽发展空间,着重关照职业发展类、心理健康类、技能拓展类等课程,给学生提供菜单式选课方案。

最后,实施融入职业素质的课程教学。基于职业素质的课程体系实践,具体到高职院校与"一带一路"企业的合作模式中,主要以就业型高职学生为培养对象,需考虑用人单位的需求和学生学业的发展规划。按前述定义,如果这类学生在本专业中具备"一技之长",就能成为受企业认可的技师型人才;如果还能跨学科修读其他专业,就能成为受企业认可的复合型人才。面向这两种就业型人才,课程体系的建构实践也应有所区别。

针对技师型人才的课程体系实践。技师不同于一般工程师,是具有较高职业技能水平的人员。当前,我国技师、高级技师占技能劳动者的比例与发达国家相比差距不小,与实现"中国制造2025"的目标亦相距甚远。因此,加强技师型人才培养并设置相应课程群在高职院校与"一带一路"企业合作模式中尤为重要。在第四章的案例 C 中,该高职院校的国际贸易专业以培养技师型人才为主要分类培养目标,以外贸业务员、跨境电商专员、外贸单证员、外贸跟单员、货代销售与操作员为初始岗位,其职业能力通过专业群平台课程形成商务活动与管理所需的专业基本技能,再通过岗位群平台课程形成外贸业务操作所需的实践技能,在此基础上,根据实际工作和学生兴趣,设置"外贸操作与跟单模块"和"跨境销售与客服"两个工作岗位方向的模块课程,进入大三时通过岗前综合实训、毕业设计培养学生在外贸领域工作所需的综合实践技能。如此,课程体系呈现出在职业能力设置上的层层递进(见图 5-4)。

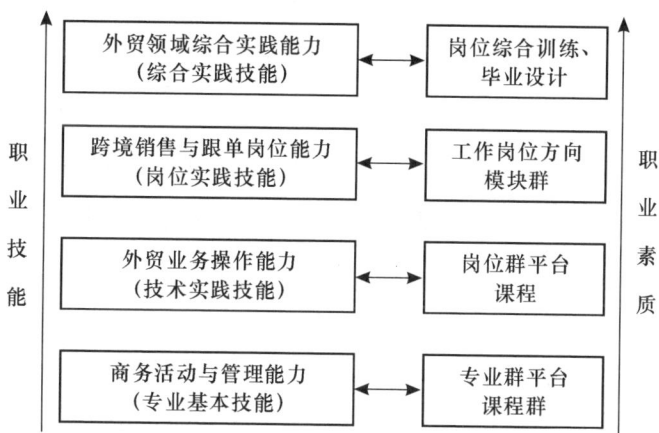

图 5-4 职业能力递进

针对复合型人才的课程体系实践。高职院校可以学生入学时选择的专业为培养基础,鼓励学生跨专业大类进行学习培养再提升,主要有两种方式。第一种方式,面向其他专业学生开展培养复合型人才的课程体系实践。各专业在制定本专业人才培养方案时,可设置辅修专业修读课程,供本专业以外学生修读,课程内容包括专业基础课程、岗位群课程、工作岗位方向课程等。第二种方式,面向本专业学生开展培养复合型人才的课程体系实践。在构建课程体系时,根据本专业学生的职业发展方向和目标,设置与本专业密切相关的其他专业核心课程供本专业学生选读,培养具有复合知识与复合技能的人才,鼓励学生选择修读。

可见,无论是技师型还是复合型人才,在高职院校与"一带一路"企业的合作模式中,都强调了职业素质的重要性。

(四)融入职业素质课程体系的保障支持

对课程体系的保障支持,包括课程资源供给和课程管理支持。主要难点在于提供有效的课程资源,挖掘专业课程中融入了职业素质的课程资源,实质是将蕴含德育元素的课程素材,如案例、视频等,通过课程体系的教学实施,达到课程育人的成效。

要建设有效的课程资源供给体系。当前,在高职院校与"一带一路"企业的合作过程中,课程资源不足,尤其缺乏融入了育人元素的课程资源。这主要受限于课程建设的校内资源空间不足和建设主体的单一性,无法超越事物既有的边界,既缺乏在线课程建设中空间、时间的跨越思维,也缺乏持续联系学校与生产者、政府、行业等多元育人的协同思维,使人力资源、物质资源和信息资源无法集聚。实践中,形成融入职业素质课程体系的资源保障,需要供给相应的课程学习资源,使其在内涵上体现职业素质性,形式上具有广泛学习性。

要坚持课程资源的正确性,保证育人方向的正确性。要坚持逻辑性,从院校课程育人总目标出发,分解出专业和课程的育人目标,层层下链,明确育人功能;要坚持共享性,吸纳不同区域、不同专业、不同层次的教师参与,发挥多元主体优势,实现共建共享。要明确资源供给的规范,将课程标准中的素质、知识、能力目标与育人目标相结合,使专业课程的知识点、技能点与思政资源点相融合。以高职国际贸易专业为例。首先,确定课程中可融入思政元素的范围。在课程内容上确定思想政治教育和价值引领的主线,关键在于能供给适合该课程的思政资源,引导学生增强专业学习的使命感、责任感和创新精神,进而形成工作世界所需的职业素质。其次,梳理出课程中与工作岗位能力对应的学习资源,通过合适的教学模式,将学习过程对应工作过程,自然而然地将思政目标渗透其中,使学生认同并将其内化为具体的职业行为,从而具备岗位能力所需的职业素质。

要建设数字化课程资源。课程资源的丰富完备是课程实施的基础。[①] 泰勒(Ralph W. Tyler)认为,加强校外课程可以帮助学生与学校以外的环境打交道。[②]在线课程资源的建设在面向"一带一路"企业和共建国家的高职教育服务中,具有重要的战略地位。习近平总书记在主持中共中央政治局第五次集体学习时强调:"教育数字化是我国开辟教育发展新赛道和塑造教育发展新优势的重要突破口。"[③]为职业教育培养新型技能人才和高质量职教出海提供了根本遵循。要加强课程资源供给的信息化支持,建立强大的资源平台和管理平台,使课程资源供给能够依托数智化平台提升利用率和辐射力。当下,数字化课程资源的建设,已从单纯的应用数字技术转向能动地运用数字技术进行知识技能的学习。泛在化学习生态克服了异地教学的空间障碍,其易保存特性使学习对象能突破时间束缚多次循环使用,校、企、政、行多主体同时在线的场景,最大化课程的学习效果。要增强在线课程的学习支持服务,多方协同,充分运用网络资源,构建集微课、慕课、视频、动画和试题库等多种形态于一体的在线课程资源,从而打破"一带一路"时空限制的智慧环境,形成教育资源的远程联结与共享,高效便捷地服务"一带一路"企业和共建国家的高质量发展。

要构建现代化课堂生态。制定在线课程的建设标准,树立信息技术与教育教学深度融合的核心理念,以学为中心,深化教法改革,以现代化学习空间为支撑,推进面向"一带一路"的国际化课程建设。发挥

---

① 黄晓玲.课程资源:界定、特点、状态、类型[J].中国教育学刊,2004(4):4.
② 泰勒.课程与教学的基本原理[M].施良方,译.北京:人民教育出版社,1994.
③ 习近平在中共中央政治局第五次集体学习时强调 加快建设教育强国 为中华民族伟大复兴提供有力支撑[N].人民日报,2023-05-30(1).

课堂教学创新及产教融合的优势，以新形态教材、新型活页式教材、工作指导手册式教材等为重点，对接"一带一路"企业的生产技术，关注行业发展的新动向，校企合作开发双语教材项目。

要加强教学管理保障。教学管理保障主要包括学分管理、职业指导和激励考核。要完善学分制。建立健全学分制教学管理制度，允许通识课程学分与第二课堂学分相互兑换，允许学生以技能竞赛成绩、创新作品成果、创业成果、专利等兑换专业课程和毕业设计学分。要加强职业指导。实施导师制，加强对学生职业发展的指导，由企业导师与校内导师共同指导，共同教学，共同考核，共同负责学生成长。要完善激励考核。可对获得辅修专业证书、高等级职业技能等级证书、专升本、出国深造机会以及在创业创新方面取得突出成绩的学生给予激励，如颁发各类学习成就奖，更可在教师教学效果考核、职称评聘等方面加以倾斜支持。

三、构建跨界协同的"双师"结构师资团队

高素质技术技能型人才的培养，对"强师"建设提出更加迫切的要求。高职专业教师在人才培养方案中承担的学时分量彰显了其在职业教育高质量发展中落实立德树人的主体地位。但是实践中，专业教师通过课程教学对学生开展价值引领，进而使学生形成素质首位职业能力的作用未能充分显现。

进一步分析缘由，发现不仅高职学生服务"走出去"企业的能力亟待提升，作为育人主体的教师，同样存在能力短板。以高职院校年度质量报告中公布的服务能力数据为参照（见表5-2），专任教师赴国（境）外指导和开展培训的时间较短，在国（境）外组织担任职务的数量不多，只有江苏省、山东省和浙江省在这方面位居前列；在开发并被国（境）外采用的专业教学标准和课程标准的指标中，江苏省以981个标准遥遥领先，河北省和浙江省位居其后，其余省份明显滞后。另外，在

"非全日制国(境)外人员培训量"中,河北省最多,其次为江苏省和湖南省,其他省份的情况不容乐观。

表 5-2　相关省份职业教育服务"走出去"企业的国际化能力一览

省份	非全日制国(境)外人员培训量/人日	专任教师赴国(境)外指导和开展培训时间/人日	在国(境)外组织担任职务的专任教师人数/个	开发并被国(境)外采用的专业教学标准数/个	开发并被国(境)外采用的课程标准数/个
江苏	184314	63395	365	168	813
山东	118269	44330	163	46	211
浙江	120192	17355	71	48	287
广东	124195	10187	379	29	74
湖南	134130	10456	100	45	198
四川	11468	5022	87	28	208
河北	391612	10823	111	67	523
重庆	44908	11631	32	17	66
湖北	16046	6559	110	30	167
陕西	42537	5096	28	17	86
合计	1187671	184854	1446	495	2633

资料来源:根据十个省份中全部高职院校 2020 年的质量年报整理。

　　由于师资团队数量不足、质量有待提升,职教师资服务"走出去"企业的能力短板已成为新型技能人才培养质量提升的主要制约因素。教师是人力资本质量提升的实施主体[①],只有师资水平提升了,高职院校与"一带一路"企业的合作质量才能提升。职业教育作为"跨界的教育"[②],其师资的培养同样具有跨界属性,包括目标的跨界、内涵的跨界、实施主体的跨界和实施过程的跨界。四螺旋理论中多元主体向上运行的过程,就是校、企、政、行多元主体协同建设"双师"结构师资队

---

①　袁振国.当代教育学[M].北京:教育科学出版社,2004.
②　姜大源.职业教育立法的跨界思考——基于德国经验的反思[J].教育发展研究,2009(19):32-35.

伍的过程。一是目标的跨界。以提升高职师资的高等性、职业性和教育性为目标,在教育过程中,将职业教育与高等教育、专业教学与企业实践,教育教学与职业教育相结合。二是内涵的跨界。这是跨界培养师资队伍的核心要素。从师资团队建设的结构维度和能力维度出发,优化师资结构和师资能力,其中师资能力包括隐性胜任力和显性胜任力。三是实施主体的跨界。以形成师资培养的共同体为目标,以高职院校培养工作为核心,政府、企业、行业组织等多方主体共同参与。四是实施过程的跨界。这是跨界维度中最为复杂的一个环节,以构建"课—训—赛—研"一体化职教师资培养培训模式为目标,打破零星式碎片化的非体系化培养状态,考虑认知经历的多样性与创造能力的正相关理论[①],在课堂教学、企业实践、技能竞赛和科学研究四个方面,发挥政府、行业、企业和院校各自的优势,形成"课—训—赛—研"一体化职教师资能力建设体系,构建师资水平长效提升机制。"课",即站稳课堂。在该环节中,高职院校作为实施的核心力量,助力教师夯实理论素养和专业技能。在专业课程中有机融入职业素质,根据学生特点开展分层教学和课程思政。"训",即企业实践。在该环节中,企业或行业组织作为实施的核心力量,组织教师到有行业影响力的企业中开展半年至一年的沉浸式专业实践,指派师傅进行实践技能指导培训,使教师掌握实时的专业实践技能。"赛",即技能竞赛。在该环节中,学校和企业作为实施的核心力量,择优选拔优秀专兼职教师参赛、磨赛,指导教师教学技能大赛、技能比武或指导学生参赛,全方位提升教师教学技能和职业技能。"研",即科学研究。在该环节中,学校作为实施的核心力量,培养教师将专业研究和教学研究融入人才培养,提升教师和学生的创新能力与社会服务能力。如图5-5所示,通过"课—训—赛—研"一体化职教师资能力建设,建立校、企、政、行多元

① 周光礼."双一流"建设中的学术突破——论大学学科、专业、课程一体化建设[J].教育研究,2016(5):72-76.

主体跨界协同的"双师"结构师资团队,组建多元主体参与的"双师型"教师认定委员会,制定"双师型"教师认定标准及能力标准,固化双向交流兼职机制,推动高技能人才和能工巧匠到高职院校任职等。其中,政府需加强对多元主体的政策激励,加大对跨界教育资源与服务平台的支持力度。

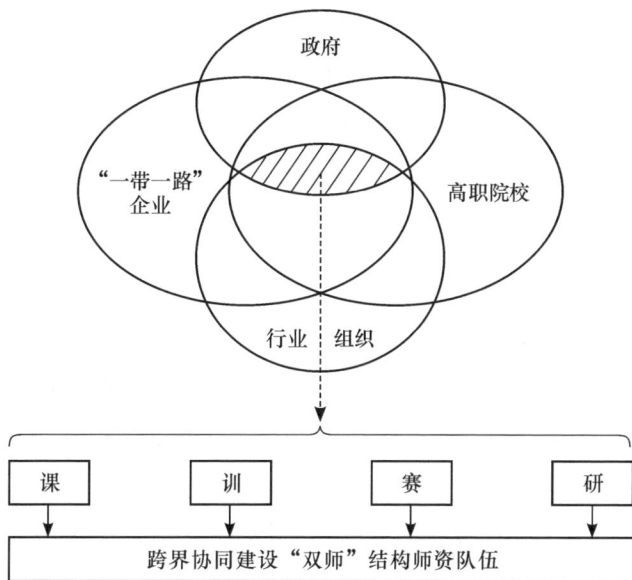

图 5-5　跨界协同"双师"结构师资队伍建设路径

可见,跨界协同建设高水平职教师资团队,需在明确跨界所包含的目标、内涵、主体和过程的基础上,对其中的核心要素,即内涵跨界,进一步聚焦结构和能力两个维度,深入探讨师资团队的优化行动。

（一）跨界协同师资团队的结构优化

结构,是指"各个组成部分的搭配和排列"①。跨界协同的师资团队结构包含三层含义,即教师的专业结构、层次结构和"双师"结构。其中,层次结构主要有三类,一是高层次人才,该层次体现高职院校的高等性,主要包括以博士为引领的骨干教师、教学名师和技能大师等

①　中国社会科学院语言研究所词典编辑室.现代汉语词典[Z].北京:商务印书馆,2012.

高职师资队伍人才,该层次的师资引领专业人才培养的方向与前沿,推动专业的领先水平建设。二是中青年骨干教师,该层次是师资团队的主要构成部分,构成专业建设的主体力量。三是新入职教师,该层次的师资作为新生力量,是师资队伍梯队建设的基础。以上层次结构在高职院校的实践中已形成共识。以下从高职院校与"一带一路"企业合作的实际需要出发,重点讨论专业结构和"双师"结构的优化。

其一,优化师资团队的专业结构。现有师资团队结构尚未形成与"一带一路"企业合作相适应的国际化师资队伍,主要受制于理念上的缺失。具体实践中,高职院校的师资队伍结构以外语师资为主、专业师资为辅,兼有一定数量的外聘教师。实际上,教师专业结构的配置依据应来自供给主体和需求主体,即供给方高职院校的人才培养要求和学生发展目标,以及需求方的用人单位,两者协同优化高职师资团队的专业结构。一方面,与人才培养方案中课程功能模块的结构相匹配,基本考虑专业基础课程,包括大学数学、语文、体育、英语、计算机等,以及思想政治类专业的教师配置;更须重点考虑基于专业群跨界组合的大类专业教师。例如,以制造业为主的高职院校,应充分对接新兴制造产业的专业师资配置;以服务业为主的高职院校,应考虑与现代服务业相对接的师资专业结构。另一方面,与分类培养的高职学生发展目标相匹配。无论是就业型还是复合型目标,都应加强职业素质养成教育,同时,对应的高职院校师资结构中,除了需要配备教育类、思政类、心理类等专业教师和辅导员教师外,也要根据"一带一路"企业对人力资本职业能力中的小语种需求,适当加强语言类专业教师的储备。当然,对以上师资专业结构的优化配置,高职院校是主要实施单位,企业需要提供兼职教师并保持动态更新。

其二,优化跨界协同师资团队的"双师"结构。高职院校的"双师"素质结构是职业教育的本质特征,包括"双师"素质的教师个体和"双师"结构的教师团队。对教师个体而言,需持续具备专业领域内的实践工作经验,以获取本专业领域内的最新知识、最新标准、最新工艺等,及时掌握产业发展动向,并将其转化成教学资源传递给学生,这一要求可以落实在上述的"训"环节中;对教师团队而言,需要吸纳具有绝技绝艺的大师、行业企业工匠名师到校任教,使其成为"双师"结构教师教学团队中的必要组成部分,以其相应的发展标准促进团队长远发展,这一目标可落实在上述"课—训—赛—研"一体化职教师资培养培训模式的校、企、政、行师资共建机制中。

(二)跨界协同师资团队的能力优化

师资队伍的能力优化,从主体看包括教师个体能力和团队能力,并以提升教师个体能力为重点;从能力内涵看,包括专业能力、教育教学能力、科学研究能力和社会服务能力等,这些能力既体现在个体层面,也体现在教师团队层面。在高职院校的专业教师岗位能力中,教育教学能力具有核心地位,这是教师对专业课程进行设计、开发、实施和评价的能力,以达到全面提高课程教育质量,提升学生学习质量的目的。[①] 以往研究中,对教师以教育教学能力为核心的能力,也用"胜任力"概念来区分工作者优秀与否,该概念包含了知识储备、技能水平等显性特质,也包含了动机、情感、态度、价值观等隐性特质,同时这些特质可以通过有效手段进行测量并改进。胜任力由内而外形成,主要包括隐性胜任力和显性胜任力,即内层的个人特质和自我认知、外层的个人知识和技能等。隐性胜任力主要体现为价值观认知、工作态度、人格特质和内驱力等,当然,价值观认知中可以包含思想道德修养、职业认同、工作态度与社会服务意识等要素。显性胜任力主要体现在专业学识水平、教学能力、实践操作能力、教学研究与社会服务等方面。教师只有切实提升自身的教学胜任力,尤其是提升课程育人水平,才能通过教学过程有机培养学生素质首位的职业能力,引领学生成长,形成符合经济社会发展所需的价值观。这是课程学习主体、企

① 黄云峰,朱德全.职业学校教师课程领导力:内涵、困境与路径[J].职教论坛,2015(6):25-28.

业用人需求及课程本身的切实需求。

首先,学习主体日益增长的精神文化需求对教师课程育人提出要求。马克思主义哲学将课程思政界定为一种特殊的价值范畴,其中价值客体是课程思政,价值主体为学生。课程中价值引领的成效取决于对学生精神文化需要的满足程度①,教师在授课中越能满足学生的精神文化需求,课程就越能体现育人成效。2022年5—6月,为促进高等教育质量的提升,浙江省教育考试院以省内高职院校中毕业一年的高职学生为调查对象,展开毕业生职业发展状况及人才培养质量跟踪调查。其中一所高职院校的调查结果显示,学生对专业知识学习和技能素质养成的精神文化需求趋向多样化和个性化,主要涉及学习兴趣、心理状态和价值认可等多个维度。调查中有58.33%的毕业生认为应创新教学方法来调动学生的学习兴趣;25%的毕业生认为专业课教学应契合学生高质量就业的心理需求,增强课程的实用性;大部分毕业生认为思政元素融入专业课教学的整体情况较好,但仍有4.97%的毕业生认为还不能与现实案例有机结合,4.71%的毕业生认为还未能把握大学生所思所想。这份来自毕业生角度的评价尽管不尽全面,但在一定程度上反映了价值主体的精神文化需求未能得到充分满足,也督促专业教师提升课程育人的效果:紧跟行业岗位需求,有效形成教学项目,增强专业教师的专业属性;时刻把握学生思想动态和成长规律,创新教学方法,有机开展思想教育,增强专业教师的教育属性。

其次,产业转型升级的用人需求对教师充分开展课程育人提出要求。需求决定供给。随着现代化产业体系的构建,行业内部和行业之间的自动化、数字化和智能化水平快速提升,企业只有不断增强产品竞争力,才能持续供给高质量的产品,这也要求劳动者具有更强的岗位胜任力。上述调查中,除了以一年后毕业生为调查对象之外,还从每所高职院校抽取200家左右的用人单位作为样本,面向聘用该届高

---

① 邱伟光.论课程思政的内在规定与实施重点[J].思想理论教育,2018(8):62-65.

职毕业生的用人单位展开人才培养质量跟踪调查。结果显示,与该所高职院校对应的用人单位有效问卷中,近四成用人单位认为高校需进一步加强学生的创新能力和综合素质,近三成用人单位认为高校需进一步加强毕业生敬业精神、社会责任感以及合作与协调能力,近一成用人单位认为高校需进一步加强毕业生思想政治教育。分析用人单位对技能人才的需求表述,发现企业对新型人力资本的能力结构需求,更偏重于专业能力之外的社会能力,包括创新能力、敬业精神、责任感和合作能力等。那么,承担育人主体职责的专业教师就更需要具备与之相应的素养与能力,才能帮助学生增强岗位胜任力、维持竞争优势。这是对专业教师的职业属性、专业属性和教育属性都提出了更高的要求。

最后,课程本身的学理性需求对教师充分开展课程育人提出要求。著名课程论专家扬在《知识与控制:教育社会学新探》中提出,所有课程本身都蕴含着价值观念,天然地带有思想政治教育的元素。也有学者指出,课程知识的社会建构是一个充满政治、文化等诸多因素的复杂过程。课程知识的选择和组织实则是文化和意识形态问题,而非技术性问题。对每个学生的成长而言,课程是将"公共知识"转化为学生的"个人知识"的过程。由此,课程知识深深地打上了意识形态和文化熏染的烙印。[①] 习近平总书记在全国教育大会上指出,"培养什么人,是教育的首要问题。我国是中国共产党领导的社会主义国家,这就决定了我们的教育必须把培养社会主义建设者和接班人作为根本任务"[②]。这些论述都表明课程本身具有思想政治功能,明确要求高职专业教师不仅应传授知识与技能,还要关注学生价值观的形成和个性

---

① 张建珍,许甜,大卫·兰伯特.论麦克·杨的"强有力的知识"[J].清华大学教育研究,2015(6):53-60.

② 习近平在全国教育大会上强调 坚持中国特色社会主义教育发展道路 培养德智体美劳全面发展的社会主义建设者和接班人[N].人民日报,2018-09-11(1).

发展，整合"促进学生就业能力、智力发展和人格完善"①的课程功能。

无论是课程学习者、需求者还是课程本身，均从不同维度对职教师资的课程育人能力提出新的需求。新时代的"强师"，不仅要有强的专业与职业属性，更要有强的教育属性，包括课程中进行思想政治教育的理念认同、相关教育理论储备、挖掘融入专业的思政资源等特质，努力达到知识传授与价值引领的统一，从而使素质首位职业能力得以更好地培养与提升。跨界协同提升"双师"结构师资能力，需要思想、技术、组织、管理等多方位的变革与协同，推动认知体系、指标体系、运行体系和支持体系的建构与提升。

要提升认知，构建广泛的认知体系。教师将社会主义核心价值观传递给学生，将其培养成合格接班人的过程，实质是价值观从认知认同到情感认同直至行为认同的构建过程。在《社会科学大词典》中，"认同"是指"群体成员中的成员在认知和评价上产生了一致的看法及情感。群体中的成员有着共同的需要、目的和利益，彼此容易产生相同的认知倾向和价值取向，并能自觉地保持这种一致性"。只有专业教师真正认同了课程所蕴含的价值观，才能上升到情感上的接受与喜爱，最终付诸行动，并自觉融于教学之中。所以，应从顶层设计入手，形成课程育人的广泛认知体系。要整合育人素养、个人素养、职业素质和信息化素养需具备的理论性知识，持续性开展学理性学习，学深悟透这些素养对教师生涯成长的重要性。要经常性开展产业发展宏观需求、行业企业中观变化和岗位技能微观调整的理论学习，与时俱进地了解产业行业专业变化发展的重要性。要全方位开展马克思主义、习近平新时代中国特色社会主义思想及高等职业教育、思想政治教育本身的规律性学习，把握课程育人的重要性。要加强课程教学反思，剖析学习主体思想品德的形成与发展规律，提升学生对教师和课程的满意度。

① 雷正光.职业教育课程的功能与发展研究[J].中国职业技术教育,2008(31):27-29.

要建立"双师"结构师资发展标准。标准的建立与激励保障机制的支持是关键。从"一带一路"企业对人力资源和院校服务能力的实际需求出发,构建"双师"型教师个人发展标准(见表5-3),重点强调融入育人元素、提升育人水平,以培养素质首位的职业能力。借鉴以往研究,将高职院校"双师"结构教师胜任力标准的构成要素归纳为四个维度,即师德师风、教育教学能力、专业能力、科研与社会服务能力。其中,师德师风包括价值观、职业道德和服务育人的隐性胜任力,以教育教学能力为代表的后三项能力体现着显性胜任力。具体到高职院校与"一带一路"企业的合作实践中,高职院校"双师"型教师的发展标准应重点体现两个要素。第一个要素,根据跨境合作的空间特点,应强化数字化素养,提升在线课程教学资源的应用能力和混合式课程教学的设计能力,以更好地适应跨境教育与服务的远程教学与交流需求;第二个要素,根据跨境校企合作中的人力资本需求与制约因素,应强化课程育人的能力。根据泰勒的课程开发理论,在课程目标、内容、教学(实施)和评价中有机融入育人元素,如对专业课程中有效案例的选取与实施等,以更好地适应共建国家与企业对高职学生素质首位的职业能力需求。

表5-3 高职院校教师个人发展标准建议

一级指标	二级指标	内涵
师德师风	价值观	具有职业认同、工作热情、工作态度、个人作风等
	职业道德	具有政治素养、思想道德修养、职业素质、团队意识等
	服务育人	能服务专业建设与管理、服务校内外育人工作等
教育教学能力	课程教学	能任教几门专业课程并达到一定工作量,能在专业课教学中适时适度地开展课程思政教学
	教学方法	能应用数字化手段有针对性地采用各类教学方法
	教学能力	具有一定的教学设计、教学实施、教学评价和教学反思能力,能参加教学能力竞赛和专业技能大赛或指导学生参赛等
	教学改革研究	具有教学研究与改革能力,能开展各类课程建设、专业建设、教材建设、教学团队建设、教学基地建设等

续表

一级指标	二级指标	内涵
专业能力	专业知识	能开展学历提升或各类专业进修和学习
	企业实践	能定期参加企业实践、企业挂职、社会实践等
	资格证书	具有行业职业或执业资格证书
科研与社会服务能力	科学研究	能独立或合作开展专业研究与创新等
	社会服务	能开展与专业相关的社会培训服务等

资料来源:根据相关资料和实践情况整理。

要提升"双师"结构师资的课程领导力。在"双师"结构的师资能力中,课程领导力是重要表现因素。课程领导力理论重视自我革命的变革型领导力,通过教师在专业层面、课程层面、行业层面和个体层面的素养得以体现,进而服务于课程教学与人才培养。教师应加强自身专业素质修炼,以专业愿景为引领,分类别引导学生的自主发展:在"一带一路"企业的合作模式中,学生的分类目标主要定位于就业型,教师应结合行业企业特征,加强跨境跨文化的各类风险案例学习等。同时,以常态化的课程反思机制促进教师成长。

要完善有效评价的长效机制。教育部《高等学校课程思政建设指导纲要》提出"研究制定科学多元的课程思政评价标准"的发展要求。要在教师层面展开评价,重点考察其是否确立起了正确的价值取向,是否在教学计划中实现了育人元素的充分挖掘和系统掌握。要在学生层面展开评价,充分考虑育人是一个循序渐进的过程,除了重视现在,开展多元化学习评价之外,更需着眼未来,突出发展性评价。可借助多维立体的助学平台,实时采集任务完成情况和过程表现数据,引入毕业后社会观测数据,反映课程思政的协同成效。还要在院校管理层面展开评价,引入行业、企业等多元主体和职业从业标准,以现代化院校治理体系保障强师队伍的建设。

要优化"双师"结构师资团队能力建设。依托跨界团队,分层分类地开展教师"生涯"规划。以人才分类培养为核心,以专业群建设为纽带,形成基于结构化专业群建设所需的创新团队,集合平台课教师、专业教师、行业专家和企业师傅,聚焦课程教学、教改创新、技能竞赛和培训鉴定等建设方向,形成竞赛创新团队、课程创新团队、创新创业团队、技能创新团队和地方服务创新团队等教师创新团队。教师将自身发展置于团队建设中,根据职业早期、职业中期和职业晚期的职业发展目标,建立梯度推进、可持续发展的教师成长平台,服务教师职业生涯全周期。"双师"结构师资团队的建设应基于互联网平台的专业研修共同体。组建由校、企、政、行多元主体共同参与的课程研修共同体,使之在行业内有影响力,形成校际、校企之间甚至国际的自组织形态。此外,按照规范习得、风格养成、示范引领的能力进阶要求,协同多元载体,共同培养"双师"结构师资团队,并构建与之相匹配的保障支持体系,包括组织保障、制度保障、技术和经费等支持服务系统。

四、构建质量优化的内部质量保证体系

如上所述,本研究从学生、课程和教师层面提出了高职院校与"一带一路"企业合作模式中人力资本质量优化的路径与方案。那么,如何保证人力资本的质量?从服务"一带一路"倡议与国家建设的需求导向出发,应建立相对应的内部质量保证体系。教育质量保证是院校对社会的一种承诺,构建以院校内部自评和审核为主、以外部评审监控为保障的教育质量保证体系,在具体实践中得到广大高职院校的认可与应用。英国质量管理专家艾莉斯(R. Ellis)对发达国家高等教育质量保证体系进行流程分析,发现建立工作的质量标准、形成工作的程序、落实工作的责任、强化工作的过程监控、重视服务对象的需求,是质量保证体系不可或缺的重要内容。[①]

教育质量保证体系以内部质量保证体系为核心,体系建设涵盖学

---

① 陈寿根,万里亚.高职院校内部质量保证体系的内涵、建构原则与实践模式[J].职业技术教育,2017(1):31-36.

校、专业、学生、课程、师资五个领域。对此,杨应裕等学者创造性地提出"五纵五横"内部质量保证体系,其关键是质量控制点的设定,也就是建立工作的质量标准。所以,正确设定质量控制点,是做好质量管理的重要前提。在高职院校与"一带一路"企业的合作模式中,内部质量保证体系实质是以高职院校为主体,形成对人力资本质量和院校服务能力质量的自我保证与承诺。由于人力资本的质量提升主要涉及学生、课程和教师三个层面,质量优化的内部质量保证体系也需着重梳理这三个层面的相应的质控点和具体行动路径。

(一)形成学生层面的内部质量保证体系

优化高职院校与"一带一路"企业合作模式,需从供给侧结构性改革的视角,明确高职学生素质首位职业能力的培养教育目标,构建以公司制平台为载体的三课堂联动培养路径。基于内部质量保证体系的理论,核心环节是质量标准的科学建立,运用"五纵五横"内部质量保证体系的方法,建立学生个体素质发展的总目标和具体目标[①],以自我改进为出发点,引导学生根据发展标准自主设定个体发展目标。各类目标以简明扼要的文字性描述呈现,通过数据平台检测目标的运行实施情况,形成闭环运行的学生层面内部质量保证体系。

首先,形成素质首位职业能力的高职学生个体发展总目标。这个总目标不是凭空而设的,应依据高职院校与"一带一路"企业合作模式中的发现。对人力资本的质量,不仅应重视技术水平的提升,更要结合企业雇主对人力资本应具有素质首位职业能力的需求,强调职业素质的重要性。同时,依据《深化新时代教育评价改革总体方案》《关于进一步加强和改进大学生思想政治教育的意见》《普通高等学校学生管理规定》《高等学校学生行为准则》等相关规定,提出学生的个体发展总目标为:以高素质的技术技能人才为目标,实现德、智、体、美、劳

---

① 王鑫芳:质量主体联动的学生层面质量保证体系诊断与改进思考[J].机械职业教育,2019(1):57-61.

全面发展。其中,"高素质"包括思想素质、职业素质、专业素质、人文素质、身心素质等在内的要素内涵。

其次,构建素质首位职业能力的个体发展标准。如表 5-4 所示,指标设计中包括思想素质、职业素质、专业素质、人文素质、身心素质五个一级指标和相应二级指标以及质控点。根据一定时期内学生个体对质控点的不同表现,可以设定"优秀、良好、合格和不合格"的分档评价等级,实现从入学到毕业的进阶式成长目标。

表 5-4　学生个体发展标准建议

一级指标	二级指标	主要观测点
思想素质	思想素质、道德素质	遵纪守法;诚实守信;爱国明礼;奉献社会;言行举止;文明修身
职业素质	责任感	敢于承担自我责任、善于自我管理,勇于承担集体责任,乐于承担社会责任
	团队协作	主动融入,积极参与,积极协作,集体荣誉感强
	敬业精神	爱岗敬业,不怕困难等
	思考表达	能多角度地思考问题,辩证地分析问题;正确传递或接收信息,准确理解他人思想;善于沟通
	职业规划	职业定位明确;勇于职业探索;积极职业实践;成功求职并发展
	创新创业	勇于创新;积极体验创新创业实践
专业素质	学习能力	目标明确长远;学习态度积极;学习习惯良好;数字化能力扎实;学习效果好
	专业技能	专业认知牢固;专业成绩扎实;积极参加专业竞赛;具有专业资格证书或相关发明专利等
人文素质	人文艺术素质	讲文明有礼仪;具有人文美学素养,并积极参加或开展相关实践活动等
身心素质	劳动素质	热爱劳动;服务实践
	身体素质	敬畏生命;体格健康

资料来源:根据相关资料和院校实践情况整理。

最后,运行实施与诊断改进。自我改进是内部质量保证体系的特征。为确保人力资本培养质量,具体运行中,通过个体目标和标准的制定,以年为周期,在设计—组织—实施—监测—预警—改进的运行过程中,事前打造目标链和标准链,确立实践运行体系的起点;事中监测预警,当实时监控数据的实际值小于目标值或标准值时,系统通过反馈交流、批评教育和提醒管理等方式预警,形成常态化纠偏机制,督促组织和个体层面改进提升。个体层面接收到预警信号后,展开系统分析,明确问题与不足,并从问题出发,通过理论学习、规划纠正、谈心谈话等路径向更高目标发展。组织层面对照诊断报告,通过制度激励、举措创新、评奖评优等方式,改善外部环境。整个螺旋体在运行过程中,依赖高性能的计算与数据中心进行采集与分析,才能呈现有效的标准值和目标值,这对高职院校的数字化治理体系提出更高的要求。[①]

(二)形成课程层面的内部质量保证体系

课程是职业教育改革的核心环节,课程层面教学质量内部保证体系的建设,应包括课程的教学标准、课程计划及教学的实施、监测与预警等教学全过程的构建。为提高人才培养与"一带一路"企业用人需求的匹配度,构建融入职业素质的分类培养、分层教学的课程体系,需对分类培养、分层教学的课程体系的内部质量保证体系进行质量控制指标的设计,这里主要指向单门的课程,包括课程内容、课程教学团队、课程实施、教学资源以及特色创新五个维度。具体实施中,关键是建立科学的课程建设标准和有效的闭环运行机制。

首先,建立课程层面内部质量保证的目标体系。根据不同层面对课程建设的要求构建明确的课程目标,从国家要求、省市要求、区域产业规划,到学校发展规划、教学专项规划和课程所在的专业建设规划,层层下链,形成该门课程的建设目标,如国家级精品课程、省级精品课程或其他目标;也可以按等次来对应不同级别的课程建设目标,如一

---

① 任一波,杨怿.双高计划背景下高职院校学生质量保证体系创新路径研究[J].大学,2021(17):45-49.

级课程到五级课程等。

其次,构建质量导向的课程标准体系。从课程建设目标出发,形成课程层面的标准体系。在高职院校与"一带一路"企业的合作模式中,从供需双方对人力资本素质首位职业能力的需求出发,关键维度包括课程建设、课程教学、课程效果和课程资源。其中,课程建设应包括课程定位是否与人才培养目标和行业需求对接,课程内容是否围绕专业发展来加以选择设置,并将融合了育人元素的课程资源作为主要观测点;课程结构中应注重实践教学的比重等。课程教学应包括教学设计的理念与思路,关注育人资源在课程中的融入。课程效果除了开展过程性考核和终结性考核之外,应注意多元主体的综合评价。课程资源除了教材建设、教学环境之外,应更加注重数字化资源的建设与使用。

最后,形成基于信息化平台的课程诊断运行体系。高职院校的课堂教学中,依然存在课程标准与课程实施的"两张皮"现象,难以对接工作世界的岗位需求,也无法有效供给高素质的技术技能人才。信息化平台的运行,对课程建设的目标值、标准值和实际值进行全流程的监控与分析,提出预警,及时纠偏,挖掘成因并提出改进措施,以期从源头根治课程组织与实施中的"管理灰箱"现象。具体到高职院校与"一带一路"企业的合作模式中,通过信息化平台实现数据的实时采集与诊断,建立流程可视可追溯的倒推机制,对照质量管控指标综合分析与决策,常态化纠偏,实现融入职业素质的有效课程供给。简言之,在高职院校课程层面的内部质量保证体系运行中,基于信息化平台形成的周期性闭环式诊改与提升,最终实现课程教学质量的螺旋式上升。[①]

① 谈向群,姜敏凤.打开"灰箱":基于教学过程的高职课程层诊改探索与实践[J].职业技术教育,2018(17):47-52.

(三)形成教师层面的内部质量保证体系

体系的构建是一项利益相关者都参与其中并做出自我承诺的教育教学改革。教师层面的内部质量保证体系建设是整个内部质量保证体系的灵魂所在。在高职院校与"一带一路"企业的合作模式中,对教师的服务能力和国际化视野等方面提出了更多重、更精准的要求。但是,由于高职教师群体固有的体制机制问题,在师资队伍内部质量保证体系的建设中,依然存在一些突出的问题:一是理念转变难。教师群体自主保证自我发展的质量意识淡薄,信念不够坚定,机制不够通畅,内生动力不足。二是机制创新难。一直以来,高职院校对教师队伍既有的教育管理路径依赖性较强,很难将外在机制转化为内在的动力机制,特别是兼顾公平与效率的动力机制。[①]

高职院校要保证跨界协同的"双师"结构师资队伍的建设质量,前文已设计了高职院校"双师"型教师个人发展标准,除此之外,还应在教师自主保证意识的提升和绩效激励上下功夫。一方面,确立"自主保证"的理念,形成相应的质量文化与制度。加强质量教育,将"协商"机制引入质保体系建设。基于四螺旋理论,校、企、政、行不同主体,通过"协商"机制达到相互理解,共同解决人才培养中的技能匹配问题。教师在高职院校与"一带一路"企业的合作中,需树立"服务社会与企业"的共同育人理念,融入教育服务活动之中,以更好地将学生培养为具有责任首位的高素质技术技能型人才。另一方面,建立基于绩效的质量共同体。跨界协同培养"双师"结构师资队伍,多元主体融合协同,以质量创建为核心组织开展活动,以一定的机制将质量观念、质量行为、质量改进融入教师日常工作全过程。同时,着重改革考核激励的支持举措,重视绩效在教师内部质量保证体系中的作用,倡导以质量定绩效,建立与教师内部质量保证体系相适切的绩效体系,综合评

---

① 陈向平.基于诊改实践的高职院校内部质量保证体系建设研究——以常州工程职业技术学院为例[J].职教论坛,2019(2):33-39.

价教职工以德、能、勤、绩为主要内容的事业贡献度,形成个人工作绩效,按一定标准予以奖励,体现多能多劳多得。在内部质量保证体系中,融入教师个体的工作绩效与贡献,旨在真正将组织目标、教师目标和绩效考核目标统一起来,达到激励保障的支持作用。[①]

第三节 高职院校与"一带一路"企业合作模式的结构优化

结构优化是高职教育供给侧结构性改革的另一项重要内容。在高职院校与"一带一路"企业合作模式中,人力资本的结构优化包括专业结构的优化和职业教育专业设置中层次结构的优化。前者主要指高职院校的专业结构应根据需求侧产业行业的发展需要动态构建专业体系,后者指高职院校的专业设置应基于培养称职的职业人而进行的职业教育层次上的高移与连贯。供需结构失衡的根源指向高职院校专业设置的动态调整机制不足和专业评价机制的缺位。因此,从供给侧结构性改革出发,基于四螺旋理论的运行规律,应构建以专业考核评价为牵引的专业动态调整机制,建立相应的内部质量保证体系,支撑上述结构优化目标的实现。

一、优化专业结构设置的原则

动态调整原则。以专业调整的形态划分,专业调整可分为静态调整和动态调整两类。专业动态调整是指高校自主的、持续的、有方向的、预知性的调整专业设置、课程体系、课程内容,实现专业对其所处内外部环境的动态适应。[②] 此概念主要强调:一是专业动态调整是高

① 李晓."诊改"制度视角下高职教师的角色转换[J].中国高教研究,2017(6):100-103.
② 王晓玲.高等学校专业动态调整机制研究[D].大连:大连理工大学,2019.

校自主调整行为,不是被动改变。二是专业动态调整是有方向的调整,不是盲目行为,依据专业以往对社会经济发展需求的适应基础,有技术、有目标地调整。三是专业动态调整是一种预测性调整,能适应当下,引领未来。四是专业动态调整在高职院校中有一定的个性化、多样化路径。专业动态调整可具体表述为:根据学校专业特色及现状,对接产业发展趋势,制定专业发展规划,通过停招、新增符合学校办学特色方向及区域产业急需的新专业、调整方向、整合归并等方式,优化专业设置结构,使专业总数控制在与事业发展规模相适应的范围内。

有序发展原则。根据各专业建设水平,分产业类别及院校层级,正确定位,建立专业群优化调整专家咨询机制。校院两级组建由政府产业部门、行业组织与龙头企业、职业教育等领域专家组成的专业(群)建设专家指导委员会,指导学校制定专业(群)发展规划,调整专业设置,协助开展产业发展研究、人才需求调研和专业改革与建设。

二、建立专业结构优化设置的动态调整机制

对专业动态调整机制的本质与原则的理解直接关系到调整机制的构建。高职院校专业动态调整机制,指高职院校在专业动态调整过程中形成的与政府、市场、学生等内外部需求主体之间的动态适应关系,以及由此而产生的促进、维系和制约高职院校调整专业设置的一系列内在工作方式。具体可以指为了推动、规范、保障高职院校实现专业动态调整而形成的一系列相互关联的制度的总称,包括实施专业动态调整的内部决策制度、高职院校与需求主体之间的需求沟通制度以及高校实施专业动态调整的动力机制等。生成专业动态调整机制的关键,是保证各主体间信息传递与执行的有效性和明确专业调整实施的依据。

(一)明确专业动态调整机制中的新型主体关系

在高职院校与"一带一路"企业的合作模式中,校、企、政、行是多

元合作主体,通过螺旋交互叠生,促进高职人才培养质量的提升。专业动态调整需建立的新型主体关系,应充分注重需求侧的企业和市场的独立需求,以合作网络内各主体间正确的关系定位和作用发挥为专业调整的重要前提。

高职院校作为办学主体,是专业调整的实施主体。高职院校所具有的合法性赋予其开展专业动态调整行动的合理性,即调整哪些专业,如何调整,何时调整等,同时须充分考虑企业、行业、政府以及学生的因素。高职院校在发挥专业调整实施主体的作用时,应着重调动专业学院的积极性,赋予院系、专业招生自主权。政府以宏观管理、监督指导和资源分配等治理手段成为高职院校专业调整的外部调控主体。以企业为市场主体,有效对接高职学生知识、技能和素质的工作岗位需求,是高职院校专业发展的直接动力。破除高职院校与用人单位之间"单边热"的现状,真正还权给市场,将雇主对毕业生的满意情况真实地反馈给高校,高校真实地评估用人单位的需求与变化,逐步建立从就业市场出发的专业设置动态调整制度。

（二）建立供需主体间的信息共享平台

专业动态调整在高职院校、企业、政府等主体之间,围绕信息传递、资源有效配置以及专业评估改进的不断循环过程中完成。由于供需信息的不对称、信息失真遗漏以及信息共享平台的缺位等原因,高职院校缺乏专业是否适应市场和产业发展的准确评估依据,企业也无法获取专业人才的真实供给现状。建立信息公开并持续展示的专业供需信息平台,直接影响专业调整决策信息的执行。

首先,有效收集专业需求的广泛信息。这是一项系统性工作,包括高职院校以外的合作主体对专业建设的需求信息,即政府的产业发展战略规划、用人单位的技能需求变化、人力资本的结构需求变化,以及学生的生涯发展需求信息等。

其次,建立专业信息动态调整依据。建立专业结构优化设置的评价体系,以评价结果作为专业调整的依据。专业考核的信息单元与专业建设的基本内容相一致,可考虑两个原则:一是服务学生成长原则,统一专业建设与学生成长成才,以学生成长成才为导向,以各项保障条件、改革举措、实际成效为主要考核依据。二是专业竞争原则,结合内部评价与外部竞争,比较区域内相关行业的相对优势与该专业的绝对优势,将专业考核结果量化公开。由此,高职院校要构建动态量化的专业建设评价体系,评价要素可包括招生质量、就业质量、人才培养专业建设质量、技术技能积累质量、专业建设成果等。以专业的"招生质量"指标为例,需考虑学生的成长因素,专业应重视高职阶段与学生前续学习阶段之间的联系,采集"生源基地建设成效"信息;应重视专业的社会吸引力,采集"提前招生报考率""当年招生计划完成率""新生报到率"等指标信息;关注专业内和专业外的竞争情况,采集"省内同专业录取分数线位次排名及二段生录取"等信息。同样,在专业评价指标体系的专业建设质量、技术技能积累质量等维度中充分考虑有价值的信息来源,确定重量量化赋分。以考核评价逐渐确立可进可退、可上可下的专业动态调整的信息依据,最终形成能服务产业发展和区域发展的专业评价体系,为专业调整提供依据。

最后,执行专业动态调整的决策信息。根据监测指标及监测点,分析各个监测点的影响因素,设定监测点影响系数,根据评价结果,由专业调整委员会等机构做出相应决策,开展动态调整。

三、建立专业结构优化设置的层次延伸机制

"一带一路"企业对用人规格中素质首位职业能力的要求,与共建国家工业化进程的发展密切相关。企业在跨国跨境投资经营中对技能人才提出更加复杂更加综合的需求,这实际上表明了专科层次的职业教育已不能满足雇主对技能人才的岗位需求。用人单位呼唤具有

高等教育核心特征的职业本科教育。[①] 这就要求高职院校在部分优势专业中向上延伸教育层次,逐渐完善职业教育这一类型教育的体系。

当前,新型工业化、战略性新兴产业和主导支柱产业快速发展,需要大量引领技术工艺和生产流程的新型技能人才。在国家制度持续供给的背景下,高等职业教育应有序优化技术技能人才培养的层次结构。2021年,教育部先后颁布《本科层次职业学校设置标准(试行)》和《本科层次职业教育专业设置管理办法(试行)》和专业目录,以规范职业本科院校的办学。2022年5月正式实施《中华人民共和国职业教育法》,截至2024年6月,全国已有职业本科学校51所[②],其中包括公办院校28所,民办院校23所。《关于推动现代职业教育高质量发展的意见》明确提出"到2025年,职业本科教育招生规模不低于高等职业教育招生规模的10%"。以此为基础,稳步推进本科层次职业技术大学的建设,满足实体经济对高层次技术技能人才的需求。

从国内外职业本科高校降格关停的现象中得到启示,职业教育本科的设立与发展须谨防同质化和功利化等现象。表5-5显示了至2024年6月底各省域设立职业教育本科院校的基本概况,共覆盖23个省域,涉及300多个专业。发现当前中国高等职业教育本科院校的设立基本在省会城市或经济优势较高的城市,仍有6个设立了职教本科的省份尚未实现国家级市域产教联合体的突破。产教联合体以产业园区为基础,在省级政府的统筹下,整合优质资源要素,推动各类主体深度参与职业院校办学,打造产业教育伴生成长的命运共同体,对本科层次职业教育的延伸发展将起到有力的支撑作用,一定程度上避免出现高技能人才的学用脱节等现象。产教联合体的申报条件在一定程度上说明了这些省域的产教融合水平仍比较薄弱,职业教育对经济发展的支撑力度仍显不足。

---

　① 徐国庆.什么是职业教育——智能化时代职业教育内涵的新探索[J].教育发展研究,2022(1):20-27.

　② 中国教育科学研究院.2022中国职业教育质量年度报告[M].北京:高等教育出版社,2023.

表 5-5　各省份职教本科和国家级市域产教联合体的设置概况

省份	职教本科院校/所	国家级市域产教联合体	省份	职教本科院校/所	国家级市域产教联合体
浙江	4	杭州经济技术开发区（钱塘科学城）产教联合体	山东	3	济南市智能制造与高端装备产教联合体；潍坊国家农业开放发展综合试验区产教联合体
广东	4	深圳市域产教联合体；佛山市"两高四新"产教联合体	贵州	2	黔南州磷化工及新型储能材料产业市域产教联合体
河北	4	唐山高新技术产业开发区产教联合体	江苏	1	苏州吴中经济技术开发区机器人与智能制造产教联合体；无锡市集成电路产教联合体；常州新能源产教联合体
广西	4	广西（柳州）汽车产教联合体	福建	1	晋江市域产教联合体
江西	4	赣州稀有金属市域产教联合体	重庆	2	西部职教基地产教联合体
四川	2	成都市航空航天产教联合体；德阳重大技术装备制造产教联合体	上海	1	上海闵行经济技术开发区产教联合体
陕西	2	西安航空高端制造产教联合体	湖南	2	株洲市产教联合体
辽宁	1	大连金普新区（大连经济技术开发区）市域产教联合体	安徽	0	合肥（新站）高新技术产教联合体；芜湖市产教联合体
吉林	1	长春市汽车产业集群产教联合体	湖北	0	武汉中国光谷产教联合体
黑龙江	1	佳木斯国家农高区现代农业产教联合体	甘肃	3	无
海南	1	无	河南	2	无
青海	1	无	山西	2	无

省份	职教本科院校/所	国家级市域产教联合体	省份	职教本科院校/所	国家级市域产教联合体
新疆	2	无	北京	1	北京集成电路产教联合体

资料来源:根据教育部网站截至 2024 年 6 月底的资料整理。

另外,台湾地区的实践表明,发展技职本科教育需要考虑人口结构变动趋势和未来教育市场的需求,应做好长远规划并有序发展。人口规模与结构深刻影响教育发展基本格局。[1] 国家统计局的数据显示,2000 年以来我国人口综合生育率已处于超低水平,长期徘徊在 1.05—1.6,很可能落入"低生育陷阱"。2022 年末我国总人口数为 14.1175 亿人,人口自然增长率是－0.6‰。[2] 低生育率将使高等职业教育和职业本科院校在招生上面临极大挑战,人口规模变动及老年人口占比的持续增长等因素,都将对职业教育的稳定发展产生深远影响。

可见,应充分用好现有资源,引导有"一带一路"服务基础的高职院校,以国家级市域产教联合体为平台,通过专项政策支持,集中资源更好地担负起服务"一带一路"建设的重要使命,满足"一带一路"企业对新型技能人才的需求。打通中职、高职、职业教育本科、硕士乃至博士的职业教育人才发展通道[3],率先在"一带一路"的投资强省开展优势专业的本科招生与人才培养。完善以初中为起点的五年一贯高职人才培养通道,重点培养与"一带一路"企业行业相适应的新型技能人才。

① 柯婧秋,石伟平.台湾技术职业本科高校降格关停现象及其思考[J].高等教育研究,2024(2):58-67.

② 数据来源:国家统计局网站。

③ 欧阳河.职业教育基本问题研究[M].北京:教育科学出版社,2006.

四、构建专业结构优化的内部质量保证体系

专业建设质量直接关系着人才培养质量。"一带一路"企业和国家对符合产业发展的高职人才,既有数量需求,也有质量需求。随着国家"一带一路"倡议的深入推进,这类需求呈持续扩大的趋势,并随着共建国家以贸易为主的枢纽增多而日益增强。高职院校应结合自身特点,建立可持续的专业建设标准,在培养目标、学生就业、课程体系、师资队伍、支持保障等方面加强内涵建设,构建动态调整的专业结构优化设置的内部质量保证体系,真正服务好"一带一路"发展。[①]

（一）专业层面内部质量保证体系质控点的设计[②]

高职院校对接区域行业产业的发展趋势,聚焦专业的契合度和贡献度,对专业建设的核心质量进行质控点的挖掘和有效设计,要注意三个方面:一是要明确专业设置的必要性,即明确市场对专业的需求。其中可重点关注是否有同质化、过度化等情况。重点控制要素包括行业的发展趋势、未来容量、已就业质量与评价等。二是要明确专业设置的合理性,关注专业与产业的结合度与价值度。重点控制要素包括专业与地方产业对接度、新专业设置审批、专业预警与停招、专业投入产出绩效评价等。三是要明确专业设置的可行性。重点控制要素包括基于行业企业调查的专业人才的职业技能点、职业素质点、课程设置衔接、实践教学与资源以及培养经费的投入等专业人才培养体系的建设。[③]

（二）专业层面质量诊断与改进路径

专业层面的质量保证是对质控点和学校人才培养质量进行自主

① 叶柏林.质量标准化计量百科全书[M].北京:中国大百科全书出版社,2001.
② 游渊.高职院校专业质量标准的价值、要素及构建[J].职教论坛,2017(33):74-77.
③ 刘辉,靳大伟,杨桂娟.专业诊改质量控制目标点的设计与实施路径研究[J].工业技术与职业教育,2018(1):55-58.

保证和提升的重要环节。结合前文对高职院校的访谈调查,可以看到应构建常态化专业层面的质量诊断与改进机制。以自然年度或合适的时间节点为诊断周期,从专业规划定位、招生就业质量、师资队伍、专业建设与人才培养、国际化水平、科研与社会服务等维度,常态化地评价专业发展质量。在高职院校与"一带一路"企业的合作模式中,应重点关注"专业实质性开展包括'一带一路'国家在内的国(境)外合作交流情况"等观测点,对未达到目标值的指标开展常态化纠偏。同时,对长期未能达到专业考核要求或始终处于专业排序后位的专业,应考虑动态调整,或停招撤销,使之符合产业行业发展动态、人才培养、办学要素调配和办学运行的规律。具体到"一带一路"背景下,应聚焦专业教育国际认证的维度,加强高等教育质量保证。通过参与国际认证,对接国际标准,推动专业结构优化,促进教师队伍的国际化发展,培养可跨国(境)实习就业的高素质技术技能人才。

第四节　高职院校与"一带一路"企业 合作模式的运行优化

在高职院校与"一带一路"企业的合作模式中,为确保供需双方核心目标的高度一致,不仅需要高职院校开展实施学生、课程、教师及专业方面的改革优化,更需要稳定的运行机制与保障措施,包括慎重选择校企跨境合作伙伴,科学确定共建"一带一路"高质量发展的"走出去"区域,建立健全保障支持体系。

一、优化合作伙伴

高职院校和"一带一路"企业合作,伙伴的选择至关重要,其关系着"走出去"区域的选择和资源的保障支持,直接影响着合作的成功与否。选择合作伙伴时，应明确合作伙伴的选择原则，实施科学合理的合作流程，结合不同的跨境合作模式，确定与之相适应的合作伙伴。

（一）确立伙伴选择的原则

"相适"对应双方或多方主体，可以理解为"相配""相符合"，用于描述两个或多个事物之间相互协调一致的状态。这种匹配和适合在高职院校与"一带一路"企业的校企合作模式中，以追求合作共赢为基础，高职院校应根据人才的培养目标寻找适合的合作企业。同样，企业也需要根据自身的发展定位和特征慎重寻找与自身发展相契合，能提供技能人才、技术服务等合作内容的院校伙伴。从前述的案例分析可以看到，这项具有战略性和挑战性的合作行为，应在互惠共赢的前提下，遵循合作双方的发展理念，考虑地理距离和文化融合的因素。

其一，坚持理念相近原则。价值观和愿景是理念的主要体现，是合作组织内主体互相选择的基础，也是推动合作网络协同递进的内驱动力。实践中，高职院校与"一带一路"企业，以前期合作为基础建立的信任积累是合作成功的重要前提。合作双方在伙伴的筛选期，应充分考察彼此的价值观和发展愿景。站在高职院校的立场，对企业是否在人才培养、技能支持、技术研发、合作过程以及风险认知等方面具有相近的理念，作尽职的交流与磋商。一旦确认理念相近，合作主体就能主动突破组织壁垒，以共同理念指导行动，嵌入合作网络中，促进组织内的交互，降低合作成本。

其二，坚持互惠共赢原则。多元主体的合作需求是产生并形成合作网络的前提。理论和实践都表明，在共同理念的驱动下，满足参与主体共赢的合作需求，符合市场经济条件下的理性人假设。高职院校以高质量履行人才培养为主职，兼具技术研发、社会服务和文化传承的目标，对企业、政府及社会等有着集聚办学资源的期望；企业反馈技能人才的使用需求，进而达到支持自身可持续发展的经济目标。双方自愿进入共同体组织，达成基于经济基础的合作同盟，自然能互惠共赢。

其三,坚持区域相近原则。校企合作伙伴关系的达成,需要高职院校和企业主体之间突破组织壁垒,进入对方核心能力地带。[①] 相近的空间距离有利于达成合作,尤其是高职院校所在的国内区域与"一带一路"企业母国产业所在的区域之间的距离相近,有利于校企合作的实施与推进。例如,在案例 A1 中,企业集团与合作高职院校之间,基于区域相近原则开展合作,能深度了解对方,使信任度增强,很大程度上保证了合作的成功。

其四,坚持文化相近原则。文化耦合是网络组织合作成功的重要因素之一,因为一切经济行为都嵌入在社会关系网络中,而社会关系的直接映射是文化。高职院校随企出海、企业赴"一带一路"共建国家开展直接投资时,校企合作需努力推进文化共融,增强人才培养的适应性。尽管高职院校具有的公益特征不同于企业文化的商业特质,但是,基于共同的合作理念、互惠共赢的合作目标,文化耦合仍会在合作网络的经济或教育行为中产生。

(二)优化伙伴选择的流程

选择合适的校企合作伙伴是实施校企合作的关键。[②] 目前实践中,虽有行业产教融合共同体和市域产教联合体的双重推进,产业链的链主企业已经具有热情和信心参与到校企合作中来,但是,大部分高职院校仍是校企合作的主动方,在选择具体伙伴时应重点优化以下三个方面(见图 5-6)。

一是建立拟合作企业资源库。根据高职院校所在区域已经"走出去"和即将"走出去"赴"一带一路"共建国家投资的企业情况,结合本校学生实习就业的用人单位资源库,参考前期的校企合作情况,考虑

---

① 肖渡,沈群红.合作网络形成的理论探讨及其意义[J].管理工程学报,2000(4):1,69-73.
② 彭英慧,尹红莲,甄洪峰.高职院校校企合作伙伴选择机制研究[J].职教通讯,2011(13):17-21.

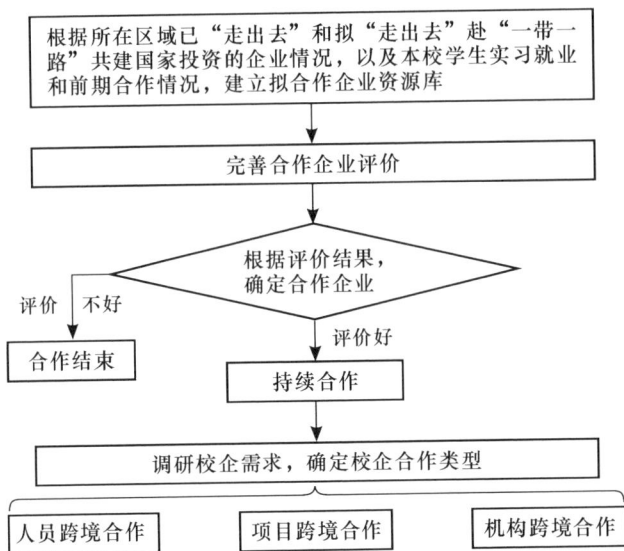

图 5-6　高职院校共建"一带一路"合作伙伴选择流程

有可能实现对接的企业,初步遴选出拟合作的企业菜单,建立拟合作企业的伙伴资源库。

二是完善合作企业评价。学校根据每年学生的实际情况以及合作的内容,从拟合作伙伴资源库中选择合适的伙伴。根据前述案例研究的结果,需充分考虑合作的历程、经济基础、智力支持以及关系网络等各项要素的实际表现,结合能接纳的学生数量需求、企业师资水平等,选择有相应合作培养能力和就业吸纳能力的企业伙伴。重点考虑已有较好合作基础的企业伙伴,对已有的合作情况、履约情况做出评价,将评价结果作为正式选择的依据。其中,企业评价指标的选择是关键。由于校企合作的模式各异,合作伙伴的评价指标体系相当复杂,可结合合作选择的阶段、企业类型等因素开展。目前,各高职院校与"一带一路"企业合作时的选择以定性评价为主,主要依靠主观判断,尚未形成更科学高效的评价指标体系。笔者通过对受访高职院校和企业的访谈与问卷调研,结合浙江省高职院校与"一带一路"企业的合作实践,提出以下指标,包括合作基本情况、合作能力与合作意愿三个维度(见表 5-6)。

表 5-6 高职院校共建"一带一路"选择企业合作伙伴的主要观测点

指标	主要观测点
合作基本情况	企业资质等级
	企业中级及以上技术工人或专业技术职务人员数
	企业赴"一带一路"共建国家投资的行业情况(地点、投资额、产业年销售额等)
	企业赴"一带一路"共建国家投资中境外工作的国内员工数
合作能力	企业市场竞争力
	企业经营能力
	企业可持续发展能力
	社会信誉等级
	近三年接受境外顶岗实习学生数量
	近三年提供的给境外实习/就业的工资水平
	近三年接收教师赴境外实践或服务情况
	近三年来校兼职教师数量
	校企合作成果
合作意愿	管理层合作意愿
	企业合作精神
	资源互补性

资料来源:根据调研和相关资料整理。

三是充分评估合作风险。高职院校在与"一带一路"企业合作中,面临比国内更复杂、更严峻的合作风险,科学评估能与职业教育国际化相契合的合作企业,尤为重要。院校应根据自身实力,在与"一带一路"企业跨境合作时,根据相关监管机制,跟踪企业海外市场的经营状态和共建国家的发展动态,建立防范各类风险的"断单"预警机制。在此基础上,动态筛选优质的合作伙伴。值得注意的是,非公有制企业已成为中国对外投资合作的重要力量。《中国对外投资合作发展报告2023》显示,2022 年,在中国对外非金融类投资流量中,非公有制经济控股的境内投资者对外投资 709.4 亿美元,同比增长 1.5%,占流量总额 50.3%,已超过半数投资流量。这些具有自主灵活和创新性的非公有制企业,抗风险能力相对弱些,应引起高职院校的重视。

(三)不同校企跨境合作模式下的伙伴选择

机构跨境合作模式下的伙伴选择。机构跨境合作模式以产权类合作为主要内容,校、企、政、行多元主体参与。科学研究螺旋体内各主体的需求是高职院校正确选择合作伙伴的前提,院校应着重研究"一带一路"企业的特征与资源禀赋,明确各类合作主体对高职教育的多元需求,综合选择合作伙伴。杨钋在《技能形成与区域创新》一书中提出,不同的企业特征形成的校企合作形式与内容不一,成本不一,效果也不同。企业规模、企业性质、生产要素、企业是否为上市公司,以及所在区域是否为产教融合型城市等要素都是校企合作的影响因子。调研发现,实践中在机构跨境合作模式下,四螺旋主体的组合与选择又可细分为以下三种情况。第一种情况是校、政、企、行,即母国的高职院校与"一带一路"企业、行业组织、母国政府以及东道国政府之间的多元合作。第二种情况是校、校、企、政、行,即母国高职院校、东道国学校、"一带一路"企业、母国政府、东道国政府、行业组织之间的多元合作。这种情况下,增加了东道国学校的选择,考虑到同处职业教育领域,为中国职业教育的国际化提供了便利。第三种情况是校、企、行、政、企,即母国高职院校与"一带一路"企业、行业组织、母国政府以及东道国本土企业之间的多元合作。这种情况下,增加了东道国本土企业,这类主体往往与母国企业是一条产业链的上下游产业关系,对东道国本土企业的加入与选择,一定程度上增强了合作的黏性。

人员跨境合作与项目跨境合作模式下的伙伴选择。在人员跨境合作与项目跨境合作模式中,高职院校与"一带一路"企业以产品合作和组织合作为主要内容。在这两类跨境合作模式中,学校与企业是合作主体,流动要素以人员或项目为主,合作形式相对比较简单。实践中,形成的合作伙伴主要有两种情况。第一种情况是学校和"一带一路"企业,第二种情况是高职院校、企业和行业组织。其中,高职院校在慎重选择合作企业的基础上,应重点关注行业组织的选择。因为在高职院校与"一带一路"企业的跨境合作中,信息不对称是最主要的障碍之一。而行业组织因其特定的行业属性,可跨界教育与企业领域之间,甚至深入各个主体内部,承担起信息沟通、标准制定的桥梁作用。在"一带一路"共建国家,行业组织可以更加便捷地发挥作用。高职院校与企业通过行业组织实现合作,可以降低因信息沟通成本带来的资源耗损。

二、优化合作区域

高职院校和"一带一路"企业合作区域的优化,基于"跟随"的合作逻辑,只要有了合适的合作企业,区域路径的选择也自然生成。当然,应充分考虑供给主体和需求主体之间的双向禀赋,科学确定服务"一带一路"的经济地理区域。优化区域路径时,基于校企跨境合作的空间构成,须充分考虑以下两个问题:一是可以到哪些共建国家去,即东道国的区域路径选择。二是国内哪些区域的高职院校适合与企业协同"走出去",即母国的区域选择路径,这是高职院校的重要考虑因素。

(一)东道国区域选择

虽然中国企业赴"一带一路"共建国家开展投资生产与经营是应用经济学的研究范畴,但是"一带一路"企业投资的区域特征直接影响着高职院校"随企出海"的区域选择。综合当前中国企业赴"一带一路"共建国家的投资特征,高职院校应选择与中国企业赴"一带一路"共建国家投资生产经营的重点区域作为东道国的选择区域。目标区域的总体选择路径可以确定为:以东盟十国为优先区域,以此区域为中心向东南亚辐射,分步骤向西亚、北非、独联体、中东欧以及中亚地区拓展。

　　首先,根据企业对外投资的量化特征,优先选择东盟十国。东盟十国包括柬埔寨、印度尼西亚、老挝、马来西亚、缅甸、菲律宾、新加坡、泰国、越南和文莱。商务部统计数据显示,2022 年末,中国企业在东盟的投资存量达 1546.6 亿美元,占全球总量的 5.6%,居中国对世界主要经济体直接投资存量的第二位,中国在东盟共设立直接投资企业超过 6500 家。不仅如此,2022 年,中国企业超七成投资流向亚洲地区,对亚洲的投资流量达 1242.8 亿美元,占当年对外直接投资流量的 76.2%,较上年提升 4.6 个百分点。其中,对东盟十国的投资流量达 186.5 亿美元,占对亚洲投资的 15%。可见,东盟十国在中国企业的跨境投资区域中占据十分重要的地位。在东盟十国中,根据投资量和行业分布,可重点选择新加坡、印度尼西亚、马来西亚、越南、泰国等国家。截至 2022 年末,这些国家均位居中国对外直接投资存量的前 20 位,其中,中国企业赴新加坡投资存量达 734.5 亿美元,高居首位,占东南亚地区投资流量的近一半。① 中国的制造业投资主要流向马来西亚、印度尼西亚、越南、新加坡、泰国等国家,批发和零售业主要流向新加坡。

　　其次,根据"一带一路"倡议下的合作交流基础,有序选择重点友好区域。高职院校与"一带一路"企业的合作模式中,东道国政府是合作网络组织内的重要角色之一,其对中国企业的态度直接关系到跨境合作项目的成败。《"一带一路"沿线中国民营企业现状调查研究报告》显示,在"当地政府对企业态度"的问题上,阿联酋的企业营商环境较好,有 94.5% 的受访者选择了当地政府对本企业"比较好"或"非常好"。在蒙古国、哈萨克斯坦、印度、柬埔寨和老挝的企业所面临的政府压力则稍大,分别有 13.6%、9.1% 和 8.3% 的在蒙古国、在哈萨克斯坦和在印度企业受访者表示当地政府对企业态度"不太好"。故而,

---

　　① 中华人民共和国商务部,国家统计局,国家外汇管理局.2022 年中国对外直接投资公报[M].北京:中国商务出版社,2023.

建议高职院校在选择"一带一路"西亚、北非区域时,可重点关注阿拉伯联合酋长国,不但受访企业面临风险较小、企业运营情况良好,也能够比较充分地享受当地政府提供的优惠政策。在选择中亚国家时,可重点关注哈萨克斯坦和蒙古国;在南亚八国中,可重点关注印度。当然,作为中国全天候战略合作伙伴的俄罗斯也是应该重点考虑的国家。

再次,根据境外经贸合作区的布局特征,重点选择示范性园区所在国家。境外经贸合作区顺应全球产业链调整和中国产业转型升级的要求,从2005年商务部相继出台多项政策鼓励企业抱团"走出去"至今,已形成成本控制、基础设施、产业集聚、市场辐射、风险防范和权益维护等方面的比较优势,成为中国企业集群式"走出去"的重要平台。其中,以白俄罗斯中白工业园、埃及苏伊士经贸合作区、柬埔寨西港特区、泰国泰中罗勇工业园、匈牙利中欧商贸物流园为重点的产业园区,合作效果好、辐射效应大,这些示范性园区可以成为高职院校共建"一带一路"的重点选择区域。

最后,充分考量风险情况,慎重选择重点区域的高风险国家和地区。投资与风险相伴相生。对风险的判断和防范,同样是高职院校与"一带一路"企业合作中应重点考虑的因素。一方面,要考虑合作伙伴在东道国面临的风险类型。根据笔者的调研情况,结合《"一带一路"沿线中国民营企业现状调查研究报告》的调查结论,中国企业在"一带一路"共建国家所面临的主要风险有营商环境风险,包括政务环境、政策环境、融资环境和商业诚信环境;经济金融风险,包括宏观经济状态、行业标准差异、汇率变动等;社会安全风险,包括恐怖主义威胁、地方武装冲突、盗窃抢劫、黑恶势力侵害等;文明冲突风险等。其中,人力资源短板始终是企业应对各类风险乏力的主要根源,尤其对民营企业而言,这个问题更为凸显。另一方面,还要考虑合作伙伴在东道国面临的风险程度。评估各类风险处于"高风险""次高风险""次弱风险"和"弱风险"的等级,以及风险系数(见表5-7)。例如,在蒙古国的受访中资企业虽然认为"一直比较顺利"和"开始困难较多现在比较顺利"的占比之和达到50%,但对面临的风险打分则高达5分,位于受访东南亚国家之首。高职院校应综合考虑"一带一路"企业的投资经营情况和风险感受情况,做好东道国区域路径的相应选择。

表 5-7　2020 年末"一带一路"部分国家受访企业的风险感受情况

东道国	2020 年末直接投资存量/万美元	受访中资企业总体运营/%	当地受访中资企业对面临风险的打分
阿拉伯联合酋长国	928324	98.2	3.2
哈萨克斯坦	586937	81.9	4.0
马来西亚	1021184	81.3	4.1
泰国	882555	75.1	4.0
印度	318331	68.6	4.3
印度尼西亚	1793883	65.2	4.4
越南	857456	56.7	4.2
柬埔寨	703852	52.8	4.7
缅甸	380904	51.7	4.7
蒙古	323610	50.0	5.0
俄罗斯	1207089	42.8	4.1
老挝	1020142	40.0	4.9

注:表第 3 列"总体运营"的数值,取"一直比较顺利"和"开始困难较多现在比较顺利"的占比之和。表第 4 列中分数越高代表风险越大。

资料来源:北京零点有数."一带一路"沿线中国民营企业现状调查研究报告[R].北京:中华全国工商业联合会,2019.

当然,在东道国区域的选择过程中,也不排除一些个别因素发挥主导作用,如母国院校与东道国院校之间的合作基础,或是精英人物的推荐等因素,亦可促成多方主体的合作办学。

(二)母国区域选择

中国高职院校跟随企业共建"一带一路"高质量发展,既是高职院校的个体主观行为决策,也是教育主管部门的统筹战略布局。对于哪些区域的高职院校适合跟随企业"走出去"服务"一带一路"高质量建设,依据《中华人民共和国职业教育法》对职业教育管理责任和权利的定位,综合考虑职业教育服务能力、对外投资能力和产业发展能力因素,应更多地在省域层面上做出有序安排和精心布局。

首先,统筹省域的职业教育能力和对外投资能力,优先选择"双强型"省份。截至2022年末,位于中国地方对外直接投资存量前十位的省份依次为广东、浙江、山东、江苏、四川、湖南、河北、重庆、湖北、陕西,这些省份的对外直接投资存量占全国地方总量的一半以上。同时可以看到,这十个省份设立的高职院校数占全国总量的近一半,职业教育资源丰富,有比较强的社会服务能力和国际化能力,在高职院校国际影响力指标体系中名列前茅。尤其欣喜地看到,在这些省份中,国家级市域产教联合体的牵头院校,都已具备服务"一带一路"的良好基础。如表5-8所示,牵头院校聚焦东南亚为主的共建国家,基本形成了项目跨境合作和机构跨境合作的模式,如武汉软件工程职业学院跟随华为公司,与泰国格乐大学海外分校合作成立"中文＋职业技能"培训中心;重庆电子工程职业学院跟随亚龙智能装备集团有限公司,与老挝教育厅共建"老挝重庆电子工程职业学院亚龙丝路学院";杭州职业技术学院联合海兴电力股份有限公司、西奥电梯、达利女装、友嘉集团等跨国企业在尼日利亚共建中非丝路学院等。这些合作模式中的主体,有校、企、政、行多元协同,合作运行机制相对稳定且合作成效也比较显著。

表 5-8　中国非金融类直接投资存量前十位省份服务"一带一路"总况

省份	对外直接投资存量/万美元	投资存量排名	高职院校数量/所	职教本科数量/所	国家级市域产教联合体	牵头学校	牵头学院已服务的共建国家
广东	17998738	1	93	4	深圳市域产教联合体;佛山市"两高四新"产教联合体	深圳职业技术大学、广东轻工职业技术学院	马来西亚、保加利亚等国

续表

省份	对外直接投资存量/万美元	投资存量排名	高职院校数量/所	职教本科数量/所	国家级市域产教联合体	牵头学校	牵头学院已服务的共建国家
浙江	10281337	2	49	4	杭州经济技术开发区(钱塘科学城)产教联合体	杭州职业技术学院	泰国、南非、尼日利亚
山东	6991895	3	86	3	济南市智能制造与高端装备产教联合体	济南职业学院	印度尼西亚
					潍坊国家农业开放发展综合试验区产教联合体	山东畜牧兽医职业学院	越南、坦桑尼亚、巴基斯坦
江苏	6362067	4	90	1	苏州吴中经济技术开发区机器人与智能制造产教联合体	苏州市职业大学	巴基斯坦
					无锡市集成电路产教联合体	无锡科技职业学院	印尼、老挝
					常州新能源产教联合体	常州工业职业技术学院	印尼
四川	1466793	5	84	2	成都市航空航天产教联合体	成都航空职业技术学院	加蓬
					德阳重大技术装备制造产教联合体	四川工程职业技术学院	泰国、老挝
湖南	1207436	6	85	2	株洲市产教联合体	湖南铁道职业技术学院	马来西亚
河北	1722700	7	67	4	唐山高新技术产业开发区产教联合体	唐山工业职业技术学院	泰国、马来西亚
重庆	789911	8	44	2	西部职教基地产教联合体	重庆电子工程职业学院、重庆水利电力职业技术学院	老挝、泰国
湖北	1027761	9	64	0	武汉中国光谷产教联合体	武汉软件工程职业学院	泰国

续表

省份	对外直接投资存量/万美元	投资存量排名	高职院校数量/所	职教本科数量/所	国家级市域产教联合体	牵头学校	牵头学院已服务的共建国家
陕西	520984	10	40	0	西安航空高端制造产教联合体	西安航空职业技术学院	老挝

资料来源:根据《2022年度中国对外直接投资统计公报》和教育部网站资料整理。职教本科数量截至2024年6月底。

应将上述兼具对外投资强省地位和职业教育强省地位的十个省份,优先确定为母国区域内适合跟随企业"走出去"服务"一带一路"建设的区域。以省域为统筹单位,在高职院校和"一带一路"企业之间建立合作关系,共同服务"一带一路"建设高质量发展。

其次,结合省域的产业发展能力,在"双强型"省份中首选广东省、浙江省、山东省和江苏省。从表5-8中可以看到,广东、浙江、山东、江苏四省的对外直接投资存量已跨上500亿美元的能级,与后续省份拉开较大差距,说明域内企业已具"走出去"规模化形态。并且,从28家国家级市域产教联合体的设立情况来看,这些省份建设了大量的国家级产业园区和省级产业园区,集聚了新一代以信息技术产业、先进制造业、高端装备、新能源、新材料、生物医药和现代农业为代表的主导产业,产业的转型升级和新型工业化的加速发展,随着国际化生产经营的步伐,产生了对新型人力资本、技术服务等院校合作的强劲需求。

最后,结合省域区位优势,同时考虑边境省份。国之交,民相亲。"一带一路"倡议提出"民心相通"是"五通"中的重要内容。凭借区位优势,以教育合作促进民心相通,进而实现高质量共建"一带一路"的宏伟目标,已在边境省份得到成功实践。以广西为例,其凭借"一湾相挽十一国,良性互动中东西"的独特区位优势,支持多所职业院校协同行业企业走进东盟国家,服务机械制造、纺织、建筑工程等行业企业在海外的发展。广西、云南、新疆、黑龙江等边境省份也是高职院校与"一带一路"企业母国区域选择的重要考量对象。

（三）不同跨境校企合作模式下的母国区域选择

在机构跨境合作模式下，高职院校服务"一带一路"建设，可选择"境外园区或以基地为依托"的区域。由于机构跨境模式的难度和要求最高，风险最大，高职院校的区域选择最好能与企业抱团"走出去"的集聚模式相配套，共建产教融合的人才培养基地，创新境外工业或经贸园区的人才培养模式。①

在项目跨境合作模式下，高职院校服务"一带一路"建设，区域路径的选择应以具体项目的建设区域为优先考虑。"一带一路"建设中的项目大多以政府为主导，基于执行和实施国家重大战略的需要，政府作为"一带一路"政策的规划方、制定方和倡议方，经常以"项目"的形式确立一批重大攻关或实施计划，由政府提供经费、指导，高职院校或企业作为项目的执行者实施。

在人员跨境合作模式下，高职院校作为促进毕业生就业的主体单位，可以依托多渠道、多方式、多层次、多主体组建的就业共同体平台，既可同区域，也可跨区域，以共同体内企业所面向的"一带一路"共建国家的实习工作范围为选择区域。

三、优化保障支持

通过"建立新的组织关系""明确责任和激励模式""完善资源共享和信息沟通模式"等策略可以优化治理结构。② 在高职院校与"一带一路"企业的合作模式中，由于跨境合作的复杂性和高风险，更需要建立完善的保障支持体系。其中，根据合作中面临的重点方面，应考虑的重点保障是制度支持、认知支持、技术支持和财政支持，同时，构建运

---

① 祝蕾."一带一路"战略背景下高职院校助力企业"走出去"的路径创新研究[J].中国职业技术教育，2016(33)：106-110.

② Ling T. Delivering Joined-up Government in the UK：Dimensions，Issue and Problems[J]. Public Administration，2002(4)：615-642.

行优化的内部质量保证体系。

（一）制度保障支持

马克思主义关于"制度"的内涵指出，制度是一种社会运行规则，即"从结构状态意义上理解的环境，制度是社会环境的重要组成部分，即制度环境"①。高职教育与"一带一路"企业的合作以良好的制度环境为前提和基础，主要涉及激发"一带一路"企业与高职院校合作办学积极性的制度和激发高职院校走出去服务"一带一路"建设的制度。

一是提升相关制度的有效性。现有制度中，既有法律法规，也有相对低层级的规章制度等，如沟通制度、信息服务制度、资金保障制度、质量监控标准等。可以看到，国家和地方层面已出台一系列促进行业企业参与职业教育办学的政策和措施，但实践中企业参与办学的积极性仍不高，合作动力也不强。如何提高制度执行的有效性，服务国家的整体布局，需要通过加强制度建设来推进职业教育实践，这也是关乎现有教育体制机制性的问题。

二是制定能激发高职院校"走出去"办学积极性的制度。针对高职院校与"一带一路"企业合作中面临的政策刚性和政策缺位的困境，国家层面应出台与当前高职院校境外合作办学相适切的政策法规，对高职院校赴境外办学的资质明确要求，对境外办学的审批程序、评估程序、学位认证和退出机制等方面进行准确的说明，最终规范高职院校境外办学的行为标准。例如，针对外派教师难的问题，可以参照《国家公派出国教师生活待遇管理规定》等文件，对赴境外工作的师资给予补贴支持，保障国际化师资队伍的交流持续性；也可以支持院校将派出教师出国任教作为职称晋升的优先考虑条件，设立境外办学专项资助基金，激励青年教师赴境外开展教育教学与社会服务工作。国家层面的制度支持，涉及行政主体职业教育领域内的财政事权与支出责

① 刘超良.制度：德育的环境支持[J].教育科学,2004(4):13-15.

任的划分,地方层面应协调与配套各级政策。同时,地方层面出台的地方性产权保护制度,应以降低企业参与校企合作面临的不确定性和交易成本为目标。

(二)认知保障支持

认知性支持包括非正式的社会规范、习俗与意识形态等。作为信念的制度不完全是有意设计的产物,而是各个行动主体互动的结果。[①]梁漱溟在《中国文化要义》中说,社会心思着重放的地方自然成了重要学问。[②] 可见,社会和企业对提高跨境校企合作有效性的观念转变非常重要。高职院校、企业和社会等合作主体都要高度重视校企合作并积极实践。通过利益相关者的互动,地方政府、行业企业和高职院校伴随着规则性制度的发展,也会改变既有的认知模式,形成认知上的合法性支持。这种转变的逻辑和形式主要表现在三个方面:一是"一带一路"企业通过派驻员工担任教师、合作开发教材与课程、提供工作场所学习机会以及向院校捐赠设备等形式,深度参与高职院校人才培养过程,从人力资本的需求者逐步转变为人力资本的联合供给者。二是高职院校以高技能人才的供给和专业技术支持企业发展和区域发展,成为校企合作系统内多方认可的供给基础。三是地方政府也应逐步从技能人才培养的教育服务提供者、监督与调控者转化为协调与参与者。通过校企合作的组织间互动,改变合作主体对自身定位的认知,也改变其他合作者的预期与信念,这是对校企合作各方底层心智结构的改变,会直接影响制度的产生与实施效果,也保障校企合作的推进。

(三)技术保障支持

前述研究发现,在高职院校与"一带一路"企业的合作中,可以为

---

① 王星.技能形成的社会建构:中国工厂师徒制变迁历程的社会学分析[M].北京:社会科学文献出版社,2014.

② 梁漱溟.中国文化要义[M].上海:上海人民出版社,2011.

合作组织提供技术支持的主体是行业组织。行业组织作为保护和增进全体成员既定利益的非营利组织,应充分发挥其协调职能。国外行业组织的经验做法值得借鉴。在信息服务方面,英国的行业组织在《职业培训法》与《教育改革法》的保障下,覆盖全国 90% 的行业领域,把为职业教育服务作为其职责之一,调研行业内企业人才数量及能力并定期向学校发布,促进双向信息交流。瑞士的行业组织,作为职业教育的"第三元",负责"双师"素质提升和双向学习,同时为另外"两元"牵线搭桥,协调沟通。在行业地位方面,德国极具自主权的行业组织扮演着特殊且重要的角色,德国法律要求每个行业组织都设立一个职业教育委员会作为专业机构,用来协调校企矛盾,提升技能人才培养质量。澳大利亚通过《培训保障法》与《工作场所关系法》等法律,确立行业组织的地位。在师资培养方面,澳大利亚职业学校的兼职教师或技术专家,由行业组织在企业内部对优秀技术人员进行选拔而产生。[①] 比较这些具有较高职业教育发展水平的国家,行业组织都有着明确的法律地位,并在信息服务、师资建设、人力资源供需反馈以及专业发展与调整等方面发挥着巨大的作用,从而有效促进校企共同发展。

中国商务部数据显示,中国已在 120 多个国家和地区建立了 150 多个境外中资企业的商(协)会。要充分借鉴国外行业组织的成长经验,发挥他们在信息交流、协调服务、联动互助等方面的平台功能,在角色定位、职责梳理和机制构建等方面发挥作用,确保合作中的技术支持。一是树立行业组织的地位。借助行业组织协调企业与高校之间的经济与教育行为,其实质是协调校企合作各方的利益博弈。中国在走向国家治理现代化进程中,通过立法等形式进一步厘清职能边界,明确规范化、专业化建设路径,回归其应有的定位。二是明确行业组织的职责。在高职院校与"一带一路"企业的合作实践中,行业组织

---

① 邓志军.澳大利亚行业协会参与职业教育的主要举措[J].职教通讯,2010(8):47-51.

作为标准制定、诉求沟通、服务与自律的合作主体,要向多元主体提供双向服务。在企业和高职院校之间,行业组织除了提供人力资本的供需信息之外,更应向高职院校反馈行业企业的发展趋势与新型动向,向企业提供对接适应"一带一路"共建国家的产业行业及专业标准、教学标准和专业设置等相关教学资源,还可在企业和学校之间培养师资,提升"双师"结构的师资储备;在企业和政府之间,行业组织可向企业传递政府的监管要求,向政府反馈行业标准、经营障碍与服务需求等。在境外要维护合作主体的权益。"一带一路"共建国家因特定的经济文化国情,比较看重"一带一路"企业的本土用工数量和企业的社会责任履行情况等,而这恰恰是中国企业的薄弱之处,也由此遭受了不少争议。所以,在高职院校与"一带一路"企业的合作模式中,行业组织除了履行一般意义上的主权利益维护与服务之外,更应注重与当地政府的沟通与协调。当然,更要行使行业监管职能:出台合作的质量标准,监督合作办学项目和机构的运作,审核校企合作"走出去"项目的可行性,提升公信力。三是构建信息沟通协调的长效模式。信息不对称引发的集体理性与个体理性之间的利益冲突,已成为跨境校企合作的难点。当前,信息化建设已成为社会治理模式的重要基础保障。在信息沟通中,机构的建立、制度的形成及有效的执行是长效模式的主要内核。形成信息相关制度,是合作模式协同推进的依据和规范,也是技术管制的一部分。当然,有效的执行还需要各方组织管理者和技术专家之间定期沟通,有针对性地通过信息网络等途径,培养校企合作网络中信任的增长。另外,建立更完善、更高水平的信息公开平台也是构建信息沟通协调长效模式的技术保障。

(四)财政保障支持

在高职院校与"一带一路"企业的合作模式中,资金是主要制约因素之一。尽管高职院校希望政府对事业单位资产在境外投资方面做出调整,但从其他国家的发展经验来看,公办高职院校在资金方面很难获得过多的自由度,民办高职院校由于资金受限,赴境外办学的优势也不强。前述典型案例分析中,资金的提供方式主要有两种,一种是购买企业的校企合作服务,如案例 C;另一种是与企业进行资源的对等交换与共享,如案例 A2 中企业提供实训器材与资料,学校提供赴境外所需的师资力量,从而对学生进行实习实训。相比一般的校企合作,跨境合作需要更多的财政支持,国家或地方层面应改革经费投入方式,更多地尝试以购买服务或以公共服务保障的形式进行经费投入,同时加大对高职院校"一带一路"合作项目的专项投入。例如,已立项的产教融合型城市中对产教融合型企业的财政支持是目前为止比较受认可的校企合作激励模式。此外,应提高高等职业教育生均拨款力度。高职院校服务"一带一路"企业合作过程中,资金缺乏是最大限制因素之一,各级政府应在充分落实 2017 年生均财政拨款的国家规定的基础上,提高生均拨款标准,夯实基础建设。当然,辅以生均拨款的激励奖惩制、督查问责制或引入第三方开展生均拨款绩效评价也是可以的。

（五）风险保障支持

高职院校与"一带一路"企业合作中,跨国界、跨文化、跨领域所带来的风险更复杂、更严峻。当前,百年未有之大变局加速演进,世界进入新的动荡变革期,外部环境的不确定性上升。除了应对政治、经济、文化、法律、舆情等风险之外,还应防范跨境校企合作的各类合作风险,如实习安全的风险、经营下滑导致校企合作"断档"风险等。

合理的利益分配和激励约束模式是跨境校企合作关系稳定有效的重要基础。一方面,应建立完善的风险评估体系。应根据每个主体的资源和能力,建立合理的危机评估、处理和应急管理模式,明确划分每个参与人员的权责,避免机会主义行为。高职院校与"一带一路"企业合作中,在伙伴选择、项目实施等各个阶段,合作双方应充分评估合作项目可能存在的各类风险,制定各类预案。另一方面,应建立合理的风险承担机制。多元合作主体须根据权、责、利的分配,建立相对应的风险承担体系,并以契约形式加以固化。同时应建立快速的监测预警体系。政府主体应持续提升服务企业的水平,充分发挥境外企业和对外投资联络服务平台的作用,定期以境外产业园区为基础,联合或委托行业组织,组织企业、院校等相关人员开展境外安全风险防控教育培训,引导企业增强风险防控意识和能力,坚持依法合规经营,打造中国投资品牌。

四、构建优化运行的内部质量保证体系

建立质量保证体系不仅是控制国家高等教育质量的基本要求,也是参加国际教育活动的必要条件。[①] 如何保证人力资本的培养质量在跨境的校企合作模式中符合"一带一路"倡议下供需双方的新需求,成为内部质量保证体系中优化运行的重要问题。现阶段,我国高校境外办学的质量保障体系尚不健全,目前能看到的政府管理界面有教育部国际合作与交流司在教育涉外监管信息网上公布的相关教育涉外活动信息,国家层面尚未设立质量保证管理的专门机构,也未出台完善的质量保证政策制度,导致办学活动出现不尽规范甚至无序竞争的现象。梳理英国、日本和印度三个各具特色的国家在教育国际化质量保证体系中的具体做法,可为我国提供构建思路。

(一)英、日、印的质量保证体系及对我国的启示

英国在国家层面的高等教育质量保障机构有英国高等质量保证局(QAA)、英国文化协会(BC)、英国大学联合会(UniversityUK)、英国国际教育协会(UKCOSA)等,这些机构通过提供信息咨询、质量评估等方式促进跨境高等教育发展。其质量保证的相关举措有:持续开展海外分支机构的年度海外监督评估,重点评审当地合作机构与合作

---

① 联合国教育、科学及文化组织.保障跨国界高等教育办学质量的指导方针[EB/OL].(2019-11-13)[2024-01-01]. https://unesdoc.unesco.org/ark:/48223/pf0000143349_chi.

内容,并公示监察结果,确保英国在海外教学质量与国内标准一致。质量保证的相关政策有《远程学习质量保障指南》《有关协作提供和灵活分布式学习的业务守则》,并出台重点协调和改善跨境高等教育质量的"跨境高等质量保障工具包"(QACHE)项目,重点指向项目和机构的跨境流动。英国跨境办学质量保证对我国的重要启示是:需构建完善的质量保障体系,明确目标和机构职责,以制度加以维护,以保障英国教育"品牌"对境外学生的吸引力。

日本跨境办学以人员流动和项目流动为主,由于政策上对境外校园的认定标准和实施学位教育有非常严格的法律规定,机构跨境很少。当然日语优先的语言要求也限制了日本境外实体校园机构的选择。同时,为了便于学分的互认和教学质量的控制,日本主张建立亚太大学交流等组织,促进跨境高等教育的学生流动和质量保障。尽管日本跨境高等教育并没有取得像美国和英国那样的成就,但其在发展跨境高等教育的道路上,与我国某些方面的局限性类似,例如语言限制、东西方文化的差异等,因此,研究日本高校境外办学的经验和教训是具有借鉴意义的:一是境外合作办学的品牌声誉是核心要素,高校须始终关注内部质量,只有内部质量提升才能实现跨境合作办学的可持续发展。二是高职院校与"一带一路"企业的合作模式,不一定以机构跨境模式为终极追求目标,只要能达成多元主体的互惠共赢就是可行的,但必须以质量保证为前提。

印度作为海外分校输出最多的发展中国家,是发展中国家实施"走出去"办学的积极实践者。其以私立大学为主体,以远程教育为主要形式,这些特征对中国跨境合作中教学质量的保证,有着一定的借鉴意义。印度的大学教育资助委员会(UGC)是政府与机构之间的缓冲机构,一直关注国内外各种形式的分支机构和特许经营,监督所有其他高等教育提供者的规定。全印度技术教育委员会(AICTE)管理着包括学位在内的技术教育。印度的跨境办学质量保障体系对我国的启示有:应积极发挥民办高校在境外办学活动中的积极作用,充分利用现代教育技术,通过远程教育形式提供高等教育输出,以实现低成本低风险的境外办学模式,同时还可增加课程访问量,提高高校知名度,实现国际化人才培养的目的。[①]

(二)我国高职院校与"一带一路"企业合作运行的内部质量保证体系

内部质量保证体系关系着高职院校与"一带一路"企业合作办学的成效。在高职院校与"一带一路"企业的合作模式中,内部质量保证体系可以分类型有重点地加以构建。对于人员跨境的合作模式,主要涉及教学质量的保证。对于机构和项目跨境的合作模式,由于办学环境的改变,须制定不同于国内办学的质量保证机制,加强与办学目的国(地区)的沟通,在质量保证的内容和方法上达成共识。[②] 基于以上现实考虑,高职院校与"一带一路"企业合作运行的质量保证机制应以内为主,内外结合,从建立跨境合作运行质量的管理机构开始,实施评估与改进。

首先,建立多元主体参与的校企跨境合作质量保证管理组织。目前,行政主管部门是制定、发布和判断高职院校校企合作和国际化评价标准的关键主体,学校、行业企业、第三方组织在评价中话语权并不高。而高职院校与"一带一路"企业合作对中国现代职业教育治理体系又提出了更高质量的需求,建议多元主体共同参与质量评价,保证以人力资本为核心的合作成果能有效地服务"一带一路"建设。

其次,明确多元评价主体的定位。一是对教育主管部门而言,可以学习英国以机构跨境为主的境外教学质量保证体系、日本以项目和人员跨境为主的境外教学质量保证体系,以及印度以远程教育为主要形式开展跨境教育质量保证的经验,研究出台本国和东道国的教学质

---

① 廖菁菁. 我国高等学校境外办学运行机制研究[D]. 厦门:厦门大学,2020.
② 秦冠英,刘芳静. 海湾地区跨境高等教育发展状况及对中国教育"走出去"的启示[J]. 中国高教研究,2019(8):39-46.

量审核标准,制定本国境外办学质量保障标准,尽快建立适应我国境外办学的高质量保障体系。二是对行业组织而言,可承担起制定行业标准的职责,包括合作办学的质量标准、从业人员素质要求等,保证合作办学质量。三是对第三方教学质量评估机构而言,其职责应是掌握其他国家和国际上的教学质量标准,保持与政府部门对接,提供符合境外教育市场的本国质量保证标准,指导高职院校有效地开展境外教学活动。

最后,建立跨境合作模式有效运行的自诊体系。基于高职教育供给侧立场,建立校企跨境合作质量保证的自评制度,构建科学有效的评估指标体系,可以围绕以下维度展开:一是合作的规范性,如专业设置标准、学习支持、学生录取管理和毕业标准、教职工聘用标准等;二是合作的有效性,如专业设置与行业的匹配度、学生留用与收入水平、企业捐赠等;三是合作示范性,如行业公众评价、特色与贡献等。以教学质量为核心,按不同的合作模式分类设计指标体系。

第六章　结论与反思

　　高职院校与"一带一路"企业的合作模式研究,是一项跨国界、跨文化、跨领域的复杂议题。笔者试图探寻合作模式的实然表征与可借鉴的合作范式,但受限于个人研究视野与研究能力的不足,留下许多遗憾。期待通过结论总结和研究反思,为后续研究奠定一些基础。

一、研究结论

　　其一,"一带一路"企业在与高职院校的合作中,最看重学生的社会能力。"一带一路"企业认为人力资本的职业能力由社会能力、专业能力和方法能力构成。以"责任心、忠诚度和肯吃苦"为核心的社会能力最被当下的企业所看重。以社会能力为重点、专业能力为基础、方法能力为外核的三种能力互为补充,相互作用,共同促进高职学生职业能力的发展,这类素质首位的职业能力体系与企业对高技能人才的建构需求相契合。

　　其二,高职院校与"一带一路"企业合作存在目标、供需和机制三维失衡。高职院校与"一带一路"企业合作模式的问题在于核心目标、供需关系和运行机制的失衡与错位。具体表现为:一是人力资本质量供需错位。企业需要合适够用的高职学生具备素质首位的职业能力。而高职院校则将外语能力和国际化沟通等专业能力置于高职学生职业能力的前列。两者对人力资本构成要素地位存在供需错位,人力资本中被赋予"利益、责任和命运共同体"的社会价值尚未体现。二是规模供需失衡。"一带一路"共建国家巨大的市场需求和发展潜力以及中国企业持续攀升的投资规模与盈利能力,对技术技能人才提出了更大规模的数量需求,但是新型人力资本的供给能力有限。三是结构供需错位。"一带一路"企业以制造业为主,其次为批发和零售业。制造产业主要为装备制造、轻工纺织、能源动力与材料专业大类。而高职教育区域发展不均衡,服务第三产业的专业大类设置数明显多于服务第二产业的专业大类设置数,与"一带一路"企业的行业分布供需错位。四是运行保障严重失衡。运行主体中,校、企、政、行共同参与合作培养新型人力资本,但东道国政府的参与积极性并不高。运行形式以产品和组织合作为主,缺少以机构跨境合作为代表的产权合作。运行保障支持供给不足,重点是政策、经费和信息的缺位,主体之间也缺乏协调支持的多层级支持。

其三,逻辑认知、市场预测和技术治理缺位可能是校企合作失衡的问题所在。社会和教育逻辑的缺位影响着人力资本的质量失衡,"一带一路"企业所在东道国的经济社会特征,影响着素质首位职业能力的产生基础;共建国家的职业教育诉求,影响着素质首位职业能力的发展基础;与东道国的文化距离,对人力资本提出素质首位职业能力的要求;"一带一路"企业对高职人才的能力需求正在趋向高级化,但是高职学生素质首位的职业能力、强有力的"双师"结构教师队伍、融入职业素质的课程体系都尚未完善。此外,专业设置中市场动态预测体系和科学评价体系的缺位也加剧了供需结构的失衡。运行失衡的根源主要在于合作组织运行中认知、管制和技术的缺位。

其四,人员、项目和机构跨境合作模式是高职院校与"一带一路"企业合作模式的具体样态。三种模式层层递进,由浅入深,相互关联,各有特征:人员跨境合作模式的合作最松散、难度最小,项目跨境合作模式最普遍、难度适中,机构跨境合作模式的合作最深入、难度最大。

机构跨境合作模式中包含着人员与项目跨境合作，但反之则不成立。现阶段，中国职业教育服务"一带一路"建设以项目跨境合作模式为主，机构跨境合作模式较少。在高职院校与"一带一路"企业的合作模式中，对政府和行业组织的衍生职能提出更高的要求。合作模式中参与主体的职能缺位、核心目标的多重价值缺位、组织运行的缺位等因素，导致高职院校与"一带一路"企业跨境合作模式运行并不顺畅。

其五，目标优化、结构优化和关系支撑是校企合作模式升级的未来方向。质量、结构和运行的优化是提升办学质量、实现高职院校与"一带一路"企业有效合作模式的路径。基于高职教育供给侧结构性改革的立场，应优化组织要素及其职能，以培养素质首位职业能力的高职人才为目标，构建基于职业素质的分类培养、分层教学的课程体系，跨界协同建设"双师"结构师资队伍，建立以市场需求预测为核心的专业动态调整与评价机制，形成内部质量保证体系。值得注意的是，高职院校专业的菜单式供给可能更适应"一带一路"企业园区化发展趋势。此外，应优化高职院校与"一带一路"企业合作运行的路径体系，包括伙伴、区域、保障和支持路径，创新制度、资金和信息等支持要素的有效供给，使多元主体在区域网络内合法生存，激发合作运行的最大效益。需要引起重视的是，在高职院校与"一带一路"企业的机构、项目或人员跨境合作模式中，应充分注重行业组织的支持协调与沟通作用，促使螺旋体形成新的利益平衡机制。

二、研究反思

回首整个研究过程，尽管笔者对提出的问题已有一定探索和推进，但仍有不少值得反思之处。首先，研究的对象比较特殊。作为一个兼具理论性和实践性的研究课题，本研究以理论和实证两条路线为依托，对高职院校与"一带一路"企业的合作模式进行了较为深入翔实的考察，但对我国赴"一带一路"共建国家投资的企业和高职院校的整体关照仍显不够。研究将对象锁定为中国到"一带一路"共建国家开展对外直接投资的企业，是比较特殊的。尽管这部分企业占了目前中国对外直接投资企业总数的四分之一左右，并呈持续增长态势，在中国经济转型升级的新时代发挥着越来越重要的作用，但由于该类型的企业跨地域、跨国界、跨文化的特征，研究对象考察难、研究资料获取难等，一定程度上造成研究成果可适用性的局限。同时，由于时间、精力的局限，抽样分布区域也不够均衡。高等职业院校的抽样区域是高职教育比较强的沿海省份，尽管集合了各类属性的高职院校，但对服务"一带一路"建设的其他节点省份或边疆省份的说服力可能不够强。"一带一路"企业的境内抽样区域以浙江省宁波市为主，企业主体以民营企业为主。虽然非公有制企业在中国地方非金融类资产对外直接投资的总量中已占据半数以上，但仍未能充分顾及赴"一带一路"共建国家投资的国有企业队伍，层次均衡感是不够的。因此，研究结论的参考借鉴有一定程度和范围的局限。

其次，理论的解释存在边界。高职院校与"一带一路"企业的合作模式，跨国界、跨文化、跨领域的特征明显而复杂，人员、项目和机构等要素跨越中国和"一带一路"共建国家，不同的教育、经济、社会文化背景下，我国职业教育培养的学生能否立足，专业、课程、教学、师资等办学核心要素是否具有国际竞争力成为吸引笔者探究的关切所在，笔者正是沿着核心目标—供需关系—运行机制的逻辑思路确定了研究的适用理论，即构建了关于职业能力的人力资本理论、关于供需关系调适的供需理论和关于多元主体合作运行的四螺旋理论来诠释合作模式中的分析框架。以上理论基础虽然抓住了现阶段跨境校企合作模式中的主要矛盾，但不可避免地忽略了中国职业教育"走出去"服务"一带一路"建设中的其他困惑，如高职院校是否一定要与"走出去"的中国企业合作，可否直接与共建国家本土企业合作形成另一种跨境校企合作模式。随着中国现代化工业体系国际化构建的推进，企业对人才技能的需求发生变化，由此可能适用的技术进步等相关理论，都是笔者未能充分顾及的，使研究成果的解释力有一定边界。

另外，研究方法也有一定的局限。由于访谈技巧和访谈精力的有限性，面对纷繁的访谈资料，笔者只能尽力提取与核心问题相关的信息，有时甚至超出研究主题的范畴。

综上，可能还存在其他方面的诸多不足，尤其是在对教育理论的充分理解以及对理论适用性的把握上仍不够完善自如，在表达上也可能存在模糊的地方，这些都是后期需要改进之处。

三、研究展望

能进一步拓展研究对象。限于研究精力的有限性和研究对象的复杂性，笔者将主要研究对象限定为浙江省内高职院校与浙江省宁波市赴"一带一路"共建国家投资的企业，并根据研究需要在定性研究阶段同时访谈了部分企业人力资源部经理、高职院校国际化负责人以及行业组织成员等，基本上完成了所设定的研究目标。在后续的研究过程中，可进一步拓展研究对象。一方面，将高职院校的研究对象拓展到浙江省、广东省、江苏省和山东省，抑或拓展到全国，这需要相关同行的大力支持与协助。另一方面，将"一带一路"企业的调研对象拓展到这四个省的范围甚至扩展到全国范围"走出去"赴共建国家投资的全部省份，这更需要获取相关部门的大力支持。尽管都有一定难度，但可以逐步推进。通过对研究对象更全面更趋精准的拓展，可以更加多元的视角审视供需双方的定位与实践机理等问题。

能进一步完善研究手段。研究主要采用了问卷调查法、访谈法和案例研究法来探索高职院校与"一带一路"企业的合作模式，但问卷调查不可避免地受到受访者自我防卫、社会期待等因素的影响，从而使研究者在问卷分析和解释上产生偏差。访谈法也受到各类主客观因素的影响，使受访者难以做出真实的回应。后续研究中，可以采用行动研究、实验研究和综合观察等相关研究方法，对高职院校与企业跨境合作办学的进展和效果展开持续性追踪,对校企跨境合作的实施效果进行验证和深刻的理性反思。

能进一步延伸研究主题。尽管笔者通过定量与定性研究系统剖析了当前高职院校与"一带一路"企业的合作现状,但仍有遗憾。尤其是在进入高职院校"现场"做访谈的过程中,愈发感觉高职院校与"走出去"企业合作问题的复杂性,愈发深刻地感受到国家目标与组织目标的耦合困境。高职教育服务"一带一路"倡议的实质是在参与国家战略和全球化协作体系的过程中,形成学生、专业、课程、师资等核心要素竞争力提升的倒逼机制,由此产生的关注都将成为后续研究的重点主题。

参考文献

埃茨科威兹.三螺旋:大学·产业·政府三元一体的创新战略[M].周春彦,译.北京:东方出版社,2005.

贝克尔.人力资本[M].梁小民,译.北京:北京大学出版社,1987.

陈沛酉,闫广芬."一带一路"倡议下高职院校国际化:功能、问题与改进[J].中国职业技术教育,2018(15):67-71.

陈鹏,王辉.我国产教融合政策的生产、分配与消费——话语分析的视角[J].教育研究,2019(9):110-119.

陈文晖,刘雅婷.推进"一带一路"境外合作园区高质量发展的理论与实践探索[J].经济理论与实践,2021(2):154-157.

陈向明.质的研究方法——与社会科学研究[M].北京:教育科学出版社,2000.

陈瑛,杨光明.技能短缺与技能提升:"一带一路"共建国家中国企业海外雇工问题研究[M].北京:社会科学文献出版社,2018.

陈子季.优化类型定位 加快构建现代职业教育体系[J].中国职业技术教育,2021(12):5-11.

丁文敏.大学生责任教育概论[M].济南:山东人民出版社,2012.

范国睿.政府·社会·学校——基于校本管理理念的现代学校制度设计[J].教育发展研究,2005(1):12-17.

格尔茨.文化的解释[M].韩莉,译.南京:译林出版社,1999.

龚方红,姜敏凤,等.高职院校质量保证体系诊断与改进[M].北京:电子工业出版社,2020.

顾明远.教育大辞典(增订合编本上)[M].上海:上海教育出版社,1998.

郭福春,王玉龙.规模、结构、质量、政策:高等职业教育供给侧结构性改革的四重维度分析[J].黑龙江高教研究,2019(3):39-43.

国际人力资源管理研究院(IIRI)编委会.人力资源经理胜任素质模型从胜任到卓越[M].北京:机械工业出版社,2005.

郝天聪,石伟平.从松散联结到实体嵌入:职业教育产教融合的困境及其突破[J].教育研究,2019(7):102-110.

郝天聪.服务"一带一路"建设的中国职业教育:经验与挑战[J].教育发展研究,2017(17):62-68.

蒋乃平.职业素养训练是职业院校素质教育的重要特点[J].中国职业技术教育,2021(1):78-83.

匡瑛.究竟什么是职业能力——基于比较分析的角度[J].江苏高教,2010(1):131-133,136.

李锋,孙艳."双循环"背景下我国"一带一路"区域发展绩效评价[J].经济问题,2021(5):31-38.

李红蕾.中国在柬埔寨投资的现状、特点及问题研究[D].广州:暨南大学,2017.

李鹏,石伟平.新时代职业教育全面深化改革的政策逻辑与行动路径[J].国家教育行政学院学报,2019(9):81-86.

梁漱溟.中国文化要义[M].上海:上海人民出版社,2011.

马廷奇.命运共同体:职业教育校企合作模式的新视界[J].清华大学教育研究,2020(5):118-126.

孟大虎.专用性人力资本:理论及中国的经验[M].北京:北京师范大学出版社,2009.

孟明义.高等教育经济学[M].北京:教育科学出版社,2010.

欧阳河.职业教育基本问题研究[M].北京:教育科学出版社,2006.

祁占勇,杜越.什么是好的教育政策执行效果与评估[J].华东师范大学学报(教育科学版),2022(2):29-42.

任君庆,王琪."一带一路"职业教育研究东盟卷[M].厦门:厦门大学出版社,2018.

任燕,邱玉雪.经济测度视角下我国与"一带一路"共建国家高等教育的合作战略研究[J].黑龙江高教研究,2019(9):15-20.

上海市教育科学研究院,麦可思研究院.2019中国高等职业教育质量年度报告[M].北京:高等教育出版社,2019.

石伟平,郝天聪.从校企合作到产教融合——我国职业教育办学模式改革的思维转向[J].教育发展研究,2019(1):1-9.

石伟平,匡瑛.比较职业技术教育[M].北京:高等教育出版社,2012.

石伟平,林荫茹.新技术时代职业教育人才培养模式变革[J].中国电化教育,2021(1):34-40.

石伟平.时代特征与职业技术教育创新[M].上海:上海教育出版社,2006.

石伟平,等.职业教育办学模式改革研究[M].北京:经济科学出版社,2021.

宋齐明.校园与工作场所:关于本科生可就业能力的研究[D].上海:华东师范大学,2018.

泰勒.课程与教学的基本原理[M].施良方,译.北京:人民教育出版社,1994.

王成军,方军.知识管理——基于四重螺旋的创新创业研究[M].北京:社会科学文献出版社,2020.

王敏杰.宁波建设"一带一路"区域性国际贸易中心城市研究[M].杭州:浙江大学出版社,2016.

王琪,刘亚西,张菊霞,等.高职教育多主体协同"走出去":实践类型与优化治理[J].教育发展研究,2019(5):14-19.

王为民.合作产权保护与重组：职业教育校企合作机制创新[J].教育研究,2020(8):112-120.

王星.技能形成的社会建构：中国工厂师徒制变迁历程的社会学分析[M].北京:社会科学文献出版社,2014.

王旭辉.我国高等教育的供求问题研究[D].厦门:厦门大学,2017.

韦伯.社会科学方法论[M].杨富斌,译.北京:华夏出版社,1999.

西伦.制度是如何演化的[M].王星,译.上海:上海人民出版社,2010.

肖龙,陈鹏.改革开放40年来我国职业教育理论的发展脉络与演进逻辑[J].教育学术月刊,2019(1):104-111.

徐国庆.职业教育实现现代化的关键是完善国家基本制度[J].华东师范大学学报(教育科学版),2021(2):1-14.

徐国庆.从分等到分类——职业教育改革发展之路[M].上海:华东师范大学出版社,2018.

徐国庆.什么是职业教育——智能化时代职业教育内涵的新探索[J].教育发展研究,2022(1):20-27.

徐国庆.职业教育学基础[M].北京:高等教育出版社,2023.

许长青.三螺旋模型的政策运用、理论反思与结构调整[J].高等工程教育研究,2019(1):121-128.

杨葆焜,范先佐.教育经济学新论[M].南京:江苏教育出版社,1995.

杨钋.技能形成与区域创新[M].北京:社会科学文献出版社,2020.

叶澜,杨晓微.教育学原理[M].北京:人民教育出版社,2007.

袁振国.当代教育学[M].北京:教育科学出版社,2004.

中国社会科学院语言研究所词典编辑室.现代汉语词典[Z].北京:商务印书馆,2012.

周雪光.组织社会学十讲[M].北京:社会科学文献出版社,2003.

Arranz N, Arroyabe M F, Sena V, et al. University-Enterprise Cooperation for the Employability of Higher Education Graduates: A Social Capital Approach[J]. Studies in Higher

Education,2022(5):990-999.

Becker G S. Human Capital: A Theoretical and Empirical Analysis, with Special Reference to Education[M]. Chicago:University of Chicago Press,1993.

CEDEFOP. Towards a History of Vocational Education and Training in Europe in Comparative Perspective[M]. Luxembourg: Office for Official Publication of the European Communities,2004.

Cong Ge, et al. Research on the Internal Governance Structure of Private Colleges and Universities under the NonProfit Choice [J]. International Journal of Computational and Engineering, 2021(1):1-10.

He Z Z, Sun X H. Index Construction and Application of School-Enterprise Collaborative Education Platform Based on AHP Fuzzy Method in Double Creation Education Practice[J]. Journal of Sensors, 2022(4):1-15.

Hu X B,Tan A,Gao Y. The Construction of the Development Mode of School-Enterprise Cooperation in Higher Vocational Education with the Aid of Sensitive Neural Network [J]. Wireless Communications and Mobile Computing,2022(2):1-14.

International Education Association of Australia. Good Practice in Offshore Delivery: A Guide for Australian Providers [M]. Hawthorn:IEAA,2008.

Li D W. Construction of School-Enterprise Cooperation Practice Teaching System under the Big Data Internet of Things Industry Collaborative Innovation Platform [J]. Computational Intelligence and Neuroscience, 2022(1):1-18.

Liu S Y. Fit of Professional Setting and Regional Industrial Structure of Financial Colleges in the Greater Bay Area from Industry-

Education Integration[J]. Wireless Communications and Mobile Computing，2022(1)：1-14.

Powell P，Walsh A. Whose Curriculum is It Anyway? Stakeholder Salience in the Context of Degree Apprenticeships[J]. Higher Education Quarterly，2018(4)：90-106.

Xia T，Ahmad M T. Method of Ideological and Political Teaching Resources in Universities Based on School-Enterprise Cooperation Mode[J]. Mathematical Problems in Engineering，2022(1)：1-16.

Yan Y. Decision Tree Algorithm in the Performance Evaluation of School-Enterprise Cooperation for Higher Voca-tional Education [J]. Mathematical Problems in Engineering，2022(7)：1-9.

Zhang Q. Design of the School-Enterprise Cooperation Management Information Platform Based on the B/S Architecture [J]. International Journal of Antennas and Propagation，2021(1)：1-10.

后 记

于我而言,华东师范大学是筑梦和圆梦的地方。作为父母眼中"读书的料",我一路走来,工作之后仍能在这所学府中得到滋养、成长和前行的动力。

非常庆幸,能够师从石伟平先生,是先生将我引入这个新的研究领域。至今难忘,丽娃河畔潜心苦读的时光,让我逐步融入这一严谨又丰富的学科研究之中。我自小对民营企业耳濡目染,一直关注着"走出去"企业的发展,在深入企业一线调研后,深感"走出去"企业的用人之困。而本人又身处职业教育工作的第一线,由工作实践和研究兴趣而引发的思考得到了先生的大力支持和鼓励——他为我涤荡困惑、明确路标,激励我砥砺前行!

感谢华东师范大学职业教育和成人教育研究所的全体老师和学长们,他们的爱护和鼓舞,使我不断成长。感谢学识渊博的李鹏博士后,他给了我很多重要又详细的修改意见!感谢顺光博士的默默支持!感谢徐峰博士诸多的细微帮助!

研究过程中,本书得到了大量院校同行与企业朋友的帮助,他们是无锡商业职业技术学院的赵丽老师、温州职业技术学院的武俊梅老师以及浙江交通职业技术学院的吴颖峰老师等,感谢他们给了我深入交流和探究高职院校与"一带一路"企业合作实践的机会!感谢得力集团、金田铜业、中基集团、东方日升、中策集团、人和光伏、宁波传祺公司等企业的朋友,以及本书中已"走出去"赴"一带一路"共建国家开展直接投资的众多企业友人和在这些企业工作的高职学生们,谢谢他们不厌其烦地完成我的访谈与问卷,并积极参与高职院校的合作办学与人才培养。感谢其他未曾谋面却在调查中给予了无私关心和帮助的各位同行,没有他们的帮助,我很难完成这样大规模的调研取证,这里特致谢忱!

岁月静好,是因为有人为你负重前行! 特别感谢我的家人——风雨同舟的丈夫和亲爱的女儿,谢谢他们给了我足够的空间和尽可能多的时间,亲爱的女儿还不时地用她成功的点滴与收获为我增添勇气和信心,让我得以完成这个夙愿。最感谢我的双亲,是他们用内心的善良和笃实,造就了我的坚强和对这个世界的正确认知!

感谢所有关心和帮助过我的人,正是在与他们的交流和学习过程中,我学会了认识自己,磨练心性,提高修养。

回看此书稿,仍有诸多不完善之处,但于我而言也是一种开始。梁漱溟先生在《中国文化要义》中说:"向上之心强,相与之情厚。"相信职业教育在新时代能迎来更受认可的明天,祝愿所有接受职业教育的孩子都能收获属于自己的阳光。

刘文霞于丽娃河畔

2024 年 10 月